H.K. Challoner: Das Rad der Wiedergeburt

H.K. CHALLONER

DAS RAD DER WIEDERGEBURT

EIN BERICHT ÜBER FRÜHERE INKARNATIONEN

EDITION
ADYAR

3. Auflage 2010

Titel der Originalausgabe:
The Wheel of Rebirth
Deutsche Übersetzung von Beatrice Flemming

Voglherd 1 • D-85567 Grafing
www.Aquamarin-Verlag.de

Umschlaggestaltung: IVOI (Bad Kreuznach) und Annette Wagner

Druck: Bercker • Kevelaer

ISBN 978-3-89427-295-1

INHALT

VORWORT ZUR ERSTEN AUFLAGE
von Cyrill Scott

Die Autorin von »Regenten der Sieben Sphären« benötigt meines Erachtens kaum eine Empfehlung. Dennoch wurde ich gebeten, hier einige Bemerkungen über den Hauptgegenstand dieses Buches anzufügen.

In ihrem vorigen Werk wurden ihr durch hohe Devas gewisse Schilderungen von einer wunderbaren Zukunft eingeprägt. »Das Rad der Wiedergeburt« hingegen befasst sich ausschließlich mit der Vergangenheit. Es gründet sich auf jene fundamentale Wahrheit der esoterischen Lehre, die als Karma und Reinkarnation bekannt ist und allein die erschreckenden Ungleichheiten der menschlichen Charaktere und Schicksale erklärt. Obwohl spirituelle Forscher und viele andere Menschen diese Lehren als gültige Tatsachen anerkennen, ist ihnen oft die logische Wirkungsweise dieser Urgesetze rätselhaft. Sie fragen: Was sind denn eigentlich die besonderen Wirkungen, die durch besondere Umstände erzeugt wurden? Warum sollte sich diese oder jene Wirkung aus dieser oder jener Ursache ergeben?

Die darüber in der theosophischen Literatur zu findenden Mitteilungen haben dieses faszinierende Gebiet noch nicht in seiner ganzen Fülle erfasst. In dem vorliegenden Buch sind sehr viele jener Probleme, die unaufhörlich im Zusammenhang mit dem Thema Wiedergeburt aufsteigen und die Geister aller denkenden Menschen verwirren, in äußerst erleuchtender Weise beantwortet.

Die Autorin wurde in ihrem höheren Bewusstsein in die Vergangenheit zurückversetzt. Sie sah eine Reihe ihrer früheren Inkarnationen, die mit der Lebendigkeit tatsächlicher Erfahrungen berichtet werden; und die Beziehung zwischen Ursachen und Wirkungen aller Ereignisse ist überall deutlich nachgewiesen. Einige dieser Leben mögen – für sich allein gesehen – Entsetzen erregend erscheinen, besonders die, in denen einige Praktiken der »schwarzen Magie« beschrieben werden. Aber hier möchte ich den Leser daran erinnern, dass schon viele Esoteriker zu verstehen gaben, dass Mut und Willensstärke, die auf *diese* Weise erworben wurden, sich als eine ebenso machtvolle Kraft für das *Gute* erweisen können, wenn sie später unter Führung von Übermenschen in den selbstlosen Dienst für die Menschheit gestellt werden. Andere dagegen, denen während ihrer Leben stets die Initiative – sogar zur Sünde – gefehlt hat, werden sich ebenso mangelhaft in den entsprechenden positiven Eigenschaften zeigen, die sie zu unerschrockenen Mitarbeitern der höheren Wesenheiten machen würden.

Dies ist, kurz gesagt, ein Buch, das grundsätzlich als eine Biographie von »Jedermann« genommen werden kann; und obgleich die Sünden und Misserfolge in der Vergangenheit dieses Menschen leidenschaftslos enthüllt werden, wird aber auch auf die wunderbaren Möglichkeiten hingewiesen, die sich von dem Augenblick an eröffneten, als er seine Füße auf den »Pfad der Rückkehr« stellte.

Die Erläuterungen gibt JEMAND, der mit der Glaubwürdigkeit eigener, sehr langer Erfahrung spricht und der diesen Pfad bis zum Ende gewandert ist.

VORWORT ZUR ZWEITEN AUFLAGE

Es kann kaum einen Zweifel geben, dass der Mensch vom Augenblick an, wo er nachdenken kann, sich die Fragen stellt: »Warum ist mir dies geschehen? Warum haben Krankheiten, Unglücksfälle und Tragödien meine Familie und Freunde befallen? Was habe ich begangen, um diese grausamen Schicksalsschläge zu verdienen?«

Je komplizierter sein Dasein wurde, je stärker sich seine Fähigkeit zu intelligentem Denken entwickelte, desto schwieriger wurde es für ihn, Antworten zu finden, die Herz und Verstand befriedigten.

Das Brechen von Tabus oder der Zorn von »Göttern« mag primitiven Menschen genügen, während der Glaube an Zufall oder Fatum dem oberflächlichen Materialisten ausreicht. Aber all das befriedigt nicht den Suchenden, welcher danach strebt, die wirkliche Wahrheit zu entdecken. Auch die Antwort der Kirchen, dass alles der unerforschliche Ratschluss Gottes sei, ist nicht überzeugender. Der moderne Mensch weist immer mehr die Vorstellung von einer offenbar launischen und unlogischen Gottheit ab, welche – obwohl angeblich ein Gott der Liebe und ein für seine Kinder sorgender Vater – es zulässt, dass Unschuldige ohne eigene Sünden leiden, während es bösen, aggressiven Menschen wohl ergeht. Solche schreiende Ungerechtigkeit würden wir – so unvollkommen wir auch noch sein mögen – nicht für einen Moment gutheißen.

Aber die meisten östlichen Religionen und auch einige westliche Philosophiesysteme bieten eine andere, überzeugendere Erklärung für die Ungleichheiten, für die schrecklichen und scheinbar zufälligen Tragödien in der Welt, wie auch für all die Schönheit und Güte, welche wir um uns her wahrnehmen können, einschließlich unserer persönlichen Glücksumstände. Sie bestehen darin, dass der Mensch im Grunde der Erschaffer seines eigenen Geschickes ist, ob gut oder böse. Somit ist der Mensch das Opfer seiner Unwissenheit über die geistigen Gesetze, die das Universum regieren. Er bricht sie und erleidet die Folgen. Stecke deine Hand ins Feuer, und du wirst dich verbrennen – nicht weil irgendein »Gott« dich bestraft, sondern weil das Feuer eben brennt. So einfach ist auch alles andere. Es wird uns gesagt, dass das größte Gesetz von allen die LIEBE ist. So werden alle unsere Fehler, unsere Vergehen gegen andere und gegen das LEBEN selbst, begangen, weil wir – indem uns die Liebe fehlt – nicht sehen können, dass wir uns selbst schädigen, wenn wir jemandem ein Leid antun; und dass wir als Folge davon früher oder später das von uns umgestürzte Gleichgewicht wieder in Ordnung bringen und den Preis für unsere Taten zahlen müssen. Auf jeder Ebene folgt die Wirkung ihrer Ursache, so wie die Nacht dem Tage folgt. Was uns jetzt begegnet, entweder persönlich, als einer Gruppe oder als einer Nation, muss immer das Ergebnis von Ursachen sein, die wir – oft schon vor Zeitaltern – durch gewisse Taten in Bewegung setzten, deren Saaten im Schoß der Zeit gelegen haben und die geeigneten Bedingungen für ihr Keimen erwarteten.

Es ist offensichtlich, dass die Wirkungen von Fehlern und Missetaten nicht alle in *einem* kurzen Leben oder *einer* Zeitperiode gesühnt werden können. Aber durch die Wiederkehr zur Erde können wir unsere Schulden begleichen, unsere menschlichen Beziehungen liebevoller gestalten und vieles beenden, was wir begonnen hatten, als die Ursachenkette eingeleitet wurde.

Diese »Hypothese« von der Reinkarnation – oder der Wiederverkörperung des Bewusstseins oder der großen Wanderung des Einzelnen in vielen verschiedenen Körpern und Lebensbedingungen während langer Zeiten – hat in unserer Zeit ein zunehmendes Interesse und große Aufmerksamkeit gefunden. Der Grund dafür scheint zu sein, dass der moderne Mensch jetzt intensiv zu fragen beginnt und abgenutzte Dogmen und Glaubenssätze ablehnt, die nicht mehr sein dringendes Verlangen befriedigen, die tieferen Ursachen für die rätselhaften Lebensumstände zu begreifen.

Jedoch die Tatsache, dass die Lösung tatsächlich in irgendeiner Form in jeder großen Religion und in jedem vergeistigten Philosophiesystem zu finden ist, ist noch nicht allgemein bekannt. Sie muss zur Zeit Jesu als erwiesen gegolten haben, weil er seine Jünger fragte: »Was *meinen* die Leute, dass ich sei?« Und sie antworteten: »Elias oder einer der Propheten.« Auch wurde Jesus gefragt: »Wer hat gesündigt, dieser oder seine Eltern, dass er blind geboren wurde?« Die Folgerung liegt also auf der Hand, dass er vor seiner jetzigen Geburt gesündigt haben könnte. Jesus gebot auch seinen Jüngern: »Vollkommen zu werden, wie euer Vater im Himmel vollkommen ist.« Er war nicht jemand, der Unmögliches verlangte. So muss man also vernünftigerweise fragen, wie durchschnittliche Menschen in *einem* kurzen Leben vollkommen werden könnten. Die besten Menschen, sogar große Heilige, haben noch ihre Unvollkommenheiten. Dieser Ausspruch hat somit überhaupt keinen Sinn, wenn wir nicht weitere Wachstumsgelegenheiten voraussetzen. Aber Wachstum von einer dauernden Natur geschieht immer langsam; und das Erwachen aus dem Dunkel der Unwissenheit zu einem wahren Verständnis von Zweck und Bedeutung des Lebens – zusammen mit dem Besiegen aller unserer Irrungen und Schwächen – könnte gewiss nicht ohne das Mittel einer langen Reihe von Erdenleben stattfinden. Diese bringen allmählich eine Bewusstseinsausdehnung hervor und entfalten den Christusgeist in uns, welcher die göttlichen, erlösenden Eigenschaften von Liebe, Barmherzigkeit und echter Weisheit beinhaltet.

Auch zu dem Zweck, die »Theorie« von Reinkarnation und Karma (dem östlichen Ausdruck für das Gesetz von Ursache und Wirkung) anschaulich zu erläutern, wurde dieses Buch – wie im Prolog mitgeteilt – der Autorin aus einer höheren Bewusstseinsebene »gegeben«.

Es illustriert die lange »Reise« einer Gruppe von Menschen, *und eines im Besonderen,* durch die Zeiten und zeigt, wie das Gesetz des Karmas in einem Leben nach dem anderen wirkte und wie die Folgen von früheren Vergehen ausgearbeitet wurden. Es ist im Wesentlichen die Geschichte von einem Wechselspiel menschlicher Beziehungen, die an ihrem Anfang zerstörerisch und mit Hass gefüllt waren, aber endlich durch viel Leiden in Bande von Liebe und Verständnis umgewandelt wurden.

Persönlich glaube ich, dass dieser Bericht buchstäblich wahr ist, wenigstens soweit er mich betrifft. Aber wenn das dem Leser als zu unwahrscheinlich oder phantastisch scheint, um annehmbar zu sein, kann diese Lebensreihe als symbolisch für die Leben von »Jedermann« und seinem sehr langen Fortschreiten angesehen werden, wie er aus den trüben Dünsten seiner Unwissenheit aufwärts wandert. Sie zeigt, wie er durch Prüfung und Irrtum, durch Unglücksfälle, Niederlagen und Zeiten relativer Zufriedenheit schreitet, sich jedoch dabei immer – wenn auch matt und flüchtig – einer größeren Vervollkommenheit direkt über seiner Reichweite bewusst ist. In manchen Augenblicken erhascht er sogar einen schimmernden Blick von ihrem Glanz, durch die Barmherzigkeit und Liebe in den Augen eines anderen Wanderers. So wird er weiter »gelockt« – aus der Dunkelheit zum ersten erlösenden Schein von Licht und Verständnis seines wahren Zieles.

Denn der Mensch ist nicht allein. Die Menschheit ist eins, die

»Reise« ist eins, und so auch das Ziel: Befreiung von unserer Täuschung über die wirkliche Natur von Leben und Tod.

Obwohl viele der Fragen und Einwände über diesen Begriff von der Wiedergeburt, die gewiss von manchen Lesern erhoben werden, im Text behandelt sind, empfinde ich doch die Notwendigkeit einiger Erläuterungen – zusammen mit einem allgemeinen Umriss von den hier zugrunde liegenden Tatsachen. Viele haben vielleicht nie zuvor dieses Weltbild betrachtet, und andere mögen aus Mangel an Verständnis der weiteren, tieferen Tragweiten geneigt gewesen sein, es gleich wieder fallen zu lassen. Leider haben sich – wie es mit jeder Religion und jedem philosophischen System geschieht – Entstellungen und Missverständnisse eingeschlichen; und dieser Begriff ist weiterhin durch alle Arten von phantastischen und romantischen Vorstellungen verfälscht worden sowie auch von oberflächlichen Auslegungen der dahinter stehenden Grundwahrheiten.

Aber, um zu beginnen: Es gibt zwei Voraussetzungen, die zumindest vorläufig angenommen werden müssen, wenn der folgende Bericht überhaupt einen Sinn haben soll.

Die erste ist die Vervollkommnungsfähigkeit jedes Menschen.

Die zweite ist, dass ein Aspekt unseres Wesens existiert, über den wir normalerweise keine Kenntnis haben – der von C. G. Jung das »Überbewusste« genannt wird und von religiösen Lehrern das höhere Selbst oder die Seele. Leider geben die Lehren der christlichen Kirchen keine deutliche Vorstellung von der wirklichen Natur der Seele. Es wird uns gesagt, dass die Seele »gerettet werden« oder »verloren gehen« kann, je nachdem ob wir eine Reihe von Glaubensdogmen annehmen oder nicht, oder ob wir die Gesetze Gottes brechen. Jedoch sie bleibt hier nichts als eine Art von vagem und schattenhaftem Anhängsel der Persönlichkeit. Dies ist die Hauptursache von den Missdeutungen der Reinkarnation.

Wir werden hoffnungslos verwirrt und unsicher, welcher Aspekt von dem, was wir unser »Ich« nennen, diese lange Wanderung durch die Zeiten, von einem Leben zum anderen, unternimmt.

Normalerweise verbinden wir das Wort »Ich« mit unserer Persönlichkeit, mit dem, was unter unserem Namen läuft, was leidet und sich erfreut, was Bande von Liebe oder Hass schafft, was all die Gemütsbewegungen und Ereignisse durchlebt, die einen Teil unseres Lebens bilden.

So ist es also dieses persönliche Selbst, von dem wir automatisch denken, dass es in anderen Körpern und Zeiten zur Erde zurückkehrt.

Aber die Persönlichkeit kehrt nicht zurück! Sie kann das auch gar nicht, wie ein kurzes Nachdenken bald klären wird.

Das Wort »Persönlichkeit« stammt von *persona* (eine Maske); und das, was wir hier von uns kennen, ist buchstäblich eine »Maske« für unser wirkliches Selbst, »unsere« Seele – unser Bewusstseinszentrum auf einer höheren Ebene, mit dem wir Kontakt aufnehmen können, wenn die nötige Anstrengung erfolgte.

Aber es ist gerade der Ausdruck »meine« Seele, welcher die Veranlassung von so viel Missverständnis ist. Wir *sind* in Wirklichkeit jeder eine Seele, die für ihren zeitweiligen Gebrauch eine in der materiellen Welt lebende Persönlichkeit *besitzt*. Diese ist – auch im besten Fall – nie mehr als eine teilweise Widerspiegelung unserer gesamten göttlichen Natur und wird für eine kurze Zeitspanne in eine materielle Hülle eingeschlossen, damit gewisse Wachstumsvorgänge stattfinden, gewisse Schulden bezahlt und gewisse Erkenntnisse erlangt werden können. Denn dieser Wesensteil (die Seele) ist ebenfalls im Wachsen begriffen, so wie alles andere im manifestierten Universum.

Die Seele (in der Theosophie auch Ego genannt) kann als ein »Lagerhaus« von all jenen irdischen Erfahrungsessenzen gelten, die wertvoll und bedeutend genug sind, um einen permanenten Beitrag zum Seelenwachstum zu liefern. Sie ist ein natürliches »Kraftwerk«, in dem die während der zeitweiligen Erdenaufenthalte erworbenen Eigenschaften und Wissensschätze in dauernde Potenzen umgewandelt werden. Nichts von Wert geht uns hier jemals verloren. Alles wird für das Bemühen benutzt, schließlich ein Bewusstseinsvehikel zu erschaffen, durch das wir – Seele und Körper zuletzt vereint – als ein Stromweg zur Übermittlung von Energien aus hohen spirituellen Ebenen an die Menschheit wirken können.

Nach griechischer Lehre ist die Seele eine Brücke zwischen dem Himmel – das heißt den höheren geistigen Bereichen – und der materiellen Welt, also ein Instrument zur Beschleunigung jenes Prozesses, den Teilhard de Chardin die »Vergöttlichung der Materie« nannte.

Aber weil unser Bewusstsein so tief in dem materiellen Dasein versunken und so vollständig in unserer Persönlichkeit aufgegangen ist, erscheint es uns äußerst schwierig, unseren »Brennpunkt« zu ändern und uns mit einer höheren, noch unbekannten Region unseres Wesens zu identifizieren. Und noch schwieriger ist die Tatsache anzunehmen, dass das, was wir als unser menschliches Ich kennen, wahrscheinlich nicht lange den »Tod« überleben wird, und dass wir es aufgeben werden, so wie ein Schmetterling die »Puppe« verlässt, wenn sie ihren Zweck erfüllt hat.

Hilfreich kann hier sein, manchmal gedanklich von unserer Persönlichkeit zurückzutreten und zu erwägen, *was* von dieser Person wir über den Tod hinaus für dauernd behalten möchten, und was davon zurückkehren sollte, um begonnene, wertvolle Arbeit fortzusetzen, die wir hier unfertig verließen, oder um jene Kräfte und Talente, die wir absichtlich oder unbewusst während des Lebensverlaufes entfaltet hatten, aufs Neue und besser auszuwirken. Diese Übung kann uns auch ein klareres Verständnis von *jenem* Aspekt unseres Wesens verschaffen, welcher den Keim der ununterbrochenen Fortdauer enthält und diese Auswanderung aus einem Zustand oder Körper in den anderen bewirkt, das heißt, von jenem nie sterbenden Wesensteil, der nach der Jenseitspause zu einem anderen Lebensexperiment schreiten wird – so wie ein Reisender das Meer überquert, um in ein anderes Land zu gelangen, jedoch dabei nicht seine Identität verliert. Dieser würde kaum das kindliche Ich sein – ein Geschöpf von Instinkten, das wie ein kleines Tier gerade seine Augen für die Welt öffnet. Vermutlich auch nicht die jugendliche Person, welche ungewiss experimentiert und endlose Fehler begeht – verwirrt, halb Kind, halb Erwachsener. Oder würde es das sein, was wir den Erwachsenen nennen – noch in einem Mittelstadium der Entwicklung und meist zu geschäftig, zu tief in die für ihn wichtigen Tätigkeiten der materiellen Welt verstrickt, um Neigung und Zeit für die Verarbeitung seiner Erfahrungen zu haben? Oder der greisenhafte Mensch, der mit den Schwierigkeiten und Enttäuschungen seiner versagenden Kräfte ringt und oft über deren Verlust grollt, wie auch über eine wachsende Unfähigkeit, mit dem Leben fertig zu werden?

Jede dieser Phasen hat unser »Ich« des Augenblicks dargestellt. Jedes ist in gewissem Maß wir selbst und durch Erinnerung an unser jetziges Ich gebunden. Jedoch sind wir nicht ein viel größeres »Ich« als diese alle zusammen? Ist nicht dieses *überlebende* »Ich« eine Quintessenz sämtlicher Erfahrungen unserer vielen Lebenskreisläufe, aus welchen die ganze Zeit über immer neue Aspekte seiner Individualität erschaffen wurden?

Eine andere Schwierigkeit liegt darin, die ununterbrochene karmische Fortdauer zu begreifen, wobei stets Ursachen zu Wirkungen und diese wiederum zu neuen Ursachen führen – was sich über ungeheure Zeitperioden fortsetzt. Denn wir sehen ja unvermeidlich unsere Leben durch den Tod in getrennte Abschnitte geteilt. In Wirklichkeit gibt es jedoch keinen Bruch! Diese lange »Reise« gleicht einem Fluss, einem einzelnen Bewusstseinsstrom, der aus dem Dunkel seines Ursprungsquells immer vorwärts fließt, bis er endlich in den Ozean des Lichtes einmündet und sich als das erkennt, was er in Wahrheit immer war – als einen Bewusstseinsaspekt des UNENDLICHEN. So ist die Existenz der Seele hier auf Erden oder im Jenseitsleben nur eine ununterbrochene Bewegung. Sie verändert stetig ihre Umgebung und ihre Lebensumstände, bleibt jedoch in der Essenz immer *sie selbst*! Jede Handlung oder Wahl trägt zum Umfang und zur hohen Qualität des »Stromes« bei. Ein solches umfassendes Bild gibt der Verkündigung »Was ihr sät, werdet ihr auch ernten« eine neue Realität; denn kein Lebenskreis ist von dem anderen getrennt. Der gesamte »Fluss« ist eins. Was also die Persönlichkeit jemals für einen Zufall oder einen plötzlichen Karma-Schlag halten mag, ist stets nur ein Teil dieses Vorwärtsstürmens der »lebendigen Seele« auf die Entfaltung ihrer göttlichen Möglichkeiten hin.

Hinter dieser Lehre stehen noch tiefere Folgerungen, denn im Wesentlichen sind alle scheinbar getrennten »Ströme« in der großen Einheit des LEBENS vereint. Jeder trägt zum Segen jedes anderen bei – und alle zu dem des ALLS. Aber hier betreten wir den Bereich der Metaphysik.

Natürlich können wir, deren Einsicht und Verständnis durch die menschlichen Vorstellungen von Zeit und Raum begrenzt sind, nicht entdecken, wie oder wann ein Mensch den ersten Schimmer seiner Individualität entfaltete. Das Leben manifestiert sich zyklisch. Deshalb kann das, was wir für Anfänge halten, nicht mehr als das Ende eines Zyklus sein, welches zum Auftauchen eines anderen hinführt, mit wiederum keinem

wirklichen Bruch dazwischen – vielleicht mit keinem Anfang und zu keinem Ende führend.
Obwohl jede Religion und Tradition ihre Schöpfungsgeschichte hat, kann doch keine von ihnen mehr als ein symbolisches Bild von der WIRKLICHKEIT darstellen, für die es keine Worte in menschlichen Sprachen geben kann. Viele jedoch lehren, dass in einem »Moment« in der zyklischen Ebbe und Flut des EINEN LEBENS ein göttlicher Bewusstseinsfunke wie ein Same in den Tiermenschen auf dieser Erde eingepflanzt wurde; und dadurch wurde eine »lebendige Seele« geboren, die mit der kostbaren Möglichkeit begabt war, ein Gott ähnliches Wesen zu werden und auf Erden göttliche Eigenschaften wie Jesus und Buddha zu offenbaren.

Ich erwähnte vorhin die Entstellungen, welche sich in diese ganze Vorstellung der Reinkarnation eingeschlichen haben und die viele Menschen veranlassten, sie abzuweisen.

Diese sind großenteils aus der gebräuchlichen Tendenz entstanden, metaphysische und religiöse Begriffe buchstäblich zu nehmen und sie als direkte Wirklichkeiten zu behandeln – statt der Erkenntnis, dass solche Wirklichkeiten zumeist nur in symbolischer Form durch Allegorie oder Sinnbild ausgedrückt werden können. Dies bezieht sich ebenso auf viele christliche Lehren wie auch auf andere.

Eine solche Verdrehung vom Begriff der Wiedergeburt wird durch eine bekannte Schule dessen, was heute unbestimmt »Okkultismus« genannt wird, gelehrt. Der Ausdruck »okkult« ist unglücklich gewählt und tendiert dazu, Missverständnisse zu schaffen, weil er in unserer Zeit eine falsche, negative Bedeutung erhalten hat. Er wird fast immer mit zweifelhaften Orden, Schwindelanzeigen und der Ausübung von primitiven Formen der Magie in Verbindung gebracht. Das Wort »okkult« bedeutet »das, was verborgen oder unbekannt ist«. Darum sollte das Wort »Okkultist« jemanden bezeichnen, der nach bisher unbekannten Wahrheiten oder Fakten sucht und dabei entweder mit wissenschaftlichen Methoden physische Gesetze des Universums erforscht oder Techniken studiert und praktiziert, die in den esoterischen Lehren aller großen Religionen zu finden sind und die spirituelle Bedeutung jener physischen Gesetze enthüllen sowie den Gebrauch ihrer verborgenen Kräfte im Dienst GOTTES und der Menschheit. Wenn das Wort »okkult« in diesem Buch erscheint, bezieht es sich immer auf *diese* Linie der Forschung.

Die von der esoterischen Philosophie vertretene Idee ist, kurz umrissen, die folgende: Wenn wir in einem Leben versagen, einen wirklichen Kontakt mit der Seele zu knüpfen, wenn wir unsere Verpflichtungen nicht erfüllen oder unsere Schulden nicht bezahlen, werden wir dieses Leben immer wieder neu durchleben müssen, und zwar exakt in jeder Einzelheit, auch in Begegnungen mit den gleichen Personen, auch mit denselben Problemen und unter den gleichen Umständen – bis es uns gelingt, den wichtigen Schritt zu tun, der uns zum Weitergehen befreit.

Kein Wunder, dass der Durchschnittsmensch das abweist, weil es entweder zu schrecklich oder zu öde erscheint, um ernsthaft betrachtet zu werden. Aber wie könnte ein solches Schicksal denn möglich sein? Wie könnten wir buchstäblich in der Zeit zurückgehen, in einen vergangenen historischen Lebensrahmen, der gar nicht mehr existiert, und in völlig veränderte Verhältnisse? Außerdem – wie könnten wir die gleichen Personen wieder treffen, welche sich fast immer in der Zwischenzeit verändert haben und ganz verschieden reagieren würden?

Weil aber kein Ausweichen vor den Schulden, die in Verbindung mit anderen aufgeladen wurden oder vor den Resultaten des Brechens moralischer Gesetze möglich ist, werden wir uns fast unvermeidlich in *ähnlichen*, nicht identischen Umständen befinden und derselben *Art* von Problemen gegenüberstehen – bis es uns gelingt, sie von einer höheren Ebene her zu lösen.

Ein uraltes spirituelles Gesetz lautet: »Wie es im Inneren ist, so ist es im Äußeren.« Mit etwas Aufmerksamkeit können wir bald die Wahrheit entdecken, dass wir unsere »Welt« durch das, was wir innerlich sind, erschaffen. Der Psychiater hat zweifellos Folgendes bewiesen: »Das menschliche Gemüt ist seine eigene Wirkungsstätte, und es macht einen Himmel aus der Hölle, eine Hölle aus dem Himmel.«

Die gesamte Vorstellung vom Karma, die Idee, dass Ursachen aus früheren Leben Wirkungen in anderen – zeitlich weit entfernten – Verkörperungen erzeugen, wird auch weiterhin nachdenklichen Menschen Probleme aufgeben. Denn es ist offenbar so tiefgründig, so fein, so unendlich kompliziert, dass wir nur hoffen können, die augenfälligeren, leichter begreiflichen karmischen Wirkungen zu erkennen. Wir sollten immer eingedenk sein, dass wir *spirituelle* Gesetze zu verstehen versuchen und die hier wahrnehmbaren Dinge nur schwache Reflexionen von inneren Wirklichkeiten sind.

Dies wird durch eine andere Missdeutung von Reinkarnation und Karma veranschaulicht. Manche Leute denken, die Idee von »Auge um Auge, Zahn um Zahn« sei buchstäblich zu nehmen. Hier wiederum beurteilen wir das göttliche Gesetz nach menschlichen Maßstäben und halten das Karma entweder für eine Bestrafung für falsches Handeln oder eine Belohnung für Tugenden. Beides ist nicht der Fall. Es gibt so etwas wie göttliche Strafe nicht. Dies ist eines der schrecklichsten und verderblichsten Dogmen in jeder Religion. Ebenso gibt es keine Belohnungen; und wir werden stets nur *einem* Richter begegnen – unserem eigenen höheren Selbst. Es wird gesagt, dass nach dem Tod immer ein Zustand kommt, wo wir jede vergessene Einzelheit unserer Leben sehen – jede Handlung, jeden Gedanken, jedes

Motiv – abgelöst von den Täuschungen, mit denen wir uns hier vor der Selbsterkenntnis schützen wollen. *Dies* ist die Stunde des Gerichtes, der wirkliche »Augenblick der Wahrheit«.

Wir bestrafen uns hier oft selber aus einem übertriebenen Schuldgefühl oder bestrafen andere aus weniger bewundernswerten Gründen. Aber die Tugend ist buchstäblich ihre eigene Belohnung, denn sie baut Eigenschaften und Einsichten in unsere Natur, die für alle Zeit unser Erbteil bleiben.

Das Leben ist unsere Schule. Wir reinkarnieren uns, um zu lernen, dass Liebe plus Weisheit – so weit es uns betrifft, gelten die beiden leider nicht immer als sinnverwandt – die einzigen Schlüssel sind, um die Tore zu einer Zukunft von echtem Glück und innerem Frieden zu öffnen.

All die großen Lehrer haben das immer und immer wieder betont, aber nur wenige haben ernsthaft gelauscht.

Es gibt ein schlimmes Missverständnis, was die Menschen – mit Recht – empört. Dies ist der Glaube, dass wir in einer Tierform wiedergeboren werden könnten. Dies ist purer Unsinn! Sobald der Funke des Göttlichen einmal in der Dunkelheit des nicht eigenbewussten Tieres aufleuchtete, ist dieses Wesen ein Mensch geworden, der Gut und Böse unterscheiden kann, der sagt »Ich bin«, und der – dem Tier ungleich – *weiß*, dass er weiß! Wie könnte es also ein so katastrophales Zurückwenden geben? Wie lange Zeit der Mensch auch brauchen wird – von nun an ist er dazu bestimmt, das zu werden, was er im tiefsten Sinn *ist* – ein Kind Gottes, ein Lichtträger, eine lebendige Seele. Er mag oft scheinbar stillstehen, manchmal sogar einen Schritt zurück tun, aber er wird die ganze Zeit sein höheres Bewusstsein ausdehnen, ob er sich dessen bewusst wird oder nicht. Aber – wie viele Missverständnisse – kann auch dieses eine symbolische Wahrheit ausdrücken. Der Mensch bleibt ein »Tier«, soweit es seinen Körper und dessen Funktionen betrifft, und in einem frühen Stadium besitzt er auch noch einige tierische Attribute. Diese müssen allmählich in ihre höheren Gegenstücke transmutiert werden, z. B. Instinkt in Intuition oder das sexuelle Drängen in echte Liebe, die Mitgefühl und Opfer einschließt. Solche niederen Kräfte beherrschen die Persönlichkeiten der Menschen viele Zeitalter. Aber der, welcher sie leichtsinnig zulässt oder sogar ermutigt, wird zunehmend der Sklave seiner tierischen Natur in einem Leben nach dem anderen. Wir wissen, dass es Männer und Frauen gibt, welche die schlimmsten Formen solcher animalischer Charakterzüge zeigen, und die, wenn mit einem fähigen Intellekt ausgestattet, zu einer schweren Gefahr für die Menschheit werden. Nur in diesem Sinn kann ein menschliches Wesen bis zu fast untermenschlichen Ebenen herabsinken. Aber der göttliche Funke bleibt – obwohl tief verdunkelt – dennoch in ihm, er ist die Quelle seiner Menschlichkeit. Eines Tages kann etwas eintreten. Vielleicht ist es ein Erwachen von Liebe für einen Vogel oder ein anderes Tier, was den harten »Panzer« aufweicht, womit Selbstsucht und Blindheit jene ewige innere Flamme eingekerkert und fast erstickt haben. Ein Wendepunkt wäre erreicht, und diese Macht könnte zu wirken beginnen. Der winzige Funke wird dann langsam ein leitender Richtstrahl, der von Leben zu Leben stärker wird und den Menschen aus Finsternis und Schlamm, von den »Schweinen« weg, – siehe »Der verlorene Sohn« – der Befreiung, Herrlichkeit und Liebe in seines Vaters Haus entgegenzieht.

Ein anderes Hindernis für die Annahme der Reinkarnations-»Hypothese« ist – besonders bei wissenschaftlichen Gemütern – dass der Wunsch nach einem »Beweis« nicht so leicht befriedigt werden kann. Er ist schwierig zu bekommen; und es können manche andere Erklärungen auftreten, wenn Menschen behaupten, sich vergangener Leben zu erinnern. Allerdings ist das Erscheinen von nicht erlernten genialen Fähigkeiten in noch kleinen Kindern – wie bei Mozart und vielen anderen – unmöglich durch irgendwelche anderen Fakten zu erklären.

Aber innerhalb der letzten Jahrzehnte sind durch eine große Anzahl von vorurteilslosen Menschen mit wissenschaftlicher Schulung und anerkannter Redlichkeit viele Erforschungen unternommen worden, mit der Absicht, diese Sache zu beweisen oder zu widerlegen. Sie haben Hunderte von Fällen und alle verfügbaren Zeugnisse untersucht – besonders, wenn stichhaltige historische Anhaltspunkte in Form von zeitgenössischen Berichten vorhanden waren. Aber das überzeugendste Zeugnis kommt immer von denen, welche bestimmt aussagen, sich eines ganz kurz zurückliegenden Lebens zu erinnern, die also offenbar sehr bald nach dem Verlassen des alten Körpers in einen neuen zurückkehrten. Hier können Einzelheiten des vergangenen Lebens in einem bestimmten Land oder Landstrich, an die das Kind sich erinnert – denn es ist fast immer ein solches – genau nachgeprüft werden und haben sich in einer großen Anzahl von Fällen, welche rigoros als Betrug erklärt worden wären, in jedem Detail als richtig erwiesen. Hier wiederum erscheint keine andere Erklärung möglich als die Reinkarnation. Es ist jetzt auch eine zunehmende Anzahl von Büchern im Umlauf, die dieses ganze Gebiet erforschen, wovon viele sehr tief in den Gegenstand mit all seinen Aspekten eindringen. *Diese Einführung* bietet nur einen allgemeinen Überblick.

PROLOG

Es war in jenem Sommer außergewöhnlich heiß gewesen. Tag für Tag stieg die Sonne in einem wolkenlosen Himmel über dem stillen Meer auf und versank in rosigen Nebeln hinter den blauen fernen Bergen. Tag für Tag hatte die Hitze zugenommen. Das Marschland, wo die Herdentiere sich im Schatten der Deiche zusammendrängten, nahm die gleiche goldene Farbe an wie die Sand- und Kieselwüsten und wurde halb verhüllt von dem gleichen schimmernden Tanz unzähliger feuriger Funken. Einmal erschien eine Luftspiegelung über dem entfernten Vorgebirge. Seltsame Gestalten, vorzeitlichen Riesen gleich, schritten über die See. Schiffe hingen in der leeren Luft; und ein Gefühl von Unwirklichkeit und Bedrohung brütete stundenlang über dem Land. Unser Bungalow stand auf einer Hügelkette zwischen Marsch und Meer. Es ging die Sage, dass sein älterer Teil von einem toten französischen Seemann »bewohnt« würde, der gewöhnlich vor einer Krise erschien. Er wurde in jenem Jahr zweimal von einem Mitglied unseres Freundes-Trios wahrgenommen, aber dies beunruhigte uns nicht. Wir waren – vielleicht wegen der außerordentlichen Vitalität der Luft – von einer fast schrankenlosen Hingabe an die Kräfte der Natur erfüllt und kümmerten uns um nichts, was uns schrecken könnte. Wir schienen immer tiefer an dem Wesen der Elemente selbst teilzuhaben und immer inniger in ihre wahre Essenz aufgenommen zu werden, während ein Tag dem anderen in ununterbrochener Glorie folgte. Die Erde glühte unter unseren Füßen, vibrierend vor Energie. Am Abend strichen sanfte Lüfte, duftend von Heu, Thymian und Seetang, den Kieselstrand entlang. Das in trancehafter Stille hervorrollende und zurückweichende Wasser war so warm und spannkräftig, dass unser Dahintreiben in ihm einem Schweben in flüssiger Luft glich. Abends pflegten wir weit hinaus in ein schwarzes, geheimnisvolles Meer zu schwimmen; und nachher liefen wir nackt über die weiten Sandflächen. Es war uns zumute, als ob wir noch einmal in die physische Pracht und Freude einer griechischen Inkarnation versetzt würden. Hier war die moderne Welt weit fort und der einengende Druck des Lebens fast vergessen.

Ich war zu diesem Ort in der Absicht gekommen, ernstlich mit der Arbeit an einem neuen Roman zu beginnen. Jedoch so mächtig war hier das Drängen der Naturkräfte, dass ich meinte, nicht dazu imstande zu sein. So wie der Mond zunahm, verstärkte sich die Empfindung einer seltsamen Unrast! Es war, als ob wir von einer nicht menschlichen Kraft angerührt würden. Zu jener Zeit wusste ich nichts von Astrologie, sonst wäre mir bekannt gewesen, dass ich einer ganz ungewöhnlichen Krise in meinem Leben zusteuerte. Wie wir später entdeckten, war eine ähnliche Vorwarnung auch in den Horoskopen meiner Gefährten widergespiegelt. Aber wir wussten eben nichts darüber und wurden mit dem Dahingleiten der Tage nur durch einen anderen Faktor gestört, der in unser Leben einzudringen anfing. Überall im Bungalow begannen sich okkulte Phänomene bemerkbar zu machen; und bald erkannten wir diese rätselhafte Energie als so machtvoll, dass sie fast furchterregend wirkte.

Phänomene als solche hatten uns nie interessiert. Ich hielt sie damals (und auch jetzt noch) für eine Verschwendung wertvoller Kräfte, die für bessere Zwecke verwendet werden sollten. Keiner von uns hatte je an spiritistischen Sitzungen teilgenommen; und ich war völlig überzeugt, keine medialen Kräfte zu besitzen. Ich war ja weit mehr an *der* Entwicklungslinie interessiert, die – durch Meditation und Selbstdisziplin – geistige Unterscheidung und erhöhte Intuition hervorbringt, was durch die sogenannten »psychischen Kräfte« kaum möglich ist. Nach meiner Meinung sollte das Studium des Okkultismus – um von einem wirklichen Nutzen zu sein – die Menschen befähigen, sich von einem vergeistigten Gesichtspunkt aus mit den unzähligen Problemen des modernen Lebens auseinanderzusetzen – statt die Leute zu »mystischen Reisen« zu ermuntern, die wenig oder keine Beziehung zu den Aufgaben der physischen Welt hatten, in die sie gestellt wurden.

Vor der weiteren Schilderung der Ereignisse, die zum Schreiben dieses Buches führten, muss erklärt werden, dass vier Personen daran beteiligt waren. Eine war vor mehreren Jahren gestorben. Ihr waren wir alle innig zugetan, hatten aber nie ernstlich versucht, etwa durch Medien mit ihr in Kontakt zu kommen, da keiner von uns diese Verbindungsart schätzte. Von den anderen war einer der Besitzer des Bungalows; er hatte längere Zeit mit mir den Okkultismus studiert. Der dritte war ein praktischer Geschäftsmann, der – obwohl in jenem Stadium ziemlich unwissend über okkulte Dinge – ein natürlicher Psychiker war und zuweilen nachts bei vollem Bewusstsein aus seinem Körper austrat. Er hatte dabei oft unsere »tote« Freundin gesehen und Botschaften und Hinweise von ihr zurückgebracht. Tatsächlich war dieser Bungalow zum Teil unter ihrer unsichtbaren Leitung an diesem einsamen Platz erbaut worden – mit der Absicht, ihn für geistige Arbeit zu nutzen, weil gewisse Kräfte hier quasi unverfälscht durch viele menschliche Berührungen »angezapft« werden konnten. Keiner von uns neigte zu hysterischen Einbildungen; und wir waren immer vor Selbsttäuschungen auf der Hut. Jetzt jedoch sahen wir uns einem »Etwas« gegenübergestellt, das wir weder beherrschen noch weg erklären konnten.

Je mehr der Mond zunahm, desto mehr nahmen die Phänomene zu. Mit meinem jetzigen Wissen zurückblickend, erkenne ich, dass die dort am Werk befindlichen Kräfte außerordentlich mächtig gewesen sein müssen. Sogar damals konnten wir, trotz unserer physischen Blindheit, große Wesen wahrnehmen, die sich gravitätisch über die weiten Flächen des Marschlandes bewegten, über dem Haus schwebten und die Luft mit ihren lautlosen Stimmen erfüllten. Später wurde mir gestattet, sie deutlicher zu erkennen und, wenn auch unvollkommen, flüchtige Blicke von ihrer Stärke und ihrem Wissen zu erhaschen. Damals aber konnte ich nur unbestimmt gewaltige, nicht menschliche Wesen empfinden. Sie scharten sich tatsächlich immer enger um uns und schufen einen starken Kraftwirbel in dem Luftraum oberhalb unseres kleinen Zentrums. Es waren Geister der Erde, des Meeres und der Luft, ihrem Wesen nach wohltätig. Aber für Menschen, die, wie wir, sie in vergangenen Leben zu Unrecht beschworen hatten und jetzt durch den geheimnisvollen Zwang des karmischen Gesetzes im Begriff standen, jene uralten Schulden zu begleichen, waren sie eine wirkliche Bedrohung.

Als der Kraftwirbel immer mächtiger wurde, begann das Übermaß von psychischer Energie sich in physischer Substanz auszuwirken. Es waren belanglose Erscheinungen, aber da wir zu jener Zeit – wie kleine Dynamos – unwissend geistige Kraft von uns gaben, wurden auch Gegenstände in direkter Nähe davon berührt.

Nachtgewänder wurden aus den Betten gezogen, Tinte spritzte an die Wand, gekritzelte Botschaften wurden auf Papierzetteln gefunden. Einmal schrieb »etwas« einen drohenden Satz auf den Staub eines Spiegels in einem unbenutzten Raum. Jener Raum wurde bald zu einem Brennpunkt für dieses Einströmen eines fremden, unheimlichen Lebens. Der Hund weigerte sich konstant, dort hineinzugehen und schlich zu der Zeit elend, verwirrt und bestürzt umher.

Das hellsichtige Mitglied unserer Gruppe empfing gelegentlich flüchtige Wahrnehmungen von diesem Treiben. Einmal sah er weiße Gestalten um das kleine Zimmer herumschreiten, das stets der Meditation vorbehalten blieb. Er sah auch den Seemann wieder. Der kleine Garten war für ihn von schwebenden Lichtern erfüllt; und einmal teilte er uns zu unserem Schrecken mit, dass auf einer Stuhllehne eine riesige Kröte saß.

Aber wir waren nicht ernstlich beunruhigt, sondern behandelten alles eher als einen Spaß – zwar leicht erstaunt über die scheinbare Beziehungslosigkeit dieser Vorkommnisse, doch nicht im Klaren über ihre wirkliche Bedeutung.

Dann – eines Nachts, als der Mond fast voll war – hatte ich einen »Traum«; und von da ab begann das, was zweifellos der Wendepunkt meines jetzigen Lebens war. Ich hatte schon vorher entdeckt – und dies wurde mir auch von Psychotherapeuten bestätigt – dass es unter anderen zwei Typen von Träumen gibt. Der eine ist die gewöhnliche Mischung von Symbolen und Bildern, die fast alle den Tätigkeiten des Unterbewusstseins entsteigen, veranlasst von den Wünschen, Wachgedanken und Erfahrungen der Persönlichkeit – also jenem reichen Jagdgrund, worin alle Jünger der psychotherapeutischen Schulen sich tummeln, ohne zu wissen, dass sie sich damit in jenen täuschendsten aller Bereiche – in die Astral- oder Gefühlsebene – begeben. Eine andere, noch selten auftretende Art von Träumen ist so verschieden von der ersten, dass für jemand, der sie erlebt hat, keine Verwechslung entstehen kann. Solche Träume haben nicht nur eine klare Lebendigkeit, eine folgerichtige Logik und eine Realität, die den erstgenannten Träumen völlig abgeht, sondern auch noch ein faszinierendes Element, das wegen seiner unirdischen Klarheit praktisch unerklärbar ist. So wie es nicht möglich ist, einem Blinden die Farbenpracht zu erklären, einem Tauben musikalische Klänge verständlich zu machen oder jemandem die Liebe darzustellen, der sie nie erlebt hat. Wenn solche Träume auftreten, haben sie unvermeidlich eine machtvolle

Wirkung auf das wachbewusste Leben des Betreffenden und erfüllen es mit einer wunderbaren Bedeutung. Das sind dann echte Erinnerungen an Astralerlebnisse während des Schlafes *oder* Rückblicke auf Handlungen in früheren Inkarnationen, die sich nicht auf dieses Leben beziehen.

Einen *solchen* »Traum« hatte ich in jener Nacht. Ich befand mich in Atlantis, ich wanderte durch die Straßen der vergessenen »Stadt des Goldenen Tores« und war tief mit der Erwägung eines Problems beschäftigt, das für meine damalige Existenz lebenswichtig war; denn ich steckte in einer Krise, die mir ebenso deutlich und nahe erschien wie mein jetziges bewusstes Leben im 20. Jahrhundert. Ich erwachte vor der Lösung des Problems und schlief wieder ein, um mich nochmals als der gleiche Mann vorzufinden. Aber jetzt hatte der Schauplatz sich geändert, mein ganzer Lebensweg hatte sich gewandelt. Ich war von der Ausübung eines magischen Ritus in Anspruch genommen, der mich *jetzt* so entsetzte, dass ein plötzliches Erwachen folgte, als ob ich den Zwang befürchtete, jene tote, doch so lebendig scheinende Episode der Vergangenheit wieder in Szene setzen zu müssen. Am nächsten Morgen nahm ich meine vernachlässigte Schreibmaschine und versuchte, das Erlebnis in dramatischer Form niederzuschreiben. Die Worte flossen mit erstaunlicher Leichtigkeit. Jeder Schriftsteller kennt diesen Strom der Inspiration, der ihn aus seinem normalen Ich fortträgt und ihn zutiefst überrascht. Dieser Strom benutzt den Dichter, auch wenn er sich in seiner Vernarrtheit einbildet, dass es umgekehrt sei. Aber an jenem Morgen gab es keinen Zweifel darüber, ich empfand mich als nichts anderes als ein Instrument.

Fremdartige Szenen bauten sich magisch auf; und auch der Sprachstil war nicht mein eigener. So schrieb ich mehrere Stunden, und dann hörte das Strömen plötzlich auf, so wie ein Fluss eingedämmt wird; ich blieb mit einer halbvollendeten Geschichte zurück. Was mich in diesem Zusammenhang irritierte, war, dass die schwarz-magische Episode des zweiten Traumes nicht in das vorher Gesehene zu passen schien, sondern offenbar zu einer späteren Periode dieses Mannes gehörte, welcher in diesen Stunden in einer so vertrauten Weise in mein Bewusstsein eingezogen war, dass sein Geist fast mit meinem heutigen Denken verschmolz. Ich erwartete, den Rest der Geschichte im Schlaf der kommenden Nacht zu erfahren, aber nichts dergleichen geschah. Da fiel meinem Freund ein, ich solle doch probieren, was sich aus »Automatischem Schreiben« ergeben würde. Ich hatte wenig Hoffnung, weil ich das schon versucht hatte, doch der Stift war immer bewegungslos geblieben. Jetzt aber fühlte ich ein Drängen, es in diesem Fall nochmals zu versuchen, obgleich solche Mitteilungsmethoden mir eigentlich widerstrebten.

Der dritte von unserer Gruppe hatte uns für ein paar Tage wegen dringender Geschäfte verlassen. So gingen wir zwei übrigen am folgenden Abend in das »Sonnenzimmer«, wie der Meditationsraum genannt wurde. Wir stellten den Plattenspieler an – ich erinnere mich, dass es César Francks »Symphonie in D-Moll« war – und ich setzte mich in sehr skeptischer Stimmung mit Stift und Schreibblock hin. Aber zu meinem Erstaunen begann der Stift sich in wenigen Minuten zu bewegen. Wie besessen jagte er über das Papier. Ich hatte mich absichtlich nicht zu ablehnend gemacht und versuchte, seinen Bewegungen innerlich zu folgen, denn der Raum war dunkel. Nach einer halben Stunde hörte ich auf.

»Nichts«, sagte ich, »Kritzeleien, reine Verschwendung wertvoller Zeit!« Und so war es – nicht einmal der Ansatz zu einem Wort war vorhanden. Jedoch wollte ich dieser Sache eine nochmalige Chance geben, und am nächsten Abend wurde die Aufführung wiederholt, nur dass es diesmal schien, als hätte der Bleistift – wenn auch ungeschickt – den Namen unserer toten Freundin gemalt. Dies war wirklich der Fall. Am folgenden Abend kam eine bruchstückhafte Botschaft durch. Nach vier Tagen schrieb ich fließend. Aber – zum Unterschied von sonstigen automatisch Schreibenden – wusste ich immer genau, was geschrieben wurde, Hand und Gehirn erhielten die Botschaft gleichzeitig.

Natürlich kann diese Mitteilungsmethode von vielen als eine bloße Projektion aus dem Unterbewusstsein abgetan werden. Jedoch tatsächlich hätte niemand skeptischer sein können als ich selber. Ich hatte zu lange Psychologie studiert, um solche Offenbarungen blindlings hinzunehmen. Auf jeden Fall hatte ich »Automatisches Schreiben« immer – noch mehr als andere Formen von Jenseitsverkehr – für bewusste oder unbewusste Täuschung gehalten und denke darüber auch heute noch so. Ich muss jedoch im Licht späterer Ereignisse, sorgfältiger Forschungen und einwandfreier Beweise, die mich und andere Skeptiker voll befriedigten, feststellen, dass ich damals absolut echte Botschaften erhalten habe.

Ein sehr wichtiger Punkt dabei ist, dass sie keiner Art von Wunscherfüllung zuzuschreiben sein konnten. Weder Gefühle noch sehnsüchtige Ziele waren damit verknüpft. Wie erwähnt, hatte ich niemals begehrt, mit unserer toten Freundin oder mit sonst jemandem auf solche Art zu verkehren. Nur das außerordentliche Ereignis, das mir im »Traum« von meinem atlantischen Leben Kenntnis gab, hatte mich zu diesem Schreiben bewegt; denn ich hoffte ja nun, mehr darüber und auch über andere Inkarnationen zu erfahren. Aber zunächst geschah nichts. Meine Geschichte blieb unvollendet, aber stattdessen strömten nun zu jeder Tages- und Nachtzeit – ob ich allein war oder mit meinen Gefährten zusammen – Mitteilungen aller Art auf diese Weise ein. Manche waren sichtlich für unsere geistige Entwicklung von Bedeutung, andere spiegelten einfach die Teilnahme und Zuneigung unserer toten Freundin für uns alle wider.

Etwa eine Woche später ließ sie uns jedoch wissen, dass ein »Sehr hoher Lehrer« von der »Anderen Seite« bei ihr wäre, welcher mit uns in Kontakt zu kommen wünschte. Dies war natürlich – wenn es stimmte – entschieden interessanter! Wir hatten allerdings keine Möglichkeit, die Wahrheit dieser Behauptung zu prüfen, außer durch intensive Anwendung von Vernunft und Intuition, so dass wir die Äußerungen des »Lehrers«, die er uns zu vermitteln geruhen würde, zunächst nur nach ihrem Inhalt beurteilen wollten. Denn in einem so frappierenden, wunderbaren Fall erschien es mir als der sicherste Schutz für so beschränkte Wesen wie uns, »den Baum an seinen Früchten zu erkennen«.

Der »Große Lehrer« gab seine Botschaft; und schon als ich sie niederschrieb, verspürte ich eine seltsame Veränderung als Folge der hohen Schwingungen, die er durch meine Hand fließen ließ. Es war eine gewaltige Kraft vorhanden, aber auch noch etwas anderes – etwas Herrliches, das nicht in Worte zu fassen ist!

Ich kann es nur so schildern, dass ein überwältigendes Gefühl von einem tiefen, beschützenden Frieden, verbunden mit übermenschlicher Liebe, gebieterischem Ernst und einer erhabenen Geistesferne, mich durchströmte. Andere haben eine solche grandiose Erhöhung der Vibration, solche gewaltige Aufladung der Atmosphäre als den höchsten Ausdruck jener immensen göttlichen Attribute geschildert, die in uns noch größtenteils verborgen liegen. Hier aber waren sie so vollkommen manifestiert, dass schon ihre leise Berührung eine unmittelbare, intensive Ausdehnung unserer eigenen latenten Kräfte zur Folge hatte, so dass wir für den Augenblick an einem übermenschlichen Bewusstsein teilhatten!

Dieser »Lehrer« äußerte sich kurz und konzentriert, so wie – nach meiner späteren Entdeckung – solche hohen Wesen es ausnahmslos tun. Sie kennen den Wert des Haushaltens mit der »Kraft«, sie folgen einem Gesetz, das gebietet, kein Energieatom auf irgendeiner Ebene dürfe verschwendet, kein Wort gesprochen, keine Handlung ausgeführt werden, außer im direkten Verhältnis zum Wert des zu erzielenden Ergebnisses.

DIE, deren Werk es ist, die Menschheit zu lehren, schulen ihre Jünger mit einem ähnlich sorgfältigen Ernst und liebevollen Verständnis, wie es ein sehr fähiger Lehrer im Physischen den ihm anvertrauten Kindern erweist. Sie haben keine Zeit für zweckloses Reden oder Loben, sie schauen nur nach Resultaten. Wenn diese sich in einer bestimmten Zeitspanne nicht zeigen, wird der Schüler seinen eigenen Ratschlüssen überlassen, bis er bereit ist, sich der Disziplin unterzuordnen, die für jeden Fortschritt – ob spirituell oder materiell – erforderlich ist.

Dies ist nicht der Ort für einen detaillierten Bericht über alles, was der »Lehrer« uns damals verkündete. Folgendes möge genügen: Nachdem er uns unterrichtet hatte, dass wir durch Anstrengungen in diesem und im vorigen Leben eine Stufe erreicht hätten, auf der es möglich sei, unsere Entwicklung zu beschleunigen, gab er uns eine klare Vorstellung von den wahrscheinlichen Schwierigkeiten, Gefahren und Opfern, denen wir uns gewiss stellen müssten. Er sagte, dass es unser freier Wille sei, dass die Wahl bei uns läge – aber wenn sie einmal getroffen wäre, gäbe es dann – außer mit einem schrecklichen Verlust verbunden – kein Zurück mehr. Es wäre also in einer Beziehung besser, ruhig im jetzigen Tempo weiter zu ringen und einen Beschleunigungsversuch einer anderen Inkarnation zu überlassen. Er verließ uns mit der Anweisung, in Ruhe alles zu überdenken, ehe wir unsere Entscheidung träfen.

Nach seinem Fortgehen sprach unsere tote Freundin wieder mit uns und gab eine Schilderung von dem »Lehrer«. Zu meinem großen Erstaunen stimmte diese genau mit der eines »Großen Meisters« überein, welcher kurz vorher – hinter mir stehend – von einem außergewühnlichen männlichen Medium gesehen worden war. Er hatte mir mitgeteilt, dass dieser spezielle »Führer« sich für meine Arbeit interessiere und hoffe, mir später einige Schriften einprägen zu können. Da ich übersinnliche Kräfte bei mir nicht für denkbar hielt, hatte ich die ganze Geschichte vergessen und sie auch nicht richtig geglaubt.

Zwei Tage später kehrte der dritte unseres Trios aus der Stadt zurück. Er war von allem Geschehenen stark gefesselt. Unabhängig davon hatte auch er durch seine eigenen Methoden eine äußerst merkwürdige Episode »durchgebracht«, in welcher wir vier ebenfalls mit einigen magischen Praktiken in Atlantis beschäftigt waren. Als wir all das besprachen, wurde uns bewusst, dass auch diese Episode ein zusammenhangloses Bruchstück einer atlantischen Inkarnation sein müsse, in der wir Komtakt miteinander hatten, und die jetzt erneut in unser Bewusstsein eingeprägt wurde. Aber gegenwärtig glich die Sache noch einem Mosaikspiel, und viele wichtige Teile fehlten. Ich empfand aus einem undefinierbaren Grund, dass es wichtig für uns war, die gesamte Geschichte vollständig zu entschlüsseln. In einer seltsamen Weise hatten die damaligen Erlebnisse eine direkte Beziehung zu unserem jetzigen Vorhaben, und wir konnten höchstwahrscheinlich vor der Aufklärung jener Vergangenheit den gewünschten Fortschritt nicht machen. Nach dem gleichen Prinzip, wie in der Psychotherapie die Hemmungen und Verdrängungen eines Patienten ins Wachbewusstsein heraufgebracht werden müssen, ehe eine Heilung zu erhoffen ist, mussten auch wir vorgehen.

Wir beschlossen daher, uns im Sonnenzimmer zusammenzusetzen, mit dem Versuch, uns absichtlich in diese Vergangenheit zurückzubefördern. Jetzt durchschaue ich alle mit einem solchen Experiment verbundenen Gefahren. Glücklicherweise hatte aber damals keiner die geringste Ahnung von den Kräften, mit denen wir uns leichtfertig zu schaffen machten. Fühlten wir uns doch in hohem Maß beschützt und geleitet, was ja auch wirklich der Fall war!

In jener Nacht war der Mond voll. Wir badeten, sobald es

dunkel war. Das Meer phosphoreszierte; und wenn unsere Arme das schwarze Wasser teilten, rollten silberne Kügelchen von unseren Fingern und umsprühten unsere Köpfe. Die warme Nacht hüllte uns ein. Meer, Himmel und Erde schmolzen zu einer blauen, dunklen Tiefe zusammen, nur das goldhelle Licht aus unserem Bungalow hing in dieser Leere, um uns an die irdischen Begrenzungen zu erinnern. Ich schwamm sehr weit hinaus, dem Pfad des Mondes folgend – der uralten Göttin der Magie – und das Wasser schien sich fast mit meiner Substanz zu mischen. Es kühlte die glühenden Sonnenfunken ab, die meine Glieder während des langen Augusttages belebt hatten. Nach unserem Bad stellten wir den Plattenspieler an, saßen noch eine Weile auf den Steinstufen und schauten über den kleinen Garten hinweg, wo die Blumen matt silbrig glänzten, hinaus auf das unsichtbare Meer. Die Welt war so still, dass es schien, als ob alle Fluten des Lebens zurückgewichen wären, um uns in einer dunklen, von Musik erfüllten Leere allein zu lassen. Jeder von uns erlebte wohl das gleiche Gefühl einer drängenden Erwartung von bevorstehenden großen Geschehnissen, aber alles wurde von einer eigentümlichen Stille gedämpft, die immer unvermeidlichen Schicksalsauswirkungen vorausgeht.

Bald gingen wir in das Sonnenzimmer und löschten das Licht. Alle Fenster waren weit offen; und die Stille war so intensiv, dass wir, wie aus unendlichen Fernen, die Kräuselwellen gegen den Kieselstrand plätschern hörten. Immer mehr nahm die Stille zu. Sie schmiegte sich an uns wie ein lebendiges Wesen. Sie vibrierte immer stärker von unsichtbaren Energien, bis es uns vorkam, als ob jedes Partikel in der Atmosphäre, in unseren Körpern, selbst in unseren Gedanken, übermächtig geladen würde und einer fast unerträglichen Spannung zutriebe. Dann plötzlich wurde von einer Sekunde zur anderen – als ob ein lange gereifter, alchemistischer Prozess sich in jenem Augenblick vollendete – das Fortschreiten der Zeit umgekehrt; und wir fanden uns in ein Zeitalter zurückversetzt, das seit mehr als 20 000 Jahren vergangen war.

Von dem, was folgte, kann ich nur unzulänglich sprechen. Diese Dinge können selten geschildert werden, denn sie finden in einer Dimension statt, für die der Mensch noch keine Worte besitzt. Aber ich mache hier den Versuch, weil ohne eine Erklärung alles Folgende unverständlich sein würde. Zweifellos war es aber so: Alle von uns vieren – denn unsere »tote« Freundin war immer bei uns – nahmen, jeder in der seiner Eigenart gemäßen Weise, an der Rückblendung dieser uralten Ereignisse teil, und zwar durch einen Vorgang von seelischer Erinnerung, den zu verstehen ich nicht vorgeben möchte.

Es wurde also die Vergangenheit neu erschaffen, wir waren wieder in jenem Tempel in Atlantis, leidenschaftlich mit einem magischen Ritus beschäftigt. Was mich betrifft, war ich in jenem Augenblick gleichsam gespalten. Eine Hälfte meines Wesens wanderte zurück und nahm das Bewusstsein dieses Atlanters – Cheor – an. Aber die andere Hälfte, mein heutiges Selbst, stand die ganze Zeit über abseits und überblickte die Szene mit einem losgelösten, fast wissenschaftlichen Interesse. Jedoch identifizierte ich mich nur partiell mit jenem abseits stehenden Teil. So verlor ich nie die Kontrolle über meine jetzige Persönlichkeit, die der wiedergeborene Cheor war, und versuchte auch nicht, durch eine Anstrengung dem Erlebnis zu entfliehen. Ich wusste ja, dass ihm unvermeidlich die Stirn geboten werden musste. Nicht einmal Furcht kam über mich, denn immerwährend war jene hohe, wundervolle und ruhige Schwingung gegenwärtig, welche uns von dem Tag an einhüllte, seit der »Lehrer« gesprochen hatte. Dies war mein Ankergrund, trotz der Tatsache, dass auf der astralen und physischen Ebene, wo mein Körper lebte, der psychische Aufruhr mit jedem Moment stärker wurde und sich so unheimlich veränderte, dass er zuletzt zu einer wahren Quintessenz böser Ichsucht wurde

– der Natur jener Atlanter gemäß, die wir damals waren. Er wuchs noch immer, – und nahm schließlich Gestalt an. Der Raum füllte sich mit Wesenheiten, die dieser schwarze, üble Ritus einst erzeugt hatte, indem er – zu unserer Unterstützung – wehrlosen Naturgeistern unsere schlimmen Kräfte aufgezwungen und fest eingeprägt hatte. Sie schwärmten nun um uns herum – personifizierte Kräfte der Sinnenlust, des Hasses und satanischen Stolzes – endlich aus dem Gefängnis befreit, das sie festgehalten hatte, bis wir stark genug waren, bewusst mit ihnen Fühlung zu nehmen. Sie warfen sich auf uns und suchten in unseren Körpern nach reagierenden Schwingungen, die ihnen den Eintritt ermöglichen und Gelegenheit geben würden, uns »besessen« zu machen. Zu jener Stunde erkannte ich glücklicherweise nicht ganz, was eigentlich geschah. Ich war mir nur eines gewaltigen Zusammenpralls bewusst, der unsichtbar, doch höchst vital von mir erlebt wurde; und es war mir klar, dass ich um jeden Preis meine Selbstbeherrschung behalten musste. Zuletzt jedoch, als die konvergierenden Kräfte mit einer donnernden Vibration über unseren Köpfen zersprangen, rief ich in äußerstem Schrecken nach dem »Lehrer«. Fast augenblicklich ließ die Spannung nach, die psychischen Energien wurden schwächer, wie Wellen, die beim Wenden der Flut zurückweichen, bis dann der Schauplatz verblich und der Raum einer leeren Schale glich.

Wir drehten das Licht an. Wir waren alle äußerst erschüttert. Meine Stirn perlte von kaltem Schweiß, meine Zähne klapperten; und trotz aller Mühe war ich nicht imstande, die Ausbrüche von fiebrigen Schauern zu unterdrücken, die mich wie eisige Wassergüsse überliefen. Ich hätte in jenem Moment viel für einen starken Whisky gegeben. Jedoch Alkohol und Tabak waren schon lange den Weg der Fleischnahrung gegangen, sie waren streng verboten – tabu – so dass wir das Beste aus dem Ersatz von glühheißem Tee machen mussten. Ich bildete mir ein, die kommende Nacht würde von bestürzenden Träumen und

Visionen durchtobt sein, schlief aber tief und erwachte erholt – vorbereitet für andere überraschende Ereignisse. Doch jenes außergewöhnliche Erlebnis schien zunächst alle psychischen Energien erschöpft zu haben. Kein weiteres Phänomen trat auf, und auch andere seltsame Ereignisse blieben aus.

Diese letzte Sitzung hatte zehn Tage vor der geplanten Auflösung unserer Bungalow-Gesellschaft stattgefunden. Ich musste dann nach London zurück. So blieb eine kurze Zwischenzeit für unsere Wiederherstellung; und beim Rückblick muss ich bewundern, wie vollkommen die großen Wesen auf der »Anderen Seite« ihre Tätigkeiten zeitlich abstimmen. Diese zehn Tage waren nötig, damit wir uns genügend erholen und für die erneuten Kontakte mit der äußeren Welt vorbereiten konnten. Wir waren natürlich bestürzt und erschüttert von der dramatischen Plötzlichkeit dieser Ereignisse und noch verwirrt von der Berührung mit dieser neuen Dimension, in die wir alle geworfen worden waren.

Die wahren Fundamente unseres Lebens waren getroffen worden. Keiner war derselbe wie vorher und würde es nie wieder sein können; und es war keineswegs leicht, aus einer solchen hoch gespannten, spirituellen Atmosphäre heraus wieder das alltägliche Dasein aufzunehmen. Es dauerte auch sehr lange, bis wir dahin gelangten, dieses Erlebnis mit unbefangenem, ungezwungenem Gemüt zu überschauen.

So wie Wasserfluten nach einem Sturm zurückgleiten, zogen sich die psychischen Wellen in jenen zehn Tagen zurück und schwanden dahin. Ich empfing jedoch weiterhin Botschaften durch geistige Methoden, und das sollte sich viele Monate lang fortsetzen. Aber wir waren ziemlich enttäuscht über die Rückkehr zu normalen Lebensumständen, denn wir hatten schon angefangen, Wunder als Selbstverständlichkeiten anzunehmen. Wären wir jedoch nicht so gänzlich unwissend über die innere Bedeutung okkulter Phänomene und ebenso über die Gesetze der unsichtbaren Ebenen gewesen, hätten wir entdeckt, dass wir uns unter dem Druck einer zerrenden Anspannung befunden hatten, die entschieden stärker war, als die meisten »normalen« Leute überstehen könnten. In jener Zeit gab es keine Erklärungen, aber seither ist mir die Gefahr des Experimentes völlig klar geworden. Wahrhaftig – kein solcher Vorstoß in weit zurückliegende Leben sollte jemals unternommen werden, außer unter Aufsicht eines so hohen »Lehrers« wie des unsrigen, der jede Schwäche und jeden Gefahrenpunkt in der Natur seiner Schutzbefohlenen sieht und genau abschätzen kann, wie stark ihre Widerstandskraft gegen jene astralen Wesen und Kräfte ist, die zwangsläufig durch die geöffneten psychischen Tore einströmen, welche in den allermeisten Fällen unbedingt geschlossen bleiben müssten. Denn diese Kräfte können leicht von einer solchen Art sein, dass sie den waghalsig Experimentierenden vernichten.

Sogar unter einer Überwachung, wie sie uns gewährt wurde, bleibt ein gewisses Gefahrenelement bestehen. Kein rascher Fortschritt ist jemals ohne Risiko. Aber die sorgfältige Überwachung durch einen weisen Lehrer wird stets diese Risiken weitgehend abmildern und sie in den Grenzen des früher erzeugten Karmas halten, so dass nicht – infolge unserer Unwissenheit – *neue* karmische Ursachen dabei geschaffen werden. Hätte es in unserem Fall zum Beispiel nur bei einem von uns für eine Sekunde einen »Kurzschluss« gegeben, so dass das höhere Selbst den Kontakt mit seinem Bewusstseinsvehikel verloren hätte, wären jene Wesenheiten, die unsere üble Vergangenheit an uns gefesselt hatte, wahrscheinlich auf uns eingestürmt, hätten vom Körper Besitz ergriffen und – einmal darin – vielleicht nicht wieder verjagt werden können. Mit dem Ergebnis, dass der Betreffende den Rest dieser Inkarnation in der Psychiatrie hätte verbringen müssen. Wäre eine unbewusste oder unterdrückte lasterhafte Ader in unseren Charakteren gewesen, die den üblen Schwingungen jener Wesen nahe verwandt war, wäre es ihnen durch diesen Anknüpfungspunkt möglich geworden, die Persönlichkeit des Betreffenden zu unterjochen, indem sie durch fortwährendes Anreizen jene Schwäche verschlimmerten. Dieser Besessenheitstyp tritt häufig im Zusammenhang mit spiritistischen Séancen auf, in denen gutmeinende, doch unwissende Medien immer mehr herabsinken und oft in Wahnsinn enden, weil sie dieser Intensivierung einer persönlichen Schwäche unterliegen.

Später wurde mir erläutert, dass es für die spezielle Arbeit, die jeder von uns sich vorgenommen hatte, wesentlich war, diesen engen Kontakt mit unserer atlantischen Verkörperung zu erhalten. Außerdem wurde es unseren Führern, indem sie uns eine so vitale und fast zerschmetternde Erfahrung zugänglich machten, ermöglicht, unsere seelische, mentale, spirituelle und auch physische Natur festzustellen, damit unsere künftige Schulung mit der Wirkung des Experimentes auf unsere verschiedenen Körper koordiniert werden konnte. So wie zwei Personen nicht in der gleichen Weise auf dasselbe Erlebnis reagieren, kann auch nicht für zwei Personen die gleiche Schulungsmethode angewendet werden.

Meine eigene Schulung fing bald nach meiner Ankunft in London an, und zwar in der Abgeschlossenheit meiner eigenen Wohnung. Der Unterricht war zunächst auf die Entwicklung gewisser psychischer Kräfte gerichtet, die für die mir bestimmte spezielle Arbeit benötigt wurden. Fast unmittelbar begannen eine Reihe von Zeichnungen »durchzukommen«, einige waren Bilder von Atlantis und ihren Zeremonien, manche zeigten Naturgeister und Engel, und wieder andere waren symbolische Figuren, die ich, bei meiner mangelnden künstlerischen Ausbildung, niemals hätte malen können. Aber dies war nur ein Vorspiel. Allmählich – in dem Maß, wie meine Sensitivität zunahm – verminderte sich der mächtige Druck der rein automatischen Lenkung; denn meine Empfänglichkeit ließ nun zu, dass stattdessen eine Art von mentalem Hellhören einsetzte, das im Zusammenhang mit verschiedenen menschlichen und übermenschlichen Schwingungsarten benutzt wurde, so dass ich mit der Zeit zwischen meinen Lehrern unterscheiden konnte und auch inwendig hörte, was ich tun oder schreiben sollte. *Damals wurde mir auch gesagt, meine erste Aufgabe sei, mit einer Anzahl meiner vergangenen Leben deutliche Fühlung aufzunehmen, um danach ein Buch zu schreiben, welches das mächtige, fundamentale Gesetz von KARMA – Ursache und Wirkung – am eigenen Beispiel anschaulich erläutern sollte – denn dieses Gesetz regiert das Menschenleben und entscheidet sein Geschick in jeder Verkörperung.*

Diese Inkarnationen wurden mir später gezeigt; und so wie ich sie empfing, habe ich sie niedergeschrieben – verbunden mit kostbaren Erklärungen, die mein »Lehrer« mir zu jener Zeit gab.

Mancher Leser wird vielleicht gegen dieses Buch einwenden, dass diese »Geschichten« sich zu sehr wie Dichtungen oder wie das Resultat einer blühenden Phantasie lesen, um ernst genommen zu werden. Das wäre eine vernünftige Kritik, wenn sie von Menschen käme, die niemals in vergangene Leben versetzt worden sind. Jedoch die, welche auch nur für eine kleine Weile sozusagen aus der Zeit hinausgeschritten sind, wissen, dass dies fast ebenso möglich ist wie Eindrücke aus unserer gegenwärtigen Existenz aufzuzeichnen. Die Fähigkeit, in der Vergangenheit zu lesen, wie auch ein wenig von der Zukunft wahrzunehmen, liegt latent in allen Menschen, weil ja alle in jeder ihrer Zellen an jener alldurchdringenden Energie teilnehmen, aus der die Schöpfung entspringt. Bis jetzt können sich erst wenige über gewisse Grenzen hinaus erinnern, was daran liegt, dass die Menschen sich noch nicht intensiv genug ihrer Einheit mit dem GANZEN bewusst sind und daher nie versucht haben, den Gebrauch ihrer wunderbaren Fähigkeiten durch Willenskraft, geeignete Lebensumstände und eine entsprechende reine Lebensführung zu entwickeln. Aber zweifellos wächst diese Möglichkeit an, und eines Tages wird sie ein Allgemeingut sein. Es heißt, dass »alle Dinge nur Gedanken im Geist GOTTES sind«. Wenn dem so ist, folgt daraus, dass die gesamte Vergangenheit noch vollständig in Seinem Gedächtnis existieren muss. Es ist einfach eine Sache des Wissens, wie wir in die Dimension, wo dieses göttliche Gedächtnis wirkt, eintreten, das heißt, wie wir uns darauf einstimmen können. Wir betrachten heute vieles als selbstverständlich, was einst die »Wunder« von Tonfilm, Telefon, Tonband und Fernsehen waren. Eines Tages werden Leute gewiss auch jene feinstoffliche, aufzeichnende und rückstrahlende Aufzeichnung als selbstverständlich ansehen, die in der esoterischen Nomenklatur die »Akasha-Chronik« genannt wird. Diesem ätherischen »Aufnahme-Instrument« wird jeder Ton und Gedanke, jedes Wort, jede Handlung vom Beginn einer Weltenschöpfung bis zu ihrem Ende untilgbar für immer eingeprägt. Für den, der gelernt hat, seine Wahrnehmungsorgane so zu vervollkommnen, dass er sich nach Belieben auf diese »Chronik« einstimmen kann, liegt dort die Antwort auf alle Fragen, alle Probleme, die der Mensch so eifrig mittels vieler wissenschaftlicher Forschungszweige der Natur abzuringen versucht. Dort wartet die Vergangenheit, welche GOTTES Gedächtnis genannt werden kann und bis zu einem gewissen Grad die Zukunft, die man Seine Absichten nennen kann, auf Entdeckung durch den Menschen. Aber nur wenige haben bisher bewusst diese Fähigkeit erworben! Hier und da sind aber Menschen zu finden, welche genügend Intuition und Imagination entwickelt haben, um aufblitzende echte Botschaften aus diesem überirdischen Reich zu empfangen. Ohne sich dessen bewusst zu sein, blättern sie die Seiten der allumfassenden Chronik um und lesen so in dem gewaltigen Buch der Vergangenheit und auch teilweise in dem der Zukunft. Sie geben dann zuweilen genaue Berichte ab, obwohl sie nichts über die wahre Quelle ihrer Inspiration wissen.

Abgesehen von diesen unbewussten Methoden, deren sich auch Wissenschaftler, Schriftsteller, Dichter und ähnliche Leute bedienen, gibt es Möglichkeiten, die Akasha-Chronik *bewusst* zu berühren; und unter Führung EINES, der diese Kunst vollkommen beherrscht, können manchen Suchenden – sozusagen aus zweiter Hand – bestimmte vergangene Ereignisse gezeigt werden, wenn dies wünschenswert erscheint.

Das ist es, was in meinem Fall geschah. Mein »Lehrer« passte sich natürlich meinen Beschränkungen an und benutzte verschiedene Methoden, die für meine jeweilige Entwicklungsphase am geeignetsten waren. So wurden manche Episoden mir in »Träumen« gezeigt, andere sah ich in einen Kristall gebannt, manche wurden durch Hellhören übermittelt und wieder andere kamen in plötzlichen Schüben von inspirierten Niederschriften. Jedoch jede einzelne Geschichte wurde am Schluss in einem kurzen Umriss zusammengefasst. Während des telepathischen Aufschreibens jeder Episode war ich mental so völlig darauf eingestimmt, dass mein gegenwärtiges Leben mir fast unwirklich vorkam; und ich durchlebte jene alten Bedrängnisse und leidenschaftlichen Gemütsbewegungen so lebendig, als hätte sich alles während meines jetzigen Daseins ereignet. Das ist der Grund, warum in dem Buch alles in einer so dramatischen und vitalen Form auftritt! Die Vergangenheit wurde ja zeitweilig zur Gegenwart, so dass ich diese Leben niederschreiben konnte, ähnlich wie ein Mensch seine Autobiographie aufzeichnet. Für mich bedeutete es nichts anderes. Dennoch ist ein großer Teil davon ungeschrieben geblieben. Nur die Hauptgeschehnisse jedes Lebens – und zwar die, welche jeweils eine neue Epoche in meiner Gesamtentwicklung markierten – haben sich meinem Bewusstsein eingeprägt; und auch nur die mit jenen Ereignissen verknüpften Menschen sind geschildert worden.

Von meinen engsten Gefährten auf dieser langen Rückreise durch die Zeit weiß ich allerdings, dass jene drei und ich, die wir in Atlantis beisammen waren, uns sehr oft getroffen haben

– häufig in Zorn oder Wettstreit, aber endlich – wie jetzt – in liebender Kameradschaft. Doch ich kann sie nicht überall und in jeder Situation inmitten des Wirrwarrs der Persönlichkeiten identifizieren, wovon diese Rückerinnerungsvisionen erfüllt sind. Aber eins ist sicher, dass ich während all der mir gezeigten Leben im Kampf mit den Naturgeistern stand, die ich in Atlantis beschworen und missbraucht hatte; und dass sie in dieser oder jener Form ihre Rückkehr zu mir fortsetzen werden, bis sie völlig verjagt oder – wahrscheinlicher – zu Wesen des Lichtes umgewandelt sind.

Natürlich sind bei jedem solchen Versuch leicht Irrtümer möglich, besonders weil das menschliche Übertragungswerkzeug noch unvollkommen ist. Wenn also Fehler darin sein sollten, gehen sie nicht auf meinen »Lehrer« zurück, sondern lediglich auf meine eventuelle Unzulänglichkeit, seine Worte und die mir gezeigten Ereignisse aufzuzeichnen.

Glücklicherweise wurde ich ein Jahr nach den hier erzählten Erlebnissen und nachdem dieses Buch vollendet war, mit drei großartigen Okkultisten bekannt: Mit einem Heiler (Archibald Cockren), mit einem okkulten Autor und Komponisten (Cyrill Scott), der einwilligte, eine Einleitung zu diesem Buch zu schreiben, und mit einem esoterischen Astrologen (David Anrias), der durch seine stärkere psychische Sehkraft die Wahrheit vieler meiner Berichte bestätigt hat. Diesen allen schulde ich aufrichtigen Dank.

1. ATLANTIS

Seit vielen Jahrhunderten hält sich die Vorstellung, dass dereinst ein mächtiger Kontinent existierte, der vom Ozean verschlungen wurde, nur noch als eine Legende und fand nur in Volkssagen und in den Mysterien Ägyptens und Griechenlands einen Niederschlag. Erst vor kurzer Zeit haben auch wissenschaftliche Forschungen zur Befriedigung aller, außer unbelehrbaren Skeptikern, den Beweis geliefert, dass mindestens ein solcher Erdteil – als die Wiege unserer eigenen Zivilisation – bestanden hat.

Die Wissenschaft kann auf dem Entdeckungsweg durch ihre üblichen Methoden nicht mehr viel weiter kommen, da nur wenig von jenem geheimnisvollen »Atlantis« genannten Land geblieben ist. Jedoch es stehen andere Methoden offen – nämlich die, welche ich bereits zu erklären suchte – das Studium der Akasha-Chronik durch geschulte Seher und Eingeweihte. Von diesen Menschen, welche die Fähigkeit erwarben, die Vergangenheit auf diese Weise neu erstehen zu lassen, haben wir schon viel von der Größe und den Wundern jener erloschenen Zivilisation erfahren, die in vieler Beziehung so fortgeschritten wie die unsere war oder sie sogar übertraf. Dies wird eindrucksvoll durch gewisse gewaltige Monumente bestätigt – die Pyramiden von Ägypten und Südamerika sowie die rätselhaften Statuen-Kolosse der Osterinsel. Diese wurden alle von den verschiedenen Bevölkerungswellen der Kolonisten erbaut, die den Kontinent zur Zeit der ungeheuren Katastrophen, durch die er schließlich vernichtet wurde, verließen.

In diese Zeit und in dieses verlorene Land wurde also unsere kleine Gruppe während jener Erlebnisse zurückversetzt. Die Verkörperung, welche uns enthüllt und später durch mich weiter detailliert wurde, fand offenbar während der späteren Stadien der atlantischen Zivilisation statt, als die Mächte des Bösen schon Macht gewannen und allmählich die Kräfte des Fortschritts untergruben. Das Niederschreiben *dieser* Episode glich der gewöhnlichen Art eines »Automatischen Schreibens« viel mehr als alles, was später geschah.

Namen wurden geschrieben, die ich nicht kannte und auch nicht erfunden haben konnte, weil ich gar nicht viel Phantasie besitze. Der Stil war dem meinen fremd; und da ich in diesem Leben wegen eines an Furcht grenzenden Widerwillens niemals Bücher über Magie angerührt habe, kann ich unmöglich die Riten und Zeremonien, an denen wir teilnahmen, gekannt haben. Aus vielerlei Gründen ist es keineswegs erwünscht, einen zu detaillierten Bericht von jenem Leben zu liefern oder das mir vermittelte Manuskript jetzt schon ganz zu veröffentlichen. Aber es ist nötig, eine Zusammenfassung von allem, was uns dort begegnete, zu geben; denn dieses scheinbar zufällige Beisammensein von Freunden in einem Bungalow an der englischen Küste war – so phantastisch es auch klingt – zweifellos die unmittelbare Folge von Zusammenkünften der gleichen Menschen an einer anderen Meeresküste vor etwa 800 000 Jahren. Von deren Rückwirkungen im Verlauf der Zeitalter habe ich zu erzählen.

In meinem ersten »Traum« – und in mehreren folgenden – befand ich mich in den Straßen jener mächtigen Stadt, »Die Stadt des Goldenen Tores« genannt. Ich wanderte zwischen Gebäuden umher, die so phantastisch und prachtvoll entworfen und mit so herrlichen Ornamenten verziert waren, dass im Vergleich mit ihnen auch die bedeutendsten Werke unserer Zeit wahrhaft gering erscheinen. Aber für einen modernen Menschen, der diese verschollene Zivilisation noch einmal besucht, ist es weniger die zauberhafte Schönheit der Gebäude oder die riesenhafte Körpergröße der Männer und Frauen, die ihn außer Fassung bringt, als vielmehr die Mentalität jener Rasse, weil sie uns äußerst schwer verständlich scheint; denn diese Menschen waren von der Entwicklung des Astralkörpers in Anspruch genommen. Die Menschheit war über die instinkthafte oder rein animalische Phase hinausgewachsen und lebte jetzt im Fühlen und Wünschen zentriert. Der logische Verstand, so wie wir ihn jetzt kennen, spielte offensichtlich nur eine kleine Rolle in ihrer Konstitution, obwohl ihre Intelligenz – oder eher eine Art von gefühlsmäßiger Kenntnis der Naturkräfte – sie in mancher Weise als uns überragend erscheinen ließ. Es ist schwer, dies technisch zu erklären, aber so weit es herauszufinden ist, war es so: Ihre unteren Kraftzentren, welche das instinktive, emotionelle und physische Leben regieren, erzeugten die Motivkraft für fast alle ihre Handlungen – so wie es noch bei unterentwickelten Völkern unserer Zeit der Fall ist. Daher war ihr gesamter Verhaltenskodex, samt allen Zwecken und Zielen, gänzlich verschieden von dem des heutigen Menschen, welcher seine Gefühlsnatur mehr oder weniger voll entwickelt hat und sich jetzt bemüht, sie unter die Kontrolle des Verstandes zu bringen.

Natürlich suchten die höher stehenden Typen der Atlanter – besonders in den regierenden Klassen – bereits damals diese Beherrschung der Gefühlsregungen durch den Verstand zu entwickeln; und viele Priester-Initiierte und Könige befanden sich schon im Zustand der hoch stehenden Pioniere unseres *jetzigen* Zeitalters, in welchem der Verstand von dem höheren spirituellen Bewusstsein gelenkt wird. Aber es kam eine Zeit, in der es einer Anzahl sehr intelligenter Leute aufging, dass man eine raschere Methode zur Gewinnung von Macht und Wissen ausbilden könnte, und zwar durch intensives Studium und Beherrschung jener Naturwesen und Kräfte, die den nieder-astralen und ätherischen Bereichen angehören.

Anstatt langsam über das Mentale weiter nach oben aufzusteigen, stürzten diese Menschen sich absichtlich rückwärts in das Astrale und konzentrierten sich auf eine Entwicklungsphase, die sie – ihrer Stufe gemäß – überwunden und hinter sich gelassen haben sollten. Dieser Linie der »schwarzen Magier« folgte ich damals, zusammen mit drei Gefährten, zu unserem Unheil.

Ich war ein jüngerer Sohn des Herrschers von Atlantis und als solcher auch ein erblicher Priester. So wurde ich im Tempel erzogen und erhielt Kenntnis von jenen Geheimnissen, die niemandem außer unserer hohen Kaste enthüllt werden durften. Eng mit mir verbunden war mein Zwillingsbruder Shaballaz; und zwischen uns – besonders auf seiner Seite – bestand eine große Zuneigung, die sogar ich, trotz meiner Verkommenheit und Selbstsucht, nicht ignorieren konnte. Als ein jüngerer Sohn war meine Stellung im Land nur unbedeutend, aber ich war stolz und ehrgeizig; und um sie zu verbessern, begann ich schon früh, mit einer Unzufriedenen-Partei Ränke zu schmieden. Sie wurde von einem Mann namens Arion-Zat angeführt, der wiederum mit dem Königsrivalen Nazzaru, einem Adepten des »Linken Pfades«, verbündet war. Dieser hatte auf der anderen Seite der Berge ein der Weißen Priesterschaft feindliches Königreich errichtet. Meine Intrigen wurden jedoch entdeckt; und zur Strafe wurde ich aller Ämter und Würden beraubt und aus meiner Kaste gestoßen. Gleichzeitig verdammte man mich lebenslang zu einer dienenden Beschäftigung in einem fernen Tempel. Trotz inniger Bitten und Warnungen meines Bruders Shaballaz motivierte mich diese Degradierung, offen zu Nazzaru überzugehen. Ich reiste zu seinem Palast, der das Zentrum für den Kult der schwarzen Magie war und wurde dort schrecklichen Riten und Zeremonien ausgesetzt und dann in die Bruderschaft der Vernichtung »eingeweiht«. Das Ziel dieser »Bruderschaft« war der Sturz der Weißen Priesterschaft, die Atlantis seit seinen Anfängen regierte und die weise Erziehung und Entwicklung seiner Menschen in Händen hielt. Sie repräsentierte die Hoffnung zur Veredelung und Neugeburt ihres Volkes. Aber wir, ihre Gegner, die wir uns wieder auf den Pfad der Involution gestellt hatten, waren durch Gelübde verpflichtet, alle Möglichkeiten zu höherer mentaler Entwicklung in den Menschen zu zerstören, um sie versklaven zu können. Wir versuchten, ihre Leidenschaften und niederen Wünsche stark aufzurühren und benutzten für diesen Zweck jene Naturwesen, die aus der vorigen, instinkthaften Entwicklungsphase stammten und – weil noch sehr vital – in jenen Tagen äußerst mächtig und für die Menschheit sehr gefahrvoll waren. Auf Grund der Zusammenarbeit mit diesen von uns missbrauchten Wesen, die unerneuert auf der Ätherebene umhertrieben, übertraf die Magie von Atlantis an Macht und Schrecken alles bisher Bekannte. Es war der Gebrauch dieser zerstörerischen Kräfte, der dann schließlich die Sintfluten verursachte, die den Kontinent überwältigten und gnadenvoll eine Rasse auslöschten, die für den gesamten Entwicklungsplan eine Gefahr geworden war. Überdies war das Ziel solcher Leute, wie wir damals waren, nicht allein, Herrschergewalt in *einem* Leben zu gewinnen. Drei von uns zum Beispiel bemühten sich intensiv, durch eine Reihe von magischen Experimenten – in Verbindung mit einer Frau – gewisse sehr starke Gedankenformen zu schaffen, die wir durch unsere vereinte Willenskraft mit einer Anzahl jener urzeitlichen Naturgeister beseelten, indem wir sie dort hinein bannten. Diese so geschaffenen dämonischen Wesen sollten instand gesetzt werden, auf der Erde zu verbleiben, nachdem wir gestorben waren, um alle Möglichkeiten zum Vollbringen übler Taten, die zu entwickeln uns in jenem Leben gelungen war, fest für uns zu bewahren! Wir banden sie durch magische Formeln in einer solchen Weise an uns, dass sie bei unserer Wiedergeburt zu uns, ihren Herren, zurückkehren müssten, um uns alle Kenntnis und Macht, die der Vorgang von Tod und Reinkarnation uns zeitweilig abzulegen zwang, unversehrt wieder zu übergeben; denn wir fürchteten, all das könnte uns sonst während der Jenseitszeit verlustig gehen. Das war unser Wunschtraum! Wir gedachten, als Herrscher der Welt zurückzukommen und wollten in anderen Zeitaltern und für alle Zeit fortfahren, durch diese versklavten Naturgeister die Empfänger des magischen Wissens und der enormen Macht von Atlantis zu sein. Wir betrachteten uns bereits als eine Art von Göttern und meinten, außerhalb des im Universum regierenden GESETZES zu stehen. Wir wagten uns sogar vorzustellen, dass wir mit der Zeit fähig sein könnten, unsere Herrschaftsbereiche bis in die außerirdischen Planeten auszudehnen und vielleicht sogar die planetarischen Erzengel zu Dienstleistungen heranzuziehen. Es war der Höhepunkt dieser Versuche, der schrecklichste aller Riten – der, worin wir, um in der Sprache der mittelalterlichen Kirche zu sprechen, uns bereit machten, unsere unsterblichen Seelen den Kräften der Vernichtung zu verpfänden – welcher in jener unvergesslichen Nacht in dem Bungalow an der See auf uns zurückprojiziert wurde.

Aber da unsere jetzige Mentalität – die von Menschen des zwanzigsten Jahrhunderts – eine vollständige Enthüllung nicht ertragen hätte, wurde uns nur etwa ein Zehntel gezeigt. Jedoch dieses Wenige war vollauf genügend.

Denn es gibt Dinge, die am besten für immer in ewiger Verborgenheit gehalten werden.

Das mir später vermittelte Manuskript führte die jenem Akt des Entsetzens folgende Nachgeschichte aus. Als wir vier unsere Absichten erreicht hatten und es uns gelungen war, diese mächtigen Elementargeister so ins Joch zu zwingen, dass sie unseren Befehlen folgten, marschierten wir zur »Stadt des Goldenen Tores« und besiegten schließlich ihren König, meinen Vater. Dort begegnete mir Shaballaz wieder; und seine Liebe entfachte ein letztes Echo des Guten in mir. Aber ich konnte ihn trotz meiner Bemühungen nicht retten. Ein solcher Triumph konnte jedoch nur von kurzer Art sein, er trug die Keime seines Zusammenbruchs schon in sich. Bald brach Zank und Streit zwischen uns aus, und wir fingen an, miteinander um die Obermacht zu kämpfen, indem wir unser magisches Wissen einer gegen den anderen benutzten. Arion-Zat opferte die Frau, um meinen Tod herbeizuführen, aber ich erschlug ihn vorher. Nun blieben Nazzaru und ich einem grimmigen Wettstreit von Rivalität und Hass überlassen. Am Ende wurde Nazzaru Sieger, und auch ich wurde umgebracht. Jedoch sein Triumph endete bald, denn während er erbittert die endgültige Macht anstrebte, wurde er durch eine unbesiegbare Kraft vernichtet, die keiner von uns auch nur ahnen konnte. Unser damaliges Ende ist natürlich von geringer Bedeutung. Aber es war jene Zeremonie in dem unterirdischen Tempel von Thac-Shelaptha, dem »schwarzen Mond«, der unsere Geschicke für Abertausende von Jahren entschied. In unserem satanischen Stolz, vom Ehrgeiz geblendet und verwirrt durch unseren Schacher mit jenen Kräften der Illusion, die im magischen Bereich noch unsichtbar ihr Wesen trieben, erwarteten wir tatsächlich, immer wieder als Herrscher auf Erden zu erscheinen und auch in anderen Zeitaltern mittels der uns dienenden Naturgeister das Wissen und die Macht von Atlantis zu besitzen. In Wirklichkeit aber waren sie es – diese Wesen des Übels, die wir quasi selbst erschaffen hatten – die unsere Herren wurden und uns regierten, indem sie unsere Willenskräfte und unsere Körper für ihre unbewusst finsteren Zwecke benutzten. Sie zerrten uns in einem Leben nach dem anderen in die Tiefen von erniedrigender Entartung und mussten ihren Griff erst lockern, als wir endlich durch viel Leiden und Erfahrung genügend Stärke und Weisheit erlangt hatten, um sie durch einen bewussten Willensakt loswerden zu können.

Dieses Buch behandelt meine eigenen Anstrengungen, meine Kämpfe und Rückfälle während der Jahrhunderte. Es ist nicht nur ein rein persönlicher Bericht, denn jeder Mensch erschafft zwar sein eigenes Schicksal auf seine besondere Weise; aber für alle, die nach Absonderung streben und, von Stolz und Eitelkeit getrieben, sich absichtlich mit Kräften der Vernichtung verbünden, sieht der Pfad der Rückkehr immer sehr ähnlich aus. Manche nehmen ihn allerdings nicht auf. Sie ziehen es vor, immer weiter rückwärts zu gehen, bis der Involutionsprozess sie völlig verschlingt, so dass sie erst in einer anderen Schöpfung wieder von vorn beginnen können. Sie haben ihre Wahl getroffen und taten es mit offenen Augen. Doch es kommt eine Zeit, wo jeder Mensch irgendwie eine solche Wahl treffen muss; und davon hängt sein weit in die Zukunft reichendes Schicksal ab.

Diese Entscheidung wurde in meinem Fall vor Jahrtausenden in Ägypten gefällt – nach vielen Leben voll unaussprechlicher Entwürdigungen und Elendszustände, die das Ergebnis meiner Taten in Atlantis waren. Ich erfuhr jedoch von *diesen* Leben erst einige Monate nach den Enthüllungen über meine atlantische Inkarnation. Als das Manuskript, das all jene zurückerlebten Szenen aufklärte und koordinierte, vollendet war, blieb ich für eine Zeit ohne weitere Erläuterungen.

Die Erlebnisse seit jenem ersten »Traum« waren natürlich entschieden niederschmetternd gewesen. Ich hatte keine Ahnung, wo sie hinführten oder was ihr eigentlicher Zweck war. Ich wurde mir einfach selbst überlassen – mit dem Gemälde meiner Freveltaten und all jener meinem Bewusstsein unaustilgbar eingeprägten Ungeheuerlichkeiten vor Augen.

Es kamen keine Erinnerungen oder Erleuchtungen mehr. Die Wasser des Vergessens, welche durch eine barmherzige Vorsehung den Menschen von seiner Vergangenheit trennen, hatten sich für eine Weile geteilt und flossen nun wieder in ihr Bett zurück. Jedoch über jene dunkle Wasserwüste, zu deren Ausbreitung ich Hunderttausende von Jahren gebraucht hatte, bog sich jetzt eine schmale Brücke, die Brücke positiver

Handlungen, die ich selbst erbaut hatte und auf der ich entlang gekommen war. Bis zum gegenwärtigen Leben war die Existenz von Strom und Brücke in jenem einsamen Wanderer ausgelöscht, den ich, so verächtlich und verabscheuenswert er mir auch erschien, dennoch nicht verneinen oder ableugnen konnte, da er ja mein eigenes Ich war. Ich wurde aufgerufen, dem Pilger aus Atlantis und seinen Taten in all ihren Tragweiten gegenüberzutreten. Es gab kein Ignorieren des Karma-Gesetzes mehr, welches – so gern wir es auch zuweilen vergessen möchten – unabänderlich unser Leben regiert, das Gesetz, nach dem jeder Mensch bis zum Äußersten die Saat jeglichen Handelns und Denkens, die er jemals ausstreute, zu ernten hat.

Diese Erinnerungen hatten mir die unerbittliche Unwiderruflichkeit dieses Gesetzes so bewusst gemacht wie nie zuvor, so dass ich mit zitternder Bestürzung in die Finsternis jenes Abgrunds zwischen dem Damals und dem Jetzt blickte. Was verbarg sie? Wie viele von jenen Taten hatten wohl bereits ihre Vergeltung gefunden? Hatte ich meine Schulden schon bezahlt oder musste ich erst jetzt – im vollen Bewusstsein der erschreckenden Riesenhaftigkeit der Aufgabe – damit beginnen? Meine quälende Vorstellungskraft versagte.

Welche Art von Bezahlung würde für solche bewussten Missetaten gefordert werden? Ich begriff während jener düsteren Tage der Vorahnung, warum wir bei jeder Rückkehr zur Erde von den köstlichen Wassern des Lethe-Flusses trinken. Wir müssten ja wahnsinnig werden, wenn die vergangenen Leben uns bekannt würden. Unsere schaudernden Seelen würden von dem Gewicht alter Schändlichkeiten, die uns *jetzt* fremd und unbegreiflich scheinen, gelähmt werden. Wir würden stetig über jener Vergangenheit brüten und weder Mut noch Verlangen fühlen, uns mit den Problemen unseres jetzigen Zustands zu befassen, in dem unsere Augen auf ein künftiges Ziel gerichtet und unsere Herzen auf die Note unserer eigenen Zeit abgestimmt sein müssen.

Eines Tages, als ich tief über all die bedrohenden Möglichkeiten nachsann, welche diese eindringlichen Erinnerungen von Atlantis heraufbeschworen hatten, wurde ich mir jener einzigartigen, wundervollen Schwingung bewusst, die immer das Nahen desjenigen ankündete, der sich mein »Lehrer« nannte. Ich fühlte ihn an meiner Seite stehen; und er schien scherzhaft, doch voller Güte, zu lächeln, so wie ein Vater über die Schrecknisse seines Kindes lächelt.

»Nun, mein Cheor«, sagte er – und der verwünschte atlantische Name nahm dabei einen seltsam schönen Klang an, so dass er mir nun wie gesegnet vorkam – »ist die Vorstellung von der Strafe alles, was du diesen Enthüllungen entnehmen kannst?«

»Sie scheint mir alles zu sein, was ich verdiene.«

»Dann fange zu begreifen an, dass es in Wirklichkeit so etwas wie Bestrafung nicht gibt! Dies ist eine von Menschen geschaffene Bezeichnung für das, was in Wahrheit ein Gesetz der allertiefsten Liebe ist und wodurch die Menschheit erfährt, wie die Wirkungen mit deren Ursachen verknüpft sind. Solange der Einzelne das nicht erkennt, können ihm seine persönlichen Erfahrungen sehr heftig und gewalttätig erscheinen. Aber in Wirklichkeit sind diese segensreich, weil er dadurch lernt, wie töricht alle Versuche sind, die Gesetze der All-Natur zu durchbrechen. Sie führen ihn schließlich zu dem Wissen, wie er durch Anwendung der Kausalitätslehre auf jede Handlung seines Lebens dahin kommt, alles, was verderbliche Folgen haben kann, auszuschalten – bis allmählich nichts mehr seine glückliche Höherentwicklung verzögert.«

»Aber solche Ursachen wie jene …«, ich hielt inne – sogar unfähig, meine Gedanken zu formulieren.

»Brachten dich – durch ihre Wirkungen auf deine Persönlichkeiten – dorthin, wo du jetzt stehst!«

»Du meinst, ich hätte das mit jener Vergangenheit verbundene Übel schon abgestoßen? Wäre das möglich?«

»Nur zum Teil. Das noch Gebliebene kann allein durch eine intensive, bewusste Willensanstrengung bewältigt werden. Diese muss sich verstärken durch ein teilweises Rückgewinnen jener früheren Macht, die du einst entfaltet und dann missbraucht hast, und die jetzt auf die hohe Oktave des Dienens abgestimmt werden muss.«

»Und wie kann ich dieses Wissen wiedererlangen?« fragte ich eifrig. »Wie kann ich mit dem Bezahlen dieser Schulden anfangen?« Denn ich fühlte mich ja von dem Gedanken an die Art dieser Schulden schwer belastet.

»Sei vorsichtig«, warnte er lächelnd. »Die Leute sprechen so glatt und eilig von ihrem Verlangen, solche Schulden abzutragen, aber wenn die Gelegenheit geboten wird – wie es geschieht, wenn ein Mensch so sein Karma herausfordert – entdecken sie, dass diese Bezahlung sich sehr von dem Erwarteten unterscheidet und alle dramatische Anziehungskraft fehlt! Denn ich erinnere dich nochmals: Jedes Energieatom, was du jemals vergeudet oder seiner rechten Bahn für falsche Zwecke entrissen hast, musst du durch eigene Anstrengung ersetzen. Und weil das Denken eine ebenso große Kraft wie das Handeln ist, folgt daraus, dass jeder schädigende Gedanke, jedes unnütz negative Wort über einen anderen ebenfalls gutgemacht werden muss. Es gibt wahrhaft nur einen Weg, wodurch du das dem LEBEN Geraubte neu erschaffen und die Schäden, die du der Universalsubstanz durch Zerstörung oder Missbrauch eines Teiles von ihr zufügtest, heilen kannst. Dieser Weg bedeutet demütiges Dienen bei jeder Gelegenheit und ein Ausmaß von selbstloser Anstrengung und Liebe, wozu die Menschen selten bereit sind. »Du darfst nicht denken«, fuhr er fort, »dass dir eine Möglichkeit gezeigt werden kann, dieser Sühne teilweise zu entgehen, weil mir gestattet ist, mit dir Kontakt aufzunehmen und dich zu schulen. Niemand entgeht ihr. Die Tatsachen sind vielmehr so: Weil du auf den inneren Ebenen verlangt hast, rascher vorwärts zu klimmen und dich damit bewusst deinem

Karma stelltest, wird in diesem Leben von dir mehr Bezahlung gefordert als es sonst der Fall wäre. Man will dich darum unter anderem mit einigen deiner früheren Inkarnationen in Berührung kommen lassen; und dies wird verursachen, dass gewisse Atome, die sozusagen bis zu einer dafür günstigen Zeit in der Schwebe gehalten wurden, gelöst werden. Diese Atome werden dich magnetisch mit karmischen Banden aus der Vergangenheit konfrontieren, und sie befinden sich schon in deiner Aura. Die ›Bilanz‹ wird präsentiert; und wenn die Schuld ein schweres Übergewicht hat, wird von dir sogleich erwartet, dein Konto auszugleichen. Es wird viel Opfer an Zeit und Energie bedeuten, aber wenn du für das Risiko bereit bist, können wir dir die Gelegenheit nicht verweigern.«

»Aber angenommen, ich versage?«, forschte ich ziemlich besorgt.

Mein »Lehrer« lächelte. »Wenn du versagst, wirst du der Bürde noch mehr hinzufügen und sie für das nächste Mal schwerer machen, denn die Umstände sind dann wahrscheinlich nicht wieder so günstig. Ein weiser Mann – jetzt ein Adept – sprach einmal von den Gezeiten in den Geschicken der Menschen, und dass man sich von der Flut forttragen lassen sollte, die zum Heil führt. Stürze dich also in die jetzige Flut und denke nicht an Fehlschlag, das schwächt nur deine Energie. Warum sollte übrigens die Bezahlung einer Schuld unbedingt unangenehm sein? Willig und mit Liebe getan, kann sie große Freude auslösen; denn dem Menschen, der genügend liebt, erscheint keine Aufgabe hart oder unmöglich. Aber wenn du noch nicht zu lieben weißt, tust du am besten, sofort mit dem Erlernen dieser Kunst zu beginnen! Glaube mir, dies wird das Gelingen von allem, wozu du aufgerufen wirst, überaus erleichtern. Du wirst sehr viel von der Triebkraft, die nur die Liebe geben kann, benötigen, wenn du in diesem Leben das Ziel erreichen willst, worauf deine Augen gerichtet sind! Nun meditiere über alles, was dir gesagt wurde! Denn vieles kann dem modernen

Menschen durch einen Blick auf das Leben in Atlantis enthüllt werden, da das jetzige Zeitalter eine Widerspiegelung von jenem ist. Viele Zustände sind heute sehr ähnlich, obwohl die Menschen damals mittels anderer Chakras arbeiteten und es mit einem ganz verschiedenen Entwicklungssystem zu tun hatten. Darum sind auch viele frühere Atlanter in unserer Zeit reinkarniert. Damit meine ich, dass diese Menschen mit vielen ihrer – in die neuen Vehikel eingebauten – atlantischen Atome wiederkehren. Manche bringen sogar teilweise ihre damaligen Astral- und Mentalkörper mit herüber. Diese müssen jetzt gereinigt und umgewandelt werden, indem durch das Feuer der Liebe die damals unbeachteten höheren Chakras zur richtigen Entfaltung kommen. Nur wenn dieses Veredelungswerk schon von einem gewissen Menschheitsteil vollendet ist, darf sie ohne Risiko etwas von den vergessenen Kenntnissen und Kräften zurückerlangen; denn wenn solche uralten Kraftströme neu belebt werden, wird durch diesen Prozess in vielen fortgeschrittenen Menschen eine große Menge ihres früheren Wissens wieder wachgerufen, und es werden viele der vordem gekannten Naturgeheimnisse wieder entdeckt. Wenn jedoch diese Geheimnisse der Vergangenheit entwunden werden, bevor die Menschheit im Gesamten genügend Vergeistigung entwickelt hat, um sie rechtmäßig zu gebrauchen, wird die Katastrophe von Feuer und Wasser, welche jenen mächtigen Erdteil zerstörte, aufs Neue eintreten. Schon sind weithin auf der Erde mächtige Elemente am Werk, die unheilvolle Umwälzungen und Katastrophen verursachen. Beobachte deine Zeit sorgfältig im Licht des esoterischen Wissens, und du wirst verstehen, wovon ich spreche. Die, welche die Gefahren und die drohenden Folgen des Missbrauchs von Naturkräften durchschauen, sind verpflichtet, die Welt zu warnen vor dem, was vor ihr liegen würde, wenn sie wiederum die schöpferischen Gaben GOTTES für zerstörende Zwecke einsetzt.«

2. ÄGYPTEN

Etwas später richtete meine Aufmerksamkeit sich eines Tages auf einen Skarabäus-Ring, den ich schon viele Jahre trug. Es war mir damals eine Wahl zwischen mehreren Schmuckstücken gelassen worden, und ich hatte – aus einem scheinbar unverständlichen Impuls – diesen Ring gewählt, obwohl er der vielleicht unscheinbarste in der Sammlung war. Die Inschrift lautete: »Möge RA deine Tage behüten!« Später entdeckte ich einen hinten eingravierten Falken – Horus, den »Sohn« der ägyptischen Trinität – dessen Flügel zu den Abzeichen der Königswürde gehörten. Es wurde mir von meinem »Lehrer« mitgeteilt, dass der Ring mir in einer fernen Vergangenheit gehört hatte. Er war damals speziell magnetisiert worden, und zwar durch einen magischen Prozess, wodurch ein Atom aus der Seelenaura des Menschen in das Amulett übertragen und die Note des höheren Selbstes darüber zum Ertönen gebracht wurde. Dies geschah aus folgendem Grund: Wenn ein solches magisches Amulett einmal – nach dem Gesetz der Anziehung, das Gleiches zu Gleichem zieht – wieder in meinen Besitz käme, würden gewisse latente Strömungen aus jenem vergangenen Leben durch diese Berührung wieder aktiviert. Hier läge auch die Ursache – wie er mir sagte – warum es für unwissende Leute gefährlich sei, alte Amulette zu tragen, weil die darin eingeschlossenen Kräfte ihnen womöglich feindlich sein könnten.

»Du wirst in diesem Leben einmal nach Ägypten zurückkehren müssen«, sagte er. »Gewisse Arbeiten erwarten dich in Verbindung mit jenem Land. Denn denke daran, die Geburt in einer Nation besagt gleichzeitig die Anerkennung gewisser sie betreffender Verantwortlichkeiten. Nationen sind gleichsam geistige Wesenheiten (in Form der Volks-Devas); und wenn du Teil einer solchen wirst – eine Zelle in ihrem Körper – nimmst du bestimmte Kräfte und Lebensaspekte in Anspruch, welche nur von dort auf dich zukommen können. Deshalb bist du ihr zu Dank verpflichtet und musst ihr zu irgendeiner Zeit das zurückzahlen, was du ihr entnommen hast. Daher kommt es, dass Menschen so oft den glühenden Wunsch empfinden, für das Land ihrer Geburt zu arbeiten, ja sogar zu sterben. Mit der Zeit, wenn viel von dem jetzigen Getrenntheits-Karma, auch zwischen den Völkern, abgetragen ist und der ausgeglichenere Reifezustand der Menschen sie von solchen Notwendigkeiten entbindet, werden die nationalen Eigenheiten bedeutungsloser, und alle Menschen kommen einander näher, bis endlich die Barrieren, die eine Nation von der anderen trennend, verschwinden. Schon heute sind höher entwickelte Menschen – solche, die in vielen Ländern inkarniert waren und ihnen reichlich von ihrem Besten gaben – innerlich davon frei und denken eher in Begriffen von Wurzelrassen als von Völkern. Suche durch tieferes Verständnis dieses nahe brüderliche Gefühl mit allen Menschen und Völkern zu entwickeln, während du gleichzeitig dem Land, an das du durch karmische Pflichten gebunden bist, mit aller verfügbaren Weisheit dienst. Betreffs deiner dir in Ägypten zugezogenen Schuld wirst du bald einigen menschlichen Bindegliedern aus jener Vergangenheit begegnen und so die Möglichkeit erhalten, deine Schuld ihnen gegenüber zu bezahlen. Bis jetzt warst du noch nicht geeignet, dieses Werk zu unternehmen, weil es gewisse Kenntnisse voraussetzt, die dir nun bald aufs Neue enthüllt werden sollen. Es kann mindestens sechs oder sieben Jahre dauern.« Er beobachtete mich lächelnd. »Glaubst du mir nicht?«

»Ich begreife nicht, wie das zustande kommen kann«, gab ich zu, »bei den Verpflichtungen, die mich an England binden und all den Schwierigkeiten, die ich jetzt auf meinem Weg sehe.«

»Du wirst entdecken, dass es mehr als einen Weg gibt, zum Land deiner Vergangenheit zurückzukehren, obwohl du, wenn die Zeit reif ist, auch wieder wirklich seinen Sand unter deinen Füßen fühlen wirst«, entgegnete er rätselhaft. Und damit musste ich mich zufriedengeben.

In einer Nacht, kurz nach diesem Gespräch, befand ich mich im »Schlaf« vor zwei großen Pyramiden. Vor meinen Augen war der Skarabäus; und während ich darauf schaute, schien der Falke sich von ihm abzulösen, und er wuchs zu solch gigantischen Proportionen an, dass er bald den Himmel erfüllte. Er schwebte über meinem Kopf und breitete seine Flügel über mir aus. Ich hörte die Worte flüstern »Der Falke deines Schutzes«; und in meinem Bewusstsein wurde der uralte Text zurückgerufen »Und der Schatten Seiner Flügel über dir ist Liebe ...«

Jedoch, als ich mich schließlich direkt in dieser Vergangenheit zurückerkannte, war kein Skarabäus auf meinem Finger und auch keinerlei Liebe in meinem Herzen; und der einzige Schutz war mein eigener, unbezähmbarer Wille. Ich stand an einem Turmfenster und starrte über die flachen Dächer meines Palastes auf die den Anfang der Wüste markierende zarte Linie. Ein voller Mond schwamm in einem dunkelblauen und doch so leuchtenden Himmel, dass er einer riesigen juwelengeschmückten Schale glich. Die Sterne glänzten fahl, mit jenem Licht verglichen. Ich schaute sie an. Ach, wenn ein Mensch doch die Sterne erreichen könnte! Aber ich war an die Erde gefesselt – eine Erde, die mir offensichtlich nichts mehr zu bieten hatte, wofür es sich lohnte, hoffnungsvoll meine Kräfte anzuspannen. Trotz der Tatsache, dass ich der Pharao war, wurde ich mir eines unbeschreiblich abgrundtiefen Überdrusses bewusst. In jenem Augenblick wäre meinem abgehetzten Geist alles willkommen gewesen, sogar der Tod. Aber nein – nicht der Tod, da dies den Verzicht auf Macht bedeutete! Tod wäre

Niederlage, die Vernichtung alles dessen, was ich als mein Selbst kannte. Macht, Sieg und das starke Gefühl von meinem Ich als dem wahren Quell des Willens, des Seins überhaupt – dies alles konnte ich, der ich mir fast wie ein Gott vorkam, nicht aufgeben. Ich presste die Hand gegen die Stirn. Mein Kopf schmerzte, wie so oft, unerträglich! Vielleicht würde ich sogar bald die Vernichtung willkommen heißen – es gab ja schlimmere Dinge als sie.

Mich schauderte. Von unten flutete der Klang von Musik und Gelächter durch die düftebeladene Luft zu mir herauf. Ich hatte mich vor einigen Stunden aus dem Bankettsaal zurückgezogen und die schwärmenden Gäste ihren Orgien überlassen. Denn seit kurzem war ich von solchen Vergnügungen übersättigt und ebenso von jedem Gefühl, das durch Sinnenlust, Kämpfe oder den Reiz der Grausamkeit erweckt wurde, dem ich mich oft wild hingegeben hatte.

Die Ägypter waren nicht von Natur aus grausam, aber meine Mutter war eine Sklavin aus einem jener halbwilden Volksstämme gewesen, die einen »Gott« namens Jahve anbeteten, welcher Blutopfer liebte, und dessen Priester ihren Gläubigen Rachedurst einschärften. So war in mir das sanftere Blut des kulturliebenden Volkes der Delta-Länder mit dem unbarmherzig leidenschaftlichen Hang einer hebräischen Frau gemischt. Während die anderen Söhne des Pharao – schwach und verweichlicht – sich Intrigen und Liebeshändeln hingaben, machte ich mich so hart wie Stahl. Ich stieg bald dazu auf, einer der vertrautesten Generäle meines Vaters zu werden. Zu jener Zeit ging Ägypten durch eine seiner periodisch unbedeutenden, zerrissenen Zeitläufe. Ich jedoch träumte von einem vereinten und sieghaften Land, mit mir als Oberhaupt. Ich intrigierte nicht gegen den Pharao, denn ich war weitblickend genug, um zu sehen, dass er selber sein schlimmster Feind war. Als er schließlich von einem seiner älteren Söhne hingemeuchelt wurde, stürmte ich mit loyalen Truppen auf die Szene, ließ den Usurpator gefangen nehmen und töten und setzte den rechtmäßigen Erben auf den Thron. Die Geschicke spielten mir die vorausgeschaute Macht in die Hände. In drei Monaten war er an einer ihn schon lange quälenden Krankheit gestorben. Das Volk von Ägypten drängte nun mich – durch den Hohepriester Besiurt – die Krone zu übernehmen. Besiurt wiederum sah in mir den einzigen Mann, der das Land vor den sich zusammenrottenden Feindesscharen retten konnte. Der Gipfel meiner Ehrgeizziele war erreicht.

Ich war jetzt seit sieben Jahren auf dem Thron. Ägypten befand sich endlich im Friedenszustand. Seine Grenzen waren gesichert und seine Feinde zur Ergebung gezwungen. Aber ich war von heimtückischeren »Gegnern« bedrängt; und seit ich durch meine Siege zu relativer Untätigkeit verdammt war, waren sie immer mächtiger und gefährlicher geworden. Von Kindheit an neigte ich zu seltsam schlimmen Schmerzanfällen, zu Ausbrüchen von unbeherrschbarer Wut und langen Perioden von Niedergeschlagenheit – so abgrundtief, dass es mir schien, ich sei in Wogen von Finsternis versunken, die mich vom Licht der Sonne und von allem menschlichen Kontakt abschlossen. In diesen letzten Jahren hatten die Symptome sich alarmierend verstärkt. Ich schlief nur noch selten; und wenn, dann waren meine Träume von solch furchtbaren Visionen erfüllt, dass ich dankbar war, ins Tagesbewusstsein zurückzukehren. Vergebens hatte ich bei Priestern und Ärzten Hilfe gesucht, doch weder ihre Geschicklichkeit noch magische Praktiken nützten mir etwas.

Doch glaubte ich nicht an ein Verurteiltsein, hilflos dem Wahnsinn oder dem Tod zugetrieben zu werden. Jener Wesensteil von mir, der mich in Tausenden von Schwierigkeiten durchgetragen hatte, wusste, dass es keine endgültige Niederlage für den Menschen geben konnte, der sich oder seine Bestimmung nicht anzweifelt. Wenn dies Dämonen waren, die mich derart angriffen, so konnten sie beschworen und ausgetrieben werden. Wenn meine Krankheit von den Göttern veranlasst war, so musste ihnen auch das Heilmittel dafür bekannt sein! Ursachen und Heilmittel meiner Leiden zu entdecken, musste ich anderswo suchen und mein Verlangen nach Hilfe an Wesen richten, die größer und wissender waren! Es schien mir nur eine Sache des betreffenden Wissens zu sein. Ich dachte, gewiss würde die Antwort auf mein Problem sich auch als der Schlüssel zum wahren Sinn des Lebens selbst erweisen, einem Sinn, den ich immer vergeblich gesucht hatte. Da ich mich jetzt wieder dieser grauenhaften Schmerzbedrohung ausgesetzt sah, zwang sich mir die Überzeugung auf, dass ich wahrhaft die Lösung meines finsteren Rätsels finden *musste* – oder zugrunde gehen. Meine Hände ergriffen den Mauersims mit solcher Stärke, dass die Knöchel weiß im Mondlicht schimmerten. Ich lehnte mich vor und sandte einen wortlosen Schrei in die Nacht hinaus, wo NUT das Firmament mit ihrem leuchtenden Leib überspannte.

Ein Ausbruch von Musik und Gelächter war die einzige Antwort. Da überrauschte mich eine flammende Wut. Ich schwang mich herum, lief zur Türöffnung und riss mit einem Ruck den Vorhang aus der Wand. Ein zu Tode erschreckter Posten stand vor mir.

»Geh' hinunter«, schrie ich, »gebiete diesen Narren, sofort aufzuhören! Räume die Tafeln ab, wirf alle hinaus und sage ihnen, dass ich – bei allen Göttern Ägyptens – jeden, der noch einen Ton hören lässt, in die Löwengrube schleudern lasse!«

Der Mann stürzte zitternd vor mir nieder. »Dem guten Gott soll gehorcht werden«, stammelte er und flog den Gang hinunter.

Ich kehrte zum Fenster zurück. Von einem Augenblick zum anderen ließ der innere Aufruhr nach, und ich blieb mit der schweigenden Nacht allein. Noch bebte ich, aber jetzt mehr vor Furcht als vor Zorn. Durch meinen Kopf jagte es wie von feurigen Schwertern – Vorläufer eines neuen, schrecklichen Angriffs meiner heimlichen Feinde. Ach, wo endeten nun alle meine Triumphe? Welchen Zweck hatte mein lebenslanges Kämpfen um Macht, wenn alles in eine Vorhölle von Wahnsinn, Schmerzen und eklem Überdruss führen sollte?

Die Stille erschien mir jetzt qualvoller als Musik und Lachen. Ich konnte sie nicht länger ertragen. So verließ ich das Gemach und schritt eilig die Gänge hinab, die den Palast mit dem Tempel verbanden, so dass ich schließlich zu den Räumen des Hohepriesters Besiurt kam. Er arbeitete an diesem Abend auf dem Tempeldach in einem kleinen Zimmer, das mit zwölf Fensternischen versehen war – jede einem der Tierkreiszeichen zugeordnet – und man sagte ihm nach, dass er durch diese Fenster magisch in der Lage war, die Ausstrahlungen der Zeichen zu beobachten. Er erhob sich zur Begrüßung und verneigte sich zeremoniell, aber die Augen in seinem strengen, abgezehrten Antlitz blickten kalt. »Ich studiere die Bewegungen der Planeten«, sagte er erklärend, »aber wenn der Pharao mit mir zu sprechen wünscht, will ich gern lauschen«. Seine Arroganz ärgerte mich. So sagte ich: »Vielleicht können die Planeten meine Fragen beantworten, da die Götter in Schweigen verharren – oder können die Priester die himmlischen Hieroglyphen am Ende nicht mehr entziffern?« Ich ging zu einer Nische und blickte auf die schlafende Stadt hinaus.

»Der Pharao steht unter dem Zeichen der Fische«, kam Besiurts ruhige Stimme hinter mir. »Es ist das Symbol eines Zeitalters, das noch in ferner Zukunft liegt. Wünscht der Pharao, dass ich ihm künde, wie er sich dort inkarnieren wird? Aber vielleicht ist es besser, das nicht zu wissen, denn er könnte ein Bettler sein – oder eine Frau ...«

Ich drehte mich rasch um und drängte mein Gesicht – so dunkel und streng wie das seine – dicht an ihn heran. »Ich komme nicht wegen nichtiger Voraussagen hierher, sondern wegen der echten Wahrheit über mein Geschick. Kannst du sie mir geben?«

»Die Wahrheit? Ich habe Menschen gekannt, die getötet wurden, weil sie in Gegenwart eines Königs die Wahrheit auch nur angedeutet haben.«

»Du aber wirst wahrscheinlich sterben, wenn du sie mir vorenthältst!« Ich wies auf die Papyrusrollen auf dem Tisch. »Du studiertest soeben wieder die Aufzeichnungen meiner Sterne. Haben sie mir jetzt etwas zu sagen?«

Er zögerte, und seine Augen glitten weg.

»Ich habe lange darüber meditiert«, murmelte er, »aber das Geheimnis entschlüpft mir immer noch. In deinem Horoskop liegen sehr seltsame Aspekte, und ich weiß nicht, wie sie sich auswirken können. Sie bilden sich aus den Häusern des höheren und des niederen Manas.«

»Des Manas? Sprich, ich fürchte nichts! Könnte das – Wahnsinn bedeuten?«

»Ich weiß nicht. Bei manchen Menschen könnte es sich als eine wunderbare Bewusstseinsausdehnung zeigen – ein Herabströmen von geistiger Kraft. Aber bei dir?« – In seiner Stimme lag eine kaum verhüllte Verachtung. »Wie könnte es dies bei dir bedeuten, der du nicht einer der Unsrigen bist?« Seine Worte hatten mich so tief erregt, dass ich seine Überheblichkeit kaum wahrnahm. Ich sank in einen Sessel und versank in tiefes Brüten. Könnte das wirklich eine Erleuchtung bedeuten, um mit deren Hilfe gegen meine grausame Krankheit ankämpfen zu können? Erleuchtung oder Wahnsinn – dies schienen die Alternativen zu sein.

Plötzlich schaute ich auf. »Besiurt«, sagte ich, »heute Nacht möchte ich dir mein Herz öffnen – nicht als Pharao dem Hohepriester, sondern als Mann zu Mann. Ich weiß, dass du mich noch immer als einen Emporkömmling verachtest. Aber ich erinnere dich daran, dass Ägypten ohne die Furcht vor meiner rechten Hand rasch in Zügellosigkeit stürzen würde. Sollte ich jetzt sterben, so gäbe es auch nicht einen General, nicht einen Fürsten oder Prinzen der königlichen Linie, der das Land verteidigen könnte. Jedoch, ich werde zusehends überwältigt – vernichtet. Du weißt davon, aber alles ist dir nicht bekannt. Während der letzten drei Jahre werde ich mit jedem Tag stärker ins Entsetzen gejagt – ich, der ich niemals wusste, was Furcht ist –; denn ich scheine jetzt in zwei Personen gespalten zu sein. Es ist so, als ob ein schrecklicher Feind seine Wohnung in der Festung meines Körpers aufgeschlagen hätte, der immer stärker und unheimlicher wird und allmählich meinen Willen zu besiegen droht.«

Ich sprang auf die Füße und begann, auf und ab zu schreiten. »Du bist nur immer in deinen Zeremonien versunken und brütest über deinen Planeten und Berechnungen, kennst aber nicht die Feuer der Sinnenlust, die Qualen unbefriedigten Ehrgeizes, die Leidenschaften von Krieg und Jagd. Auch kennst du nicht das Elend des Überdrusses, die Zermürbung erzwungener Untätigkeit, das böse Wissen, dass der Wille immer schwächer wird, und die erschreckende Ahnung, bald nie mehr Herr und Meister des Lebens zu sein. Oh, vorauszuschauen und zu sehen …«

Ich brach ab und sank erschauernd in den Stuhl. »Was nützt es, Pharao zu sein, die größte Macht auf Erden darzustellen, wenn man nicht die Herrschaft über sich selbst besitzt? Wie aber kann ein Mensch diese Macht entdecken? Was ist ihr tiefstes Wesen?« Ich schritt auf ihn zu und ballte die Fäuste über meinem Kopf. »Ich sage dir, Besiurt, es steht mehr als mein Leben auf dem Spiel – ja mehr als meine geistige Gesundheit. Denn ich fühle über mir eine finstere Bedrohung – schlimmer als die der bloßen Körpervernichtung. Ich kann es dir nicht erklären, weil ich es selbst nicht begreife. Es ist, als ob ich einem fürchterlichen Nichts gegenüberstünde – nicht dem Sterben, das bedeutet wenig, da wir ja immer wieder leben – sondern einem endgültigen Tod, dem Ausgelöschtwerden meines gesamten Ichs, meiner wahren Seele. Könnte es so etwas geben,

Besiurt? Gänzlich verwüstet und ohne Hoffnung zu sein, so dass keine magischen Texte, keine Kunst von Priestern oder Balsamierern, nichts, gar nichts das aufhalten könnte? Dies ist meine Furcht. Was habe ich getan, um ein solches Schicksal zu verdienen?«

Er war bleich geworden, als ob auch er den Atem des Verhängnisses verspürte, seine Augen wichen den meinen aus. Und wiederum wurde ich von dieser abgründigen Verzweiflung ergriffen. Was bedeutete das alles? Ich beherrschte meine panische Furcht, die mich zu überwältigen drohte und fuhr ruhiger fort: »Du sprachst von künftigen Zeitaltern – und gerade vor dieser Zukunft muss ich mich sicher fühlen. Ich bin jetzt sehr mächtig, aber ich muss das Geheimnis einer Macht kennen lernen, die alle Leben hindurch andauern wird – das Geheimnis, das mir eine Ewigkeit von Macht und Fülle verschafft. Was ist Ägypten? Was ist die Gegenwart? Ein kleiner Streifen Land, einige kurze Jahre. Aber es gibt gewaltigere Länder; und eine unermessliche, unvorstellbare Zukunft liegt vor uns! Über all dies muss ich Herr und Meister sein! Ich muss all dies besitzen und festhalten – nicht in Händen, die zu Staub zerfallen, sondern durch eine andere zwingende Kraft, durch die Stärke meines Willens, der unvergänglich gemacht werden muss! Es gibt da ein Geheimnis – ich weiß es – ein Geheimnis des ewigen Lebens, das Mysterium von RA, dem Gott der ewigen Sonne. Ich glaube, dass ich geheilt werden könnte, nicht nur von meinen Leiden und von der Bedrohung des Wahnsinns, sondern auch von dieser Furcht – könnte ich nur den Schleier wegreißen, der mir dieses Geheimnis verbirgt!« Ich breitete die Hand über meine Augen. »Machtlos sein … nicht fähig zu sein, etwas zu tun. Jedoch er sitzt in mir verborgen, im eigenen Herzen – der Krebsschaden, der Todeskeim, der Zerstörer. In mir! Und ich muss ihn umbringen, wenn ich ihn nicht hinauswerfen kann! Es *muss* einen Weg des Entrinnens geben. Warum sollte mir allein dieses Wissen verweigert werden? Gibt es denn keinen

Gott, der herabkommen und mir den Schlüssel zu diesem brennenden Rätsel meines Wesens geben kann?«

Ich hielt an und zitterte von Kopf bis Fuß. Mein Körper war von Schmerzen erfüllt und mein Kopf von stechenden Feuerpfeilen, aber ich wollte nicht unterliegen. Ich wandte mich eng zu ihm hin und sah, dass er vor der Tollheit in meinen Augen zurückschauerte. »Ich befehle dir«, schrie ich, »ich, der Pharao, dass du mir die Wahrheit offenbarst, dass du mir die Rätsel enthüllst. Denn ich *will* sie wissen!«

Er stand unbeweglich, seine kalten, tiefen Augen halb geschlossen. Zwischen uns stand der große Tisch, bedeckt mit Papyrusrollen, sonderbaren Instrumenten und Tafeln, in welche uralte chaldäische Schriftzeichen eingeritzt waren. Ich schaute flüchtig hin, aber mein Geist bohrte sich in den seinen. Plötzlich sah ich, wie seine Lippen sich bewegten, er schien sich nicht bewusst zu sein, dass er seine Gedanken vor sich hinmurmelte. »Er würde es nicht erlauben ...« hörte ich. »Er würde ihm nicht irgendetwas enthüllen ...«

»Von wem sprichst du?«, fragte ich scharf.

Tief erschreckt, wie ein aus einer Trance Gerüttelter, öffnete er die Augen. »Von keinem Menschen«, stammelte er, »ich verkehrte mit den Göttern«. Ich lachte verächtlich. »Mit den Göttern? Nein, nein! Du sprachst von einem ›ihm‹. Wer ist der, welcher es wagen würde, mein Anliegen abzuweisen?«

»Ich sprach von RA, dem Allerhöchsten.«

»Du sprachst von einem Menschen! Wer ist dieser, der sich gegen mich stellen würde? Bist du selbst ein Verräter?« Ich zog meinen Dolch und richtete ihn auf Besiurt, der erschreckt zurück wich. »Pharao«, rief er, »ich schwöre, dass ich kein Verräter bin. Setzte ich dich nicht auf den Thron? Sollte ich dich nun herunterreißen wollen?«

»Dazu wirst du keine Gelegenheit haben«, sagte ich grimmig, »denn wenn du mir nicht sagst, wer dieser Mann ist, schwöre ich bei Seth und den zweiundvierzig Göttern der Unterwelt, dass du sterben sollst und alle deine Priester mit dir.« Ich fühlte jetzt wieder die rote Flut des Zornes in mir aufsteigen und mit einer irrsinnigen Wut an mir zerren. »Ah«, schrie ich, »und ich werde jeden Tempel in Ägypten dem Erdboden gleichmachen, ich werde die Priesterschaft, Mann für Mann, foltern – bis ich herausbekomme, wer das ist, von dem du sprichst, als ob er und nicht ich der Herrscher in Ägypten wäre!«

Er war vor mir in eine Nische zurückgewichen … Ich fasste ihn an der Kehle und stieß ihn gegen das Fenster.

»Ich werde dich hier hinunterwerfen«, sagte ich, in sein Gesicht lächelnd. »Glaubst du etwa, dass ich Priester oder Gott oder Teufel fürchte? Ich werde alles vernichten, was sich gegen mich und meinen Willen stellt!«

Ich zwang ihn tiefer in die Nische hinein – bis er – angesichts der gähnenden Leere da unten – mit erstickter Stimme murmelte: »Lass mich los, und ich werde sprechen!«

Ich ließ ihn los; und als er mit so viel Würde, wie er noch aufbringen konnte, zum Tisch schritt, sah ich seine Augen von düsterem Hass erfüllt und wusste, dass ich mir einen gefährlichen Feind geschaffen hatte. Aber das störte mich nicht übermäßig; denn es war mir klar, dass er mich mehr brauchte als ich ihn.

»Wenn ich spreche«, sagte er endlich, «tue ich es nicht, oh Pharao, weil ich den Tod fürchte, sondern eher, weil ich das Böse fürchte, das du in deiner Wut dem Land, das ich liebe, antun könntest. Ich sprach tatsächlich von einem ›Menschen‹, aber von Einem, der viel höher über mir und dir steht als wir über dem Fellachen, der auf dem Acker arbeitet. Nur die initiierten Könige und die initiierten Priester dürfen überhaupt von Seiner Existenz wissen. Du bist keiner von diesen, darum wurdest du nicht für geeignet befunden, Zugang zu der heiligen Quelle der Ägyptischen Weisheit zu erhalten. Er, der wahre Herrscher Ägyptens, der Große Hohepriester, von dem ich nur ein Schatten bin, offenbart sich nur den reinen, den erblichen »Söhnen der Sonne«, denen, die durch göttliches Recht in die Heiligen Mysterien eingeweiht worden sind. Ohne Seinen Willen wärest du nicht das, was du bist. Denn wisse, oh königlicher Emporkömmling, wir setzten dich auf Sein Gebot ein. Er wusste, dass niemand als du in jener Zeit diesem so heftig bedrängten Land den Frieden bringen konnte. Als die Doppelte Krone auf dein Haupt gesetzt wurde und man dich als einen göttlichen König bestätigte, stand Er – für dich unsichtbar – an deiner Seite und gab dir Seinen Segen. Er sprach zu deiner Seele und legte dir die Aufgabe auf, gerecht und weise zu regieren, bis die Zeit reif wäre, dass einer des echten königlichen Blutes – ein Priester und Eingeweihter – an deine Stelle treten könnte. Du nahmst jenes anvertraute Pfand an. Wehe dir, wenn du ihm die Treue brächest!«

Für eine Weile saß ich schweigend. Ich wusste, dass er die Wahrheit sprach und wurde dadurch ernüchtert. Der Wutanfall hatte mich matt und erschöpft zurückgelassen.

»Könnte Er mir das Geheimnis meines Wesens mitteilen?«, fragte ich endlich.

»Es gibt nichts, was Er dir nicht mitteilen *könnte*«, erwiderte Besiurt.

Ich erhob mich. »Dann verrate mir Seinen Wohnplatz – ich werde Ihn dort aufsuchen.«

Er sah tief erschreckt aus. »Es ist unmöglich, oh Pharao.«

Ich lächelte und legte meine Hand auf den Dolch. »Unmöglich? Dieses Wort kenne ich nicht. Muss ich meine Argumente von vorhin wiederholen?«

Er hob die Hand. »Es ist nutzlos. Ich kenne Seinen Aufenthalt nicht. Niemand kennt ihn. Er kommt und geht nach Seinem Belieben und offenbart sich nur in Zeiten der Not durch Priester und Orakel. Auch wenn du jeden Tempel, jedes Heiligtum in Ägypten dem Erdboden gleichmachtest, wenn du jedes Felsenmal, jede Grabstätte zerstörtest, würdest du Ihn nicht finden, wenn Er es nicht wünschte.«

Wiederum erkannte ich die Stimme der Wahrheit. Aber seine Worte gaben mir eine Idee. Ich heuchelte Fügsamkeit. »Nun, so mag es also sein. Aber denke daran, dass nicht von mir erwartet werden kann, jene Gelübde zu erfüllen, wenn ich wahnsinnig oder tot bin; und ich sage dir nochmals, dass ich es nicht mehr viel länger ertragen kann. Ich bin ein Mensch, wenn ich auch ein Gott genannt werde. Ich brauche Schlaf, ich brauche eine Erholungspause von dem grimmigen Schmerz, von dem Feuer, das mich verzehrt. Ich habe einen starken Willen, wenn ich nur seine Anwendung auf mich selber wüsste. Es wäre entschieden besser für euch alle, wenn du Ihn bewegen könntest, mir den Weg zu zeigen.«

Ich wandte mich und verließ ihn über den Hauptvorhof des Tempels. Jetzt musste ich allein sein, um über diese höchst erstaunliche Enthüllung nachzudenken. Ich rief keine Wächter, sie waren überflüssig. Ich fürchtete keine Räuber oder Meuchelmörder, denn ich war mehr als einen Kopf größer als fast alle meine Untertanen und so kraftvoll, dass ich einmal – dazu gereizt – einen Löwen mit bloßen Händen getötet hatte. Außerdem war ich einfach gekleidet; nur das vom Uräus eingefasste Goldband auf der Stirn verriet meinen Rang.

Ich streifte durch die Blumengärten. Die Morgendämmerung zog herauf. Einige zarte Vogeltöne schwirrten durch die Luft. Bald würde das Sonnenschiff des RA über dem Horizont aufsteigen und die Welt mit der Herrlichkeit Seiner Gegenwart überfluten. Ich näherte mich den Ufern des Nil. Hier wurden gerade Lastkähne aufgezogen, die man gebraucht hatte, um ein riesenhaftes Standbild von mir aus den Steinbrüchen zu transportieren. Auf seinen Kufen ruhte ich nun aus; und als das Sonnenlicht hereinbrach, spiegelte sich das flammende

Rosenrot auf jenem stillen, steinernen Antlitz wider. Ich lehnte mich dagegen, um es zu betrachten. Dies war ich also! Diese Statue würde den ungeborenen Generationen künden, wie ich ausgesehen hatte. Die Künstler waren von mir beauftragt worden, sie lebenswahr zu erschaffen; und nun starrte das feurige Antlitz mit seiner Falkennase, seinen schmalen Lippen und eingesunkenen Augenlidern einsam auf die Welt hinaus. Das Standbild würde überleben, aber ich selbst? Was würde aus meinem Geist werden? Aufs Neue stürzte die unerträgliche Furcht und Depression auf mich herab – Denken, Hoffen und Leben erstickend. Ich wandte mich um und kehrte zögernden Schrittes zum Palast zurück.

Als all die drängenden Geschäfte des Morgens besorgt waren, zog ich mich in meine Privaträume zurück und ließ die Königin rufen.

Als ich damals zum König gemacht wurde, hatte ich, um meinen Anspruch auf den Thron legaler zu machen, die königliche Witwe – meine Halbschwester, eine Tochter des Pharao – geheiratet. Aber kurz nach ihrem Tod setzte ich eine Tochter meiner Mutter – Re-shep-sut – an ihre Stelle. Dies geschah trotz vieler Einsprüche seitens der Priesterschaft und meiner Untertanen, die sie für eine Zauberin hielten. Sie war das einzige Wesen, dem ich etwas vertraute; denn abgesehen von ihrem Nutzen für mich, wegen ihrer magischen Künste, hatte auch immer ein Band gegenseitiger Bewunderung zwischen uns bestanden.

Ich berichtete ihr kurz das Geschehene und rollte meinen Plan vor ihr auf. Sie saß für eine Weile in Gedanken, und ich betrachtete sie mit Vergnügen, denn sie war schön und feurig wie ein halbgezähmter Panther. »Ich fürchte mich und weiß nicht, warum«, gab sie dann zu. »Mir scheint, dass sogar wir, trotz unserer Erfahrenheit in der Magie, nicht stark genug sein könnten, um dieses Unternehmen zu bestehen.«

Ich senkte meine Stimme: »Nicht wir allein! Der Mond ist

heute Nacht voll, verschaffe dir Eingang zu Net-Kas Gemächern! Betäube ihre Wächter und bringe sie zu mir!«

Net-Ka war eine andere Tochter meines Vaters; und zwischen ihr und Re-shep-sut hatte immer ein außergewöhnliches Zuneigungsband bestanden, trotz ihrer Wesensverschiedenheiten. Net-Ka war schon früh das auserwählte Sprachrohr der Götter geworden – ihr Orakel und ihre Seherin. Im Tempel aufgezogen, von einer Schar jungfräulicher Priesterinnen umgeben, wurde sie nur bei feierlichen Gelegenheiten gebraucht, wenn dem Hohepriester eine wichtige Botschaft vermittelt werden sollte – und bei speziellen Festtagen, wo sie von den Statthaltern und Gouverneuren des Landes zu Rate gezogen wurde. Zart an Körper, mit einer kindhaft anmutigen Seele, hing sie an Re-shep-sut mit so leidenschaftlicher Neigung, dass man den beiden – um Net-Kas Glücksbefindens willen und weil ihr möglichst jeder Wunsch gewährt wurde – oft gestattete, sich zu sehen. So hatte auch ich mich schon einige Male ihrer einzigartigen medialen Fähigkeiten für meine eigenen Zwecke bedienen können. Denn es war – auf Grund unserer geheimen Künste – nicht schwierig gewesen, sie aus ihren Gemächern zu einem Sommerhäuschen im Garten hinauszuschmuggeln, wo der Raum war, den wir für unsere magischen Anrufungen benutzten. Niemals wurden Männer, außer geweihten Priestern, zu normalen Zeiten in ihre Nähe gelassen. Aber ihre blinde Liebe zu Re-shep-sut war so groß, dass sie die furchtbaren Strafen riskiert hatte, welche ihr drohten, wäre ihre Teilnahme an unseren geheimen Riten bekannt geworden.

Nun sah ich Re-shep-sut zögern und mit düsterem Blick da sitzen. »Nun, was ist los?«, fragte ich scharf.

»Net-Ka ist schon lange sehr kränklich. Ich glaube, dass wir ihre Kräfte beim letzten Mal überanstrengten, als wir sie als Sprachrohr für Seth benützten.«

»Das war vor einem Jahr!«, entgegnete ich.

»Ich weiß, jedoch sie ist seit jener Zeit nie wieder die Gleiche gewesen. Die Priester werden immer misstrauischer. Sie wird beobachtet, ich erfuhr es von Nep-heb.«

»Nep-heb?« Ich lehnte mich hinüber und ergriff ihr Handgelenk. »Ich höre zu viel von Nep-heb, ist er dein Liebhaber?«

Sie blickte mich mit verengten Augen an. »Nein, aber ich benutze ihn.«

»Denke daran, dass du meine Gattin bist! Die Königin von Ägypten ist keusch!«

Sie warf den Kopf zurück: »Verlange nicht zu viel von mir, mein Bruder!«

Sie würde sich entfernt haben, aber ich schloss meine Hand fest um ihr Gelenk und bohrte die Nägel hinein, bis sie vor Schmerz aufschrie. »Du wirst mir, meinem Thron und Ägypten treu ergeben sein! Wenn ich durch die Fähigkeiten von Net-Ka herausfinden kann, wo jener Mann wohnt, werde ich vielleicht genötigt, dich einer Prüfung auszusetzen. Du bist ehrgeizig – möchtest du für eine Weile allein auf dem Thron des Pharao sitzen?«

Sie ließ ein entzücktes Stöhnen hören. »Du würdest mich an deinen Platz lassen?«

»Es gibt niemand anderen, dem ich vertrauen kann. Wenn ich ihn ausfindig machen will, wird diese Sache nötig werden, aber ich will deine Treue nicht geteilt sehen!«

Sie lächelte. »Fürchte nichts, ich werde treu sein!«

Ich warf ihr einen belustigten Blick zu und zog einen Ring von meinem Finger. »Gut – dann nimm diesen Ring, gib ihn Mer-het-su, dem Hauptmann meiner Garde, und gebiete ihm, augenblicklich Nep-heb in die Löwengrube werfen zu lassen!«

Sie wurde totenbleich und ließ einen erstickten Schrei hören. »Oh nein, mein Bruder – ich flehe dich an!« Sie beherrschte sich mit Anstrengung. »Wäre das klug?«, fragte sie mit ruhigerer Stimme. »Er ist uns sehr nützlich, denn er ist im Tempel des RA für uns als Späher tätig und heimlich ein Eingeweihter der Mysterien von Seth.«

»Das ist gerade mein Grund. Ich wünsche keine Männer um uns herum, die Verräter an ihrem Gott sind. Ich selbst kann verehren, was mir gefällt, nicht aber ein bloßer Priesterling. Überdies möchte ich mit der Priesterschaft des RA gut stehen. Zweifellos kennen sie ihn schon als einen Verräter; und es ist eine gute Politik, sie durch seinen Tod zu erfreuen.«

Während sie sich an meine Füße schmiegte und blind vor sich hinstarrte, beugte ich mich herab und fasste sie am Kinn. »Wirst du gehen, mein geliebtes Weib? Oder muss ich jemand anderes auf meinen Thron setzen, wenn ich ihn für eine Zeit verlasse?«

Mit einem flüchtigen Blick erhob sie sich langsam und ging aus dem Raum. In jener Nacht brachte Re-shep-sut Net-Ka zu dem Gemach für die magischen Zwecke. Das Mädchen sank erschöpft auf das Lager; und nach Entfernung des Schleiers zeigte sich ein blasses, elendes Antlitz mit tiefliegenden Augen. Da wusste ich, dass Re-shep-sut wahr gesprochen hatte. Hier war jemand fast zu Tode krank.

Sie reichte mir ihre Hand und sagte mit matter Stimme: »Mein Bruder, ich bin gekommen, wie du es wünschtest, bin aber in einem traurigen Zustand. Ich habe seltsame Träume und fühle, dass etwas Schreckliches heraufzieht. Musst du mich in dieser Weise benutzen, die ich als verboten kenne? Ich erfahre nichts von deinem Tun, ich habe ja keine Erinnerung nach Rückkehr in meinen Körper, aber« – ihre Lippen zitterten – »beim letzten Mal, als ich an dem Heiligen Ort des Tempels sprechen sollte, war es mir nicht möglich. Der Gott bediente sich meines Körpers nicht, und sie sagten, dass ich sonderbare Worte plapperte. Kann es sein, dass meine Besuche hier das Missfallen der hohen Götter erregen?« Sie bedeckte ihr Gesicht mit schmalen, blau geäderten Händen. »Ich wage nicht, an eine solche Möglichkeit zu denken, mein Leben gehört ihnen. Ich flehe dich an, bei aller Liebe, die ich für dich empfinde, heiße mich nicht, etwas zu tun, was meinen heiligen Gelübden entgegensteht!«

Ich tröstete sie mit nichtigen Worten, ohne die Absicht, sie zu schonen. Auch kümmerte es mich nicht, wer durch sie sprach oder was ihr nachher zustoßen könnte – wenn ich nur das Geheimnis erfuhr, wonach ich jetzt glühend suchte! »Fürchte dich nicht, holde Schwester«, sagte ich, »du sollst nicht über deine Kraft beansprucht werden; und es ist das Wohl Ägyptens, wofür ich die Götter rufen möchte!«

Gehorsam streckte sie sich aus. Wir zogen die magischen Zeichen über sie, legten unsere Gewänder ab, salbten uns mit gewissen Ölen und zeichneten die Symbole des Seth darauf. Dann begannen wir durch ein tiefes, rhythmisches Summen mantrische Gesänge über Net-Kas leblosem Körper zu rezitieren. Der Raum wurde allmählich von dem immer dichter werdenden Rauch aus der Kohlenpfanne verdunkelt, und nun fühlte ich große, mächtige Gestalten, die immer näher heranglitten. Ich beschwor sie bei ihren geheimen Namen. Das Licht flatterte und erlosch. Net-Ka bewegte sich, sie fing an, hin und her zu schwanken und fiel zur Seite. Aus ihrem Mund kam Schaum, ihre Züge wurden grimassenhaft verzogen. Re-shep-sut bewegte sich intonierend, mit starr erhobenen Händen, in einem magischen Tanz um die Zahlen und Figuren auf dem Fußboden. Plötzlich richtete Net-Ka sich auf und saß nun aufrecht mit weit offenen Augen da. Eine tiefe Stimme dröhnte aus ihrem Mund: »Ich grüße euch, meine Diener! Ich bin hier – das Auge, das Ohr, die Stimme. Willkommen! Was ist euer Begehren?«

Ich stand mit gestähltem Willen über Net-Ka. Die Atmosphäre pulsierte wie von feurigen Partikeln belebt. Re-shep-sut war auf ihr Angesicht gefallen und verstummte.

»Ich verlange zu wissen, wo der Wohnplatz von Demjenigen ist, welcher der ›Heimliche Herrscher Ägyptens‹ genannt wird. Ich will wissen, wo ich Ihn finden kann. Ich will von Angesicht zu Angesicht – mit Ihm allein – sprechen können!«

Ein starkes Beben erschütterte das in Trance liegende Mädchen. Als die vorige Stimme endlich antwortete, klang sie sehr geschwächt, wie von einer stärkeren Macht niedergehalten. »Frage mich nicht! Lass diesen Mann in Ruhe! Er wird deine Vernichtung sein.«

»Das kümmert mich nicht, ich möchte lieber vernichtet werden, als ein solches Leben in Unwissenheit und Furcht fortsetzen. Ich muss Sein Geheimnis erfahren. Alle Macht, alles Wissen liegt dort für die verborgen, welche diese unbekannten Kräfte handhaben können. Ich habe dich so oft mit den geheimen Namen angerufen, aber niemals hast du meinen Wunsch befriedigt. Auch hast du mir niemals die Existenz dieses Mannes verraten! Nun aber verlange ich …«

»Schweig still!«, schrie die Stimme. Und jetzt wurde die Luft um mich ganz dick, der Druck wurde schrecklich, als ob ein unverkörperter Wille meinen Entschluss bekämpfte.

»Ich will nicht still sein! Wenn du wirklich Seth, der Mächtige, bist, gewaltig an Wissen und Kraft, dann musst du das wissen. Ich fordere dieses Geheimnis! Ich beschwöre dich – Gott, Geist, Dämon, was du auch sein magst – gib mir die Wahrheit! Wenn du mein Verlangen missachtest, so werde ich, bei all meinen magischen Kräften, die Erde selbst erschüttern und die Toten aus ihren Gräbern reißen. Ich *will* wissen, wie ich mich heilen kann! Ich *will* das Mysterium des Lebens enthüllen! Ich *will* Herr über Leben und Tod sein!« Ich stand mit hoch erhobenen Armen über dem Orakel. Mit der ganzen Energie meines Wesens schickte ich meinen wilden Ruf aus – zu den äußersten Enden der Erde, zu den Grenzen des Himmels, zu den fernsten Sternen. Mit all meiner Kraft, all meinem Wissen schleuderte ich den Entschluss hinaus, dieses unbekannte gegnerische Bewusstsein niederzukämpfen, das mit mir zu ringen schien, als wollte es mich von dem geforderten Wissen fernhalten. Vielleicht würde ich sterben, aber zuvor wollte ich es besiegen. Dies war sicherlich mein Erbfeind, den ich endlich mir gegenüber hatte.

Meine Glieder standen in Flammen, mächtige Kraft floss in sie hinein – immer mehr Kraft, unzählige Energiepartikel, nach meinem Willen vibrierend. Nur eines war jetzt noch notwendig, um die Anrufung bis zum letzten zu vollenden, das »Große Verbotene WORT«, dessen Aussprechen den Tod bedeuten konnte, welches durch seinen Klang den Körper dessen, der diese heiligen Silben zu intonieren wagte, zu zersetzen vermochte. Ich hatte jenes WORT einmal erfahren, aber sogar ich hatte mich bis jetzt nie getraut, seine zerschmetternde Schwingung in die Luft zu jagen. Jetzt hielt ich inne, mein ganzes Wesen für diesen letzten Akt gestrafft. Ich sog einen mächtigen Atemzug ein, das WORT wartete, es wuchs in mir, riesige Dimensionen annehmend. Dann, langsam, jeden Nerv gespannt, mit beherrschtem Atem – ließ ich es ertönen …

Der gewaltige Widerhall verstummte. Es folgte eine Stille, so ehrfurchtgebietend, dass es schien, als hätten alle Dinge zu bestehen aufgehört. Ich wartete – verzehrt, ausgeleert. Ich schaute umher und sah, wie Net-Ka sich in den Schmerzen einer furchtbaren Erschütterung krümmte, es war, als würde sie von zwei opponierenden Kräften auseinandergerissen. Jedoch plötzlich kam eine Veränderung über sie. Sie richtete sich auf, leicht auf dem Boden stehend, wie jemand, der sich zu einem Flug anschickt. Ihre Augen waren selig geweitet, und ihr Gesicht verklärte sich zu einem strahlenden Lächeln.

»ER kommt«, rief sie aus, »Er, der Meister, unser König und Herr!« Und mit einem langen Seufzer brach sie auf dem Lager zusammen und lag still.

Da lernte ich die Furcht kennen! Ich hatte mich bisher in meinen magischen Praktiken immer als Herrscher gefühlt. Aber jetzt verbreitete sich langsam um mich herum eine gewaltige *Kraft*, von der ich nichts wusste, gegen die ich mit all meinem Willen nur vergebens anrannte. Sie nahm zu, unaufhaltsam in die Struktur meines Körpers eindringend, meinen Willen verwandelnd. Sie glich einem sternenreinen, doch auflösenden Ton von Musik oder einer weißen, doch eisig kühlen Flamme. So herrlich sie auch war – *für mich* bedeutete sie eine Dissonanz, eine Vernichtung. Meine Glieder schienen in Agonie zu zerschmelzen, jede Zelle, jeder Nerv bebte. Ich sank auf die Knie und dann auf mein Antlitz, jedoch in dieser verzehrenden Angst trachtete ich immer noch, mich aufrechtzuhalten, mein großes Verlangen unerschütterlich festzuhalten.

Da – während ich so fieberhaft kämpfte – hörte ich eine Stimme von solch wundersamer Milde und von solch grandioser Macht und Schönheit, dass ich vor ihr verging und wie ein Toter dalag.

»Du verlangtest nach mir«, sagte sie. »Du riefest mich sehr stark an. Die angewendeten Mittel waren unrecht, und dafür wirst du den Preis bezahlen müssen. Aber ich, der die Herzen der Menschen lesen kann, weiß, welch tiefem Ursprung das Begehren entstammt, das dich zu dieser gefährlichen Handlung trieb – nur darum bin ich hier!«

Ich konnte nicht sprechen, aber etwas tief in mir muss ihm unhörbar geantwortet haben.

»Es ist gut«, sagte die Stimme. »Da du die Wahl getroffen hast, kannst du nicht abgelehnt werden. Wenn die Zeit reif ist, werde ich dich auffordern, zu mir zu kommen.«

Dann verschwand die Stimme, und Dunkelheit hüllte meinen Geist ein. Beim Erwachen fand ich Re-shep-sut neben mir knien. »Was ist geschehen?«, brachte sie heraus. »Ich erinnere mich an nichts. Erfuhrst du das Geheimnis?«

Ich stand langsam auf, meine Glieder waren wie Blei, mein Kopf schwindelte. »Ich weiß es – noch – nicht.« Und ich wies auf Net-Ka. »Schau nach dem Kind, wir müssen sie zum Tempel zurückbringen.«

Net-Ka war noch in Trance. Nichts hätte sie aufwecken können. Aber ich glaube, ein Zauber von jemandem, mächtiger als wir, muss in jener Nacht auf die Tempeldiener gelegt worden sein. Denn obwohl wir das Mädchen gemeinsam tragen mussten, begegnete uns niemand auf dem Weg, auch rührte sich kein Wächter aus seinem Betäubungsschlummer.

Zwei Tage später kam Re-Shep-sut zu mir, als ich mit meinen Schreibern im Garten saß. »Es ist mir berichtet worden, dass Net-Ka sterbenskrank ist«, flüsterte sie, als wir allein waren. »Sie liegt viele Stunden bewusstlos; und wenn sie wach ist, ruft und schreit sie wie eine Besessene.« Ihre Augen waren schreckensweit. »Wir sind es, die ihr das antaten«, sagte sie mit erstickter Stimme, »wenn sie stirbt, werden wir sie umgebracht haben.«

Aber meine Gedanken waren weit fort. Seit dem Empfang jener seltsamen Botschaft war ich Tag und Nacht beschäftigt gewesen, Pläne zum Schutz des Landes zu machen, weil ich ja vielleicht dem Thron für lange fern bleiben müsste. Männer von zweifelhafter Treue an den Grenzen mussten von vertrauenswürdigen Generälen ersetzt werden. Die Garnisonen mussten verstärkt, geheime Entwürfe und Verhandlungen vollendet werden. Ich hatte keine Zeit an Frauenklagen zu verschwenden. So blickte ich sie nur kalt an: »Na, und wenn? Ich werde Net-Ka nicht mehr brauchen.« Sie rang die Hände. »Begreifst du nicht? Bist du aus Stein erschaffen? Ich liebe sie, sie ist das einzige Wesen, das ich jemals geliebt habe!«

»Dann solltest du dringend dafür sorgen, rasch von dieser Krankheit geheilt zu werden«, spottete ich. »Wenn du meinen Thron einnehmen sollst, wenn auch nur für kurze Zeit, muss ich dich über solche Schwächen erhaben wissen. Lerne ein für allemal, dass die, welche nicht mehr für unsere Politik benötigt werden, am besten entfernt werden; sie können dann weniger in törichte und gefährliche Reden verfallen. Lass Net-Ka fahren und höre auf, eine Närrin zu sein! Ich habe verbreiten lassen, dass du ein Kind erwartest, obwohl es noch nicht der Fall ist. Die Ägypter werden dich williger mit Respekt behandeln und loyal bleiben, wenn sie sich einbilden, dass du den künftigen Pharao trägst. Ich habe vieles von Bedeutung mit dir zu besprechen! Das erste ist: Du darfst während meines Fernseins Net-Kas Räume nicht betreten. Besuche sie nicht, auch wenn sie nach dir verlangt! Ich will nicht den Anschein erwecken, als seien wir in ihre Angelegenheiten verwickelt. Weiter ist es wesentlich, dass du auf gutem Fuß mit Besiurt verbleibst. Du wirst ihm in allen Dingen folgen, denn er wird während meiner Abwesenheit das eigentliche Oberhaupt der Nation sein. Er wird dir deine Handlungen und Worte eingeben. Wehe dir, wenn ich entdecke, dass du untreu geworden bist oder dir durch Torheit die Zügel der Macht entschlüpfen ließest!« Ein dunkler, entschlossener Zug trat auf ihr Antlitz. »Wenn Net-Ka im Sterben liegt und nach mir verlangt, werde ich hingehen«, sagte sie.

Ich lehnte mich vor und fixierte sie mit schmalen Augen. »Reshep-sut, wenn du meine Gebote nicht befolgst, wenn du nicht auf das Symbol von Seth, das ich auf meiner Hand trage, gelobst, dass du vollkommen treu sein wirst, schwöre ich dir bei den Namen, die nicht ausgesprochen werden dürfen, dass ich dich herabstoßen und eine andere auf deinen Platz setzen werde, dass deine Hände nicht das Zepter ergreifen sollen und dein Körper niemals ein Kind des göttlichen Königs tragen wird.«

Da warf sie sich auf die Knie und schlang die Arme um meine Füße. »Oh Pharao, hast du kein Mitleid? Auf dein Geheiß schickte ich Nep-heb in den Tod; nun forderst du, dass ich auch meine Schwester opfern soll? Denn ich weiß, dass ich allein imstande sein könnte, ihre Krankheit zu heilen. Wenn ich mich aber ihrer Bitte verweigere, wird sie sicher vor Gram sterben.«

Ich stieß nach ihr. »Pah, du bist im Herzen wie alle anderen, von Gefühlen und schwächlicher Rührseligkeit geritten.«

Dann lehnte ich mich zurück und lächelte sanft.

»Du hast die Wahl. Auf der einen Seite, Re-shep-sut, befindet sich der Thron von Ägypten, unbegrenzte Macht, großer Ruhm und hohe Ehre – und dieser Eid. Auf der anderen Seite ist ein törichtes Mädchen, das besser nicht mehr am Leben wäre – und Verlassenheit, Niedrigkeit, vielleicht der Tod. Was wirst du wählen?«

Für einen Augenblick blieb sie regungslos, mit gesenktem Haupt und gerungenen Händen, dann blickte sie langsam auf und flüsterte: »Ich will den Eid schwören.«

Ich hielt ihr meine geballte Hand hin. Sie beugte sich vor, presste ihre Stirn an den großen Ring und murmelte mir die magischen Formeln dieser stärksten und bindendsten aller Anrufungen nach. »Und nun«, sagte ich, »sei der Strafe eingedenk, wenn jener Eid gebrochen wird: Weder in dieser noch in der nächsten Welt wirst du dann Frieden haben – weder in diesem Leben noch in einem anderen. Du hast die in diesem Ring liegende Macht beschworen, den Geist des Ehrgeizes und unbezähmbaren Willens. Solange du mir Gehorsam leistest, wird er dein Sklave sein. Bei Ungehorsam wird er dein Herr werden. Halte das fest im Sinn und vergiss es niemals – meine Schwester und – Königin!«

Seit jener Nacht in dem Sommerhaus waren jene Stimme und Worte, die ich dort gehört hatte, selten aus meinem Bewusstsein gewichen. Mein eigener seelischer Zustand überraschte mich; denn es wurde mir klar, dass ich von einer ununterbrochenen tiefen Sehnsucht erfüllt war, diese Stimme wieder zu vernehmen und dem Mann zu begegnen, der dort gesprochen hatte. Ich hatte niemals in meinem Leben eine so machtvolle Empfindung erlebt, wie jene Laute sie in mir erweckt hatten. Manchmal hatte ich eine gierige Leidenschaft für eine Frau gefühlt, die mich weder schlafen noch essen ließ. Jedoch solche Regungen waren stets rasch vergangen. *Dieses* Gefühl aber wurde immer intensiver! Es schien mich auch in anderer Weise beeinflusst zu haben, da ich jetzt – zum ersten Mal nach langen Jahren – Nacht für Nacht schlief. Auch erlitt ich keine Wiederkehr meiner furchtbaren Anfälle – bis zum Abend des Tages, als Re-shep-sut mit ihrem kummervollen Anliegen zu mir kam. In jener Nacht befiel mich eine Schmerzattacke – grässlicher und heftiger, als ich sie je erlebt hatte. Sie dauerte zwei Tage an, mit einer so wütenden Intensität, dass sie mich endlich gänzlich erschöpft zurückließ.

Am dritten Abend, als ich halb bewusst auf meinem Bett lag, nahm ich plötzlich wahr, nicht allein zu sein! Den Kopf wendend, erblickte ich die verhüllte Gestalt eines hoheitsvollen Mannes neben mir stehen und hörte wiederum die Laute jener Stimme, nach der mein Geist sich so tief gesehnt hatte.

»Oh Pharao«, sagte er, »bist du noch immer entschlossen, den Geheimnissen deines Schicksals zu trotzen? Drei Tage befandest du dich in Qualen, aber ich warne dich – wenn du die Wahrheit erfahren willst, wirst du Schlimmerem als diesem entgegentreten müssen.«

»Ich bin entschlossen!«, erwiderte ich.

»So sei es denn. Morgen um Mitternacht wirst du am äußeren Tempeltor einen Bettler sitzen finden. Folge ihm!«

Am nächsten Tag ließ ich Besiurt rufen und empfing ihn auf meinem Lager liegend, denn ich war noch sehr schwach. »Ich bin entzückt, die Majestät wieder erholt zu finden«, sagte er mit einer Stimme, die seinen Worten widersprach. »Man sagte mir, dass deine Züge verdunkelt waren und du fast sterbenskrank gelegen hast. Ich und meine Priester haben dich deshalb zu heilen versucht und deine Krankheit in unsere unwürdigen Körper gezogen.«

Ich lächelte grimmig. »Ich kann kein Leidensmerkmal bei dir entdecken, mein Freund; und ich versichere dir, dass ich mich nicht dank deiner Zaubersprüche und sonstiger Heilungsversuche erholt habe. Den Göttern sei Dank, werde ich in Zukunft für meine geistige und physische Gesundheit niemals mehr von dem priesterlichen Ärztekolleg abhängig sein.« Er hob seine Brauen. Seine Verwirrung genießend, fuhr ich fort: »Ich habe einen anderen Arzt gefunden – viel gewaltiger als ihr alle. Und zu ihm gehe ich – heute Nacht.«

»Es gibt keinen in Ägypten…«, begann er.

»Es gibt Einen!« Ich zitierte seine eigenen Worte: »Einen, vor dem du nur ein Schatten bist.«

Das erregte ihn endlich: »Du wirst Ihn niemals finden! Wahrhaft – aus dir spricht Wahnsinn!«

Ich lachte. »Nein – hier ist endlich einmal kein Wahnsinn! Vielleicht bist du es gewesen, der ein wenig wahnsinnig war – nämlich vor Stolz. Ich möchte dich daran erinnern, dass ich gleich nach der Übernahme des Thrones zu dir kam und dich demütig genug ersuchte, mir den Zugang zu den Mysterien zu gewähren. Ich glaubte, durch sie zu der von mir ersehnten Erkenntnis gelangen zu können. Ich war sogar bereit, ein Novize zu werden, zu deinen Füßen zu sitzen, wenn du mich belehren wolltest. Du wiesest mich ab! Du versperrtest mir die Pforten der Wahrheit, mit der Begründung, ich sei unwürdig, mein Blut wäre unrein, ich hätte mich auch mit den schwarzen Künsten befasst und sei davon verunreinigt. Ich würde aber gern wissen, ob du – in deinem Hochmut und deiner Reinheit – deinen Meister, welcher mich auf den Thron setzte, über diesen Punkt befragtest! Sicherlich nicht!«

Ich drängte mein Gesicht dicht an das seine: »Du wünschtest, die eigentliche Macht in deinen eigenen Händen zu behalten, oh Besiurt, du wolltest mich unwissend erhalten, damit du und deine Priester über mich herrschen könntet. Aber mich kann man nicht täuschen oder zurückschrecken. Wenn RA-Hermachis mich nicht Seinen Tempel beflecken lassen wollte, dann blieb ja Seth, der nicht so engherzig ist. Ich ließ mich von seinen Priestern unterweisen und wurde in die Mysterien seines Kultes eingeweiht. Aber ich gebe zu, bald herausgefunden zu haben, dass sie mir nichts verschaffen konnten, wonach ich verlangte, als nach dem einzigen, was mir Ruhe und Glück versprach. Ich wusste nicht, was das war, und weiß es auch jetzt noch nicht – aber ich *will* wissend werden; und wenn jene Stunde kommt, werde ich mir dieses kostbare Wissen für immer zu eigen machen. Weder du noch irgendein Priester auf Erden kann mich aufhalten!«

Er wollte sprechen, doch ich hob meine Hand.

»Nein, nicht einmal du, Besiurt! Ich glaube nicht, dass man jemals vergebens an die hohen Götter appelliert, obwohl ihre Priester sie gern stumm machen würden, wenn sie nur könnten. Ich glaube, dass es mir bestimmt war, deine damals ungewollt ausgesprochenen Worte aufzufangen, die mir die Existenz von jemandem offenbarten, welcher viel höher ist als du. Ich wendete mich mit meinem dringenden Ersuchen an Ihn – und Er hat geantwortet.«

Der Hohepriester sprang auf. »Du wirst getäuscht, es ist nicht möglich! Er würde nie zu jemandem sprechen, der nicht zu uns gehört.«

»Ob das wahr ist, werde ich bald entdecken, denn ich gehe heute Nacht zu Ihm.« –

»Du gehst zu Ihm? Aber du kannst doch nicht wissen …«

»Sein Wohnplatz soll mir gezeigt werden. Ich werde ihn finden, selbst wenn er jenseits der Erde lebt.«

»Du kannst nicht – du bist der Pharao. Du hast kein Recht, Ägypten zu verlassen!«

»Setz dich hin«, sagte ich ungeduldig, denn er stampfte im Zimmer umher und schwang wild die Arme zum Himmel auf. »Ich bin noch krank. Dämpfe deine laute Stimme!«

Ohne weitere Umschweife erzählte ich ihm meine Pläne. Er machte Einwände, er schrie laut, ich sei ein Verräter, der Thron sei ein geheiligtes Pfand, das aufzugeben ich nicht berechtigt sei. Er appellierte an meinen Ehrgeiz, meinen Stolz, meine Liebe zu Ägypten, jedoch alles ohne Erfolg. Mein Entschluss stand fest, nichts berührte mich mehr. Denn das Leben hatte mir alles Erstrebenswerte gegeben; doch auch seine besten Gaben hatten sich mir wie Asche im Mund erwiesen. Vor meinem Willen musste Besiurt sich endlich beugen. Ich gab ihm das königliche Siegel und überließ ihm, welche Erklärungen er für meine plötzliche Abwesenheit geben wollte – mich kümmerte es nicht.

In jener Nacht ging ich – als ein Bauer verkleidet, mit einem das Gesicht verbergenden hochgeschlagenen Mantel und einem Stab in der Hand – zur äußeren Pforte des Tempels von RA. Ein Mann in Lumpen erhob sich bei meinem Herankommen und wandte sich – ohne Gruß – die Straße hinunter, welche zum Nil führte. Ich folgte ihm. Unsere Füße gaben keinen Laut auf dem Sand. Wir glichen zwei in der Dunkelheit wandernden Schatten, denn der Mond schien nicht. Der Morgen fand uns in der Wüste. Den ganzen Tag schritten wir unter der glühenden Sonne dahin, ohne auszuruhen. Trotz meiner großen Körperstärke strauchelten meine Füße zuweilen. Er hingegen schien unermüdlich zu sein. Einmal hielt er an einem Brunnen an und gab mir zu trinken, sagte aber kein Wort. Am Abend war mein Kopf schwindelig vor Hitze, so dass ich kaum mehr seine wie ein hagerer Schatten vor mir her schwebende Gestalt erblicken konnte. Vielleicht war ich durch das Leben am Königshof verweichlicht oder das Leiden hatte meine Kräfte, mehr als ich wusste, untergraben. Auf jeden Fall sank ich beim Morgenrot um – unfähig, meinen Körper weiter zu tragen. Er kam zurück und stand über mir. »Du hast dich gut gehalten, oh Fürst«, sagte er.

»Lass mir eine Stunde Rast, dann kann ich weitergehen«, erwiderte ich. »Es ist nicht nötig, wir sind fast am Ende unserer Reise.« Und er bückte sich, lud mich wie ein Kind auf seinen Rücken und ging, trotz meiner Proteste, mühelos mit mir weiter. Ich weiß nicht, wie weit wir noch kamen, denn ich muss wohl ohnmächtig geworden sein. Beim Erwachen lag ich auf einem Bett ausgestreckt in einem stillen Gemach, wo eine Öllampe brannte. Drei Tage und drei Nächte blieb ich darin. Diener brachten mir Speise und Trank – und dann wurde ich in die Gegenwart von Ihm geführt, der Ägyptens »wahrer Herrscher« war.

Er saß an einem Tisch und studierte uralte Papyrusrollen. Ein einfaches Gewand ohne Rangabzeichen umhüllte ihn. Als er jedoch sein Haupt erhob und mich anblickte, wusste ich mich in der Nähe von jemandem, vor dem auch der Pharao bedeutungslos war. Ich empfand einen unbegreiflichen Impuls, mich vor ihm niederzuwerfen, unterdrückte ihn aber mit Anstrengung. Er winkte mir, näher zu kommen, und ich stand auf der anderen Seite des Tisches. Eine wunderbare Atmosphäre von tiefer, ruhiger Entschlossenheit ging von ihm aus.

»Warum bis du zu mir gekommen?«

»Um zu erfahren, wie ein Mensch die Herrschaft über alle Dinge gewinnen kann.«

»Dies ist in den heiligen Mysterien des RA-Hermachis offenbart.«

»Seine Priester wiesen mich zurück, sie sagten, ich sei unwürdig, daher wendete ich mich Seth zu.«

Er lächelte. »Hast du dich nicht gefürchtet?«

»Ich fürchte mich vor nichts.«

»Du sprichst die Wahrheit – es ist das ›Nichts‹, wovor du dich am meisten fürchtest.«

Ich schrak zusammen – er hatte mich ins Mark getroffen.

»Du fürchtest dich vor den Kräften der Vernichtung, die du in dir zu fühlen glaubst.«

Ich schauderte bei seinen Worten – denn ich konnte ihren Sinn nicht leugnen. Ich blickte ihm ins Antlitz: »Es stimmt, es ist wahrhaft diese Furcht, die mich zu dir geführt hat!« Ich lehnte mich vor und schlug auf den Tisch: »Ich will nicht vernichtet werden! Ich will leben – leben!« Nach einer Pause fügte ich – mehr zu mir selber – hinzu: »Ich wage es nicht zu sterben – es würde Auflösung bedeuten.«

»Aber alle Menschen müssen sterben«, kam seine ruhige Antwort.

Ich schüttelte den Kopf: »Nein, nein, es ist nicht der Tod, den ich wirklich fürchte, ich habe ihm schon zu oft unerschrocken gegenüber gestanden. Es ist etwas Furchtbareres, Schleichenderes. Zerfall? Doch was ist das?« Ich schleuderte ihm in plötzlicher Verzweiflung meine Hände entgegen: »Du, der du so viel weiser als andere Menschen sein musst, kannst du mir nicht sagen, welches Heilmittel meine niemals endende Unzufriedenheit, dieses rastlose, bohrende Sehnen, diese Verzweiflung, dieses heimtückische Gift mir nehmen könnte? Denn all das untergräbt meine Stärke, schmälert meine Erfolge und macht alle meine Siege unfruchtbar. Kannst du mir nicht zeigen, wie ich von diesem Leiden, dieser Krankheit von Seele und Körper befreit werden kann – und von diesen Anfällen finsterster Schwermut, in der alle Dinge wie leere Schatten erscheinen, und die wohl die Vorboten des Wahnsinns sind? Warum bin allein ich von allen Menschen so verflucht? Warum werde gerade ich in die Irre gestoßen? Niemand kennt diese Todesängste, diese unaufhörliche Bedrohung, diese Furcht vor der Leere – Furcht vor viel Schlimmerem als dem Tod. Ich bin der Pharao; Ägypten und all meine Schätze sind mein – aber Narren und Sklaven sind wahrhaft glücklicher als ich.«

»Sie haben Liebe«, antwortete er.

»Liebe? Bah, ich bin der Frauen und ihrer Reize müde.«

»Weißt du überhaupt, was Liebe ist?«, fragte er gütig.

»Ich weiß, sie ist Schwäche, nicht Stärke«, erwiderte ich verächtlich. »Ich weiß auch, dass sie den meisten Männern Unheil statt Erfüllung bringt. Es ist nicht Liebe, was ich brauche, sondern Wissen, Macht, das Geheimnis des Lebens. Denn es ist mir bewusst, dass ich, bevor dies alles nicht in meinen Händen ist, niemals von meiner Krankheit geheilt werden kann. Liebe kann mir hier nicht dienen.«

»Nein, die Liebe kann dir so lange nicht dienen, bis du ihr dienst, mein Freund.« Seine Augen verengten sich, bis sie mich dann anblitzten wie Feuerflammen. »Du kommst also um der Macht willen zu mir, die Geheimnisse des Lebens zu erfahren? Meine Antwort ist: Ehe du nicht zuerst lieben gelernt hast, können wir dich nicht irgendetwas lehren. Von welchem Wert würden dir unsere unschätzbaren Gaben sein, solange du noch unfähig bist, ihre wahre Natur zu begreifen und – sie richtig anzuwenden? Ein Same bleibt stets unfruchtbar, wenn er kein Leben in sich trägt. So ist es auch mit diesem Wissen, das du so glühend begehrst. Ehe es nicht von der Liebe belebt und befruchtet wird, kann kein Gewinn für dich oder andere daraus entstehen.«

Ich lauschte ihm – finster blickend vor erregter Bestürzung. Diese Mitteilung, dass die Antwort auf meine Frage einfach die sei, ich solle *lieben*, erschien grotesk. Jedoch ein tiefes Gefühl versicherte mir, dass dieser übermenschliche Priester genau wusste, wovon er sprach. Ich fühlte mich unwiderstehlich zu ihm hingezogen und auch zu tiefer Verehrung seiner hohen Intelligenz genötigt; denn er war ganz offenbar zu sehr vielem imstande, was mir, trotz meines großen magischen Wissens, völlig verschlossen blieb. Hier waltete ein tiefes Geheimnis, das ich ergründen musste – mit List, wenn es durch keine anderen Mittel ging.

»Nun«, sagte ich mit einem scheinbar demütigen Lächeln, »wenn deine Worte also wahr sind, dass die Liebe der Schlüssel zum Tempel der Weisheit ist, bin ich willig, dies anzunehmen. Was muss ich sonst noch erfüllen, ehe mir gestattet wird, die inneren Mysterien zu schauen?«

»Du wirst die Barrieren niederbrechen müssen, welche deine eigenen Verbrechen zwischen dir und den heiligen Pforten aufgerichtet haben. Du wirst wirklich die Menschheit lieben und ihr dienen müssen, damit du die Schulden bezahlst, die du durch Hass und Unwissenheit auf dich geladen hast.«

»Du sprichst in Rätseln«, entgegnete ich halb unwillig, »aber ich akzeptiere deine Bedingungen und will darum alles tun. Zeige mir diese Barrieren, damit ich sie niederbrechen kann, und nenne mir die Schulden, damit sie vollständig bezahlt werden können! Meine Macht ist sehr groß, meine Schatzkammern fließen über, mein Wille ist Gesetz in Ägypten.«

Er erhob sich und schien mich trotz meiner Körpergröße deutlich zu überragen.

»Du eitler, Eigenlob redender Mensch!«, rief er aus »Du weißt nicht, was du verlangst. Schon diese Worte beweisen deine ganze Untauglichkeit, dieses Unternehmen auch nur zu versuchen. Dein Sinn ist von der Erde! Du redest von Macht, aber diese ist geringer als die eines kleinen Kindes! Gabst du nicht zu, dass du keinen Wutanfall vertreiben kannst, wenn er wie eine Gewitterwolke auf dich niederbricht? Kannst du deine eigenen Launen, deine eigenen verzweifelten Ausbrüche beherrschen? Was also diesen Willen betrifft, mit dem du dich brüstest, so wirst du nur von Eitelkeit, Hochmut und Selbstgefälligkeit regiert. Du bist ein Sklave, nicht ein Herrscher!«

Er wandte sich und schritt zur Tür. »Folge mir!«, gebot er.

Wir durchwanderten viele Gänge, bis zum Betreten eines kleinen, kreisförmigen Gemaches, in dessen Mitte sich eine riesige Kristallkugel befand, die einen sanften Glanz ausstrahlte. Außer diesem grünen Leuchten lag der Raum in Dunkelheit. Er ließ mich vor die Kugel hintreten. Dann stellte er sich hinter mich und legte seine Hände um meine Stirn.

»Schaue in diese Tiefen«, sagte er, »und erkenne!«

Ich schaute. Zuerst war es, als ob ich in den Nil blickte – klar, grün und tief, doch voller Licht. Dann fing dieses Licht mich ein und zog mich in eine Bewusstseinsveränderung. Ich vergaß die Gegenwart und wanderte zurück. Ich stand wieder in Atlantis und wurde nochmals Cheor. Nichts blieb mir verborgen von allem, was ich bis zu jenem Lebensende getan und begangen hatte. Und dann sah ich mich vor einer leeren Kugel stehen.

Erst seine Stimme holte mich wieder zurück. »Sage mir«, gebot er, »was du jetzt über dieses vergangene Leben denkst!«

Ich runzelte die Stirn und zögerte – im Versuch, die verzerrten Fäden jener Erinnerung zu entwirren. »Ich meine«, sagte ich endlich, »dies hat mich erkennen gelehrt, dass ich jetzt nicht so groß bin, wie ich mir einbildete. Ich habe mich immer für machtvoll gehalten, für fast einen Adepten in der Magie. Aber die Magie, die wir hier ausüben, ist ein Kinderspiel, verglichen mit jener in Atlantis. Ach, was habe ich alles vergessen! Wahrlich – damals hielten wir die echten Geheimnisse der Elemente in den Händen, wir waren göttergleich. Nicht nur diese Erde diente unseren kühnen Spielen, sondern auch die Geisterscharen des Himmels und ihre Kräfte. Unsere Kenntnisse sind tatsächlich zwergenhaft geworden. Alles, alles war damals größer! Ägypten erscheint uns jetzt als ein mächtiges Herrschaftsgebiet; aber jetzt bemerke ich, dass es nur ein Fleck auf einer winzigen Welt ist. Ich habe sehr viel zu lernen!«

Ich schaute auf und bemerkte, wie seine Augen mich durchdrangen, als ob sie nach meinem innersten Herzen suchten. »So empfindest du nichts als dieses Bedauern – keine Scham wegen deiner Taten, kein Entsetzen?«

Ich lachte. So heiter erregt war ich von dem Gesehenen, dass jetzt all meine bösen Ahnungen vergessen waren. »Warum sollte ich mich beschämt fühlen – außer vielleicht für diesen armseligen Menschen, der ich *jetzt* bin – einen Menschen, der so fälschlich als ein ›Gott‹ bezeichnet wird? Ach, wenn ich jetzt alles wüsste, wie damals!«

»Hinterließ das Gesehene *keinen* weiteren Eindruck auf dich als das Verlangen nach verstärktem Wissen?«, fragte er ziemlich traurig. Ich blieb eine Weile still und versuchte, mich noch enger mit jener Vergangenheit zu identifizieren. Als die Bilder zu mir zurückkamen, hob ein Antlitz sich klarer als die anderen heraus und erregte eine unbestimmbare Gefühlsbewegung in mir.

»Dieser Shaballaz«, sagte ich endlich, »ist er jetzt verkörpert?«

»Warum möchtest du das wissen?«

»Ich fühle mich sehr zu ihm hingezogen. Wenn er zu finden wäre, würde ich ihn in meinen Obersten Rat setzen; er ist ein Mensch, dem ich voll vertrauen könnte ...« Ich zögerte. »Es ist vielleicht Torheit, aber der Gedanke an ihn weckt eine seltsame Sehnsucht in mir, einen tiefen Wunsch ...« Ich zuckte hilflos die Achseln – unfähig es auszudrücken. Während ich noch sprach, hatte der heimliche Herrscher Ägyptens sich auf die rings um das Zimmer laufende Steinbank gesetzt und blieb in Gedanken versunken. Jedoch in dem eigenartigen, intensiven Schweigen fühlte ich, dass sein Geist auf eine geheimnisvolle Weise den meinen einer ernsten Prüfung unterzog. Plötzlich blickte er auf; und sein strenger Mund löste sich zu einem Lächeln. »Vielleicht ist dieses Liebe, was du empfindest?«, fragte er.

»Das ist möglich«, gab ich zu. »Ich habe gewiss noch nie in meinem Leben so stark nach jemandem verlangt wie nach ihm.« Plötzlich aber trat ich vor ihn hin. »Du hast viel von Liebe gesprochen und mir gesagt, ich könnte meine Ziele nur erreichen, wenn ich allen Menschen diene und sie liebe. Für mich klingt das abwegig. Wie kann ich alle Menschen lieben? All die Narren, die ich verachte, und die Feinde, die ich hasse? Nun, *jenen* Menschen könnte ich wohl lieben, ich möchte ihm sogar dienen, wenn es nötig wäre – ja, und dir natürlich ebenfalls – aber die anderen ... Auf jeden Fall sehe ich nicht ein, wie Liebe einen Zusammenhang mit den Kräften haben kann, nach denen mein Sinn steht – oder du würdest das Wort »Liebe« als Symbol für etwas anderes gebrauchen, für eine mächtige, schöpferische Kraft oder für ein göttliches Wesen, das unbekannt bleiben muss. Das, was die Menschen Liebe nennen, ist für mich von keinem Nutzen. Woraus besteht dieses Geheimnis, das du verbirgst?«

Er blickte mich durchdringend an.

Dann ereignete sich etwas, wofür ich weder Namen noch Erklärung finden kann. Es war, als ob ein blendend herrlicher Lichtschein aus ihm herausstürzte, mich einhüllte und für einen Augenblick in sein Bewusstsein aufnahm. Nur für einen Augenblick – dann war das göttliche Erleben vorüber. Ich aber stand da – betäubt, leer und arm wie ein Gefangener, der in das helle Tageslicht entflohen ist, nur um gleich darauf in ein noch finstereres Verließ gestoßen zu werden. Tief bestürzt wendete ich mich Dem zu, welcher mir diesen hoch beseligenden, unaussprechlichen Blick in einen Daseinszustand geschenkt hatte, der mir bisher unvorstellbar war und der bereits wieder zurückwich und unbegreiflich unwirklich wurde. Ich merkte, dass ich am ganzen Körper zitterte und lehnte mich, nach einem Halt suchend, an die Wand. »Was für eine Magie ist das? Was tatest du mit mir?«, fragte ich langsam.

Er antwortete nicht sofort, sondern hielt seinen forschenden Blick fest auf mich gerichtet. Endlich schien er mit seiner Untersuchung zufrieden zu sein.

Schließlich erwiderte er: »Du warst der Meinung, dass du hierher kommen, unsere Geheimnisse erfahren und wieder von hinnen gehen könntest, um sie nachher für deine Zwecke zu benutzen. Dass dies unmöglich war, konntest du nicht wissen. Aber allein schon, dass dieser Gedanke in dir Wurzel fassen konnte, machte es für mich lohnend, zu erforschen, ob dieses leidenschaftliche Begehren nach Wahrheit und Verständnis lediglich aus Gier nach Macht oder aus Furcht entstand oder ob all dem ein tieferer Beweggrund innewohnte. Deshalb prüfte ich dich durch das Zurückrufen der Erinnerung an Shaballaz. Du wurdest unmittelbar zu ihm hingezogen und reagiertest auf jene Frequenz der Liebe, welche die Erinnerung aufs Neue in deinem Herzen vibrieren ließ. Aber diese Prüfung war noch nicht ausreichend, denn deine Liebe hätte nur eine Auswirkung selbstsüchtigen Wünschens gewesen sein können. Darum überflutete ich dich für einen Moment mit der weißen Flamme jener hohen LIEBE, in welcher alles, was böse ist, sich einmal auflösen muss. Weil du nicht zerschmettert wurdest von jenem mächtigen, klaren Ton, der durch deine Aura widerhallte – weil du nicht in Entsetzen und Ablehnung von mir zurückpralltest, hat dieses Experiment mir bewiesen, dass der Funke der LIEBE in dir brennt, wenn er auch äußerlich nicht wahrnehmbar ist. Deshalb wird es mir gestattet, dir gewisse Dinge zu enthüllen, die dir sonst noch mehrere Leben lang verborgen geblieben wären. Denn wisse: Wenn du ihn und mich zurückgewiesen hättest, wäre mir keine andere Wahl geblieben, als dich dorthin zurückzuschicken, woher du kamst; und du würdest bald von jenen bösen Kräften überwältigt worden sein, in deren Fesseln du dich noch befindest.«

»Ich bin jetzt bereit zu glauben«, erwiderte ich, »dass diese gewaltige Kraft, welche du ›Liebe‹ nennst, tatsächlich Wunder verrichten und mich sogar heilen könnte. Aber noch verstehe ich nicht, welche Rolle jener Mensch darin zu spielen hat – es sei denn, mir zum Einblick in jene Mysterien zu verhelfen. Denn ich bin jetzt mehr denn je entschlossen zu erfahren, wie diese Fähigkeit zu erwerben ist.«

»Er wird dich lehren«, antwortete er, »aber nicht in der Weise, wie du es dir denkst. Sage mir aber, würde dein Leben dir glücklicher erscheinen, wenn du ihn an deiner Seite hättest?«

Ich erwog seine Worte in tiefem Schweigen. Es war wirklich seltsam, wie das ferne Bild dieses Menschen sich meiner Imagination bemächtigt hatte, wie es mir einen schmerzlichen Mangel offenbarte, der mir bisher unbewusst war. Ich hatte nie einen wahren Freund gehabt, hatte nie jemanden vertrauend geliebt. Re-shep-sut war vielleicht das Wesen, was mir am nächsten gekommen war. Andere Frauen hatten nichts bedeutet als ein Verlangen, dem bald Vergessen folgte. Doch ich hatte auch ihr nie vertraut. Ich war immer allein gewesen, immer in Verteidigungsstellung, und hatte die Menschen stets durch Furcht zur Treue gezwungen. Es war mir bewusst, dass sie mich verlassen würden, sobald sie meine Schwäche bemerkten oder anderswo einen größeren Vorteil witterten. Viele meiner Ängste wurzelten in diesem Wissen. Wäre nur *ein* Mensch da gewesen, von dem ich mit Sicherheit gewusst hätte, er würde mir treu zur Seite stehen, wenn die böse Krankheit mich schlug. Ein Mensch, der mich in diesen zunehmenden Perioden der Hilflosigkeit auch vor den Feinden am eigenen Hof schützen würde. Ein Mensch, dem ich mein Herz offenbaren könnte. Ein Mensch, der mich ganz einfach stark genug liebte! Ja, das war es, was ich dringend brauchte, ich sah es plötzlich aufblitzen. Geborgenheit, Sicherheit! Überall herrschte innerer und äußerer Widerstreit, überall war Ungewissheit, in Gegenwart und Zukunft. Ich verlangte nach etwas oder vielmehr nach jemandem, der beständiger, gesicherter, kostbarer als ich selber war. Sicherheit … Geborgenheit … Liebe … Waren diese Begriffe die Lösung meines Problems? Waren sie sinnverwandt? Ich hob den Kopf. Nach etwas verlangen, hatte für mich immer bedeutet, sofort auf seinen Besitz hinzustreben. »Es ist wahr«, sagte ich, »ich benötige diesen Menschen als einen beglückenden Verbündeten. Er muss gefunden werden!«

»Nichts kann gefunden werden, wenn es nicht in der rechten Weise gesucht wird«, bemerkte er ruhig.

Ich hielt in meinem Dahinstürmen inne. »Ich *will* ihn also sehen!« Er blieb still, ich blickte düster. »Du sagst nichts? Weißt du, wo er ist? Zeige mir doch den Weg zu ihm!«

»Ich habe dir bereits gesagt: Der Weg ist der Weg der Liebe!« Eine ungeduldige Geste entfuhr mir. »Aber was ich fühle, *ist* doch Liebe, was sollte es anderes sein? Ich brauche ihn, ich merke, dass ich nicht ohne ihn leben kann. Wenn du mir nicht sagst, wo er sich aufhält, werde ich die Welt zerschmettern, um ihn zu finden.«

»Liebe?«, wiederholte er und lächelte bitter. »Mein Sohn, du weißt nicht, was wirkliche Liebe ist. Aber deine Art von Liebe ist die beste, die du jetzt empfinden kannst, und deshalb nicht völlig zu verurteilen.« Er schüttelte sein Haupt. »Oh Pharao, wie blind, wie selbstbetrogen bist du in deiner Überheblichkeit und Eitelkeit! Wenn ich nicht deinen jetzigen Entwicklungsstand sehen und im matten Glanz jenes Liebesfunkens, von dem ich sprach, eine gewisse Hoffnung für deine Zukunft lesen könnte, würde ich dich wahrhaft jetzt zurücksenden.«

Als ich ihn fassungslos anstarrte, wies er auf einen Sitz an seiner Seite. »Komm hierher, ich will mich bemühen, die Dunkelheit deines Herzens zu erleuchten, indem ich dir erkläre, was Liebe ist, und welche Abgründe zwischen dir und ihr liegen.«

Ich kam und fühlte mich wie ein gescholtenes Kind. Mattigkeit war der vorigen Hochstimmung gefolgt. Ich fühlte auch wieder die schlimmen alten Schmerzen durch meinen Kopf jagen – Vorläufer eines glühenden Anfalls. Aber zum ersten Mal fürchtete ich mich nicht. Hier war ja kein Feind, der aus meiner Schwäche Vorteil ziehen könnte. So lehnte ich den Kopf gegen die Wand und schloss die Augen. Während seines Sprechens ließ der Schmerz nach; und bald war ich in einen so großen Frieden eingehüllt, wie ich ihn nie zuvor erlebt hatte.

»Während fast aller deiner Leben«, fing er an, »hast du diese Leidenschaft nach Macht in dir gehabt. Geblendet von Eitelkeit und Anmaßung, hast du nach nichts als nach Selbsterhöhung getrachtet. Wie dir gezeigt wurde, verbündetest du dich um dieser Ziele willen in Atlantis mit gewissen Elementargeistern, die – weil auf dem involutionären Pfad – ihrer Natur nach zu Trennung neigten und daher dem Menschen grundsätzlich von Schaden sind. Der Mensch, welcher darin verharrt, ihre zerstörerischen Strahlungen zu benutzen, arbeitet unbewusst daran, langsam die Kraft des UNIVERSALEN LEBENS in sich zu vermindern, statt sie zu verstärken, wie es der Menschheit bestimmt ist. Mit jeder Inkarnation verliert er daher an Vitali-

tät, seine Energien schwächen sich und seine Möglichkeiten zum inneren Wachstum rücken ferner. Geblendet von den aus diesen Kontakten stammenden Trugbildern, wird er auch jeder Erkenntnis beraubt, dass er durch das Weitergehen auf diesem ›Linken Pfad‹ schließlich der Vernichtung zutreibt.«
Ich saß mit raschen, ungleichmäßigen Atemzügen aufrecht da.
»Ja«, sagte er, mich gütig anblickend, »die Furcht, die dich dein Leben lang so unerbittlich verfolgt hat, ist eine indirekte Erinnerung. Freue dich, dass diese so beharrlich blieb! Es ist dein Glück, denn sonst wärst du wahrscheinlich nicht einmal von dem starken Wunsch erfasst worden, dich aus der Knechtschaft deiner selbstauferlegten Blindheit zu befreien. Du hättest niemals deinen Mangel wahrgenommen und wärest ohne Hoffnung geblieben, einmal jene Höhe zu erklimmen, wo die wahre Quelle der königlichen, göttlichen MACHT entspringt – die schöpferische, vereinigende KRAFT DER LIEBE, die Quintessenz alles strebenden Wissens und aller Energie, welche allein den Menschen befähigt, sich immer höher zu schwingen, bis er fast allmächtig ist. Du hast die Liebe geschmäht, aber in einem Leben rettete dich die Liebe, so wie sie schließlich alle erretten wird.«

Darauf schwieg er so lange, dass es mich dann zu sprechen drängte. »Wie hat sie mich errettet?«, fragte ich. »Was sind das für Ereignisse? Was geschah in jenen Verkörperungen zwischen damals – und jetzt?«

»Ich könnte sie dir zeigen«, erwiderte er, »aber was würde es dir nützen, jene verwüsteten, verdorbenen Existenzen nochmals zu sehen? Es waren Leben der Selbstversklavung und Dekadenz, Leben, in denen du, von Selbstanbetung besessen und für deinen wahren Zustand geblendet, immer tiefer sankst und dich in immer verkommeneren und wilderen Persönlichkeiten inkarniertest, bis du endlich kaum noch mehr als eine seelenlose Verkörperung all der üblen, zerstörerischen Süchte warst, die du in Atlantis erzeugt hattest. Diejenigen, welche auf

Grund gewisser Zusammenhänge, die du noch nicht begreifst, an dich gebunden waren und dich noch immer lieben, beobachteten dein Gleiten in den Abgrund, waren aber machtlos, dir zu helfen, weil nichts mehr in dir war, was auf die Schwingungen von Liebe und Wahrheit antwortete, die wir über dich ergossen. Aber kein Mensch wird aufgegeben, solange nicht alle Hoffnung tot ist; und zuletzt wurde es Shaballaz, den du einmal in einem voratlantischen Leben wahrhaft geliebt hattest, erlaubt, ein gewaltiges Opfer zu bringen, indem er sich bereit erklärte, in einem so groben Körper geboren zu werden, dass er dir auf deiner eigenen Ebene direkt begegnen konnte. Und von jener Persönlichkeit eines ausgestoßenen Paria, die er angenommen hatte, wirkte langsam – während seiner langen, elenden Inkarnation – ein ununterbrochener Strom von helfender Liebe auf dich ein. Dieser suchte jene Kruste von groben, dichten Atomen zu durchbrechen, die dich einkerkerte, damit das LICHT eintreten konnte. So wie jemand auf einen verlöschenden Feuerfunken bläst und ihn endlich zur Flamme entfacht, blies er stetig auf deinen matt glühenden Seelenfunken, den alle, die nicht mit den Augen der Liebe sahen, erlöscht genannt hätten. Und es gelang ihm! Denn in jener Inkarnation hast du, einem fast blinden Dankbarkeitsinstinkt gehorchend, dein Leben für das seine geopfert und – unbewusst – auch für dein eigenes wahres Leben! Wegen dieser Handlung war es möglich, dich nach deinem Tod auf eine höhere Stätte zu versetzen, statt dass du, wie es vorher dein Geschick war, augenblicklich in die niederste Astralregion stürztest, um dort zwischen grässlichen selbsterschaffenen Gedankenformen zu leben. Du kehrtest damals mit etwas Erinnerung an einen edleren Zustand zur Erde zurück. Diese Erinnerung blieb sogar in deinem damaligen Körper eines wilden Sklaven zurück und in dir haften. Das aufwärts führende Ringen hatte begonnen. Immer wieder wurdest du in deinem Suchen nach mehr Verständnis in eine andere Verkörperung gebracht – bis du endlich eine Stufe erreichtest, wo dir aufs Neue ein gewisses Maß von Verantwortung gegeben werden konnte. Kräfte, die dir entzogen waren, durftest du wieder anwenden, damit du geprüft und beobachtet werden konntest, wie viel du gelernt hattest. So wurdest du am Hof des Pharao geboren, aber durch eine Mutter, die dir jenes feurig unbarmherzige Erbe vermittelte, das ja noch ein Teil deiner Natur war – denn jeder Mensch ist immer das, wozu er sich selbst machte. Aber es gab da große Gefahren, denn das URGESETZ verlangt: Wenn jemandem eine Gelegenheit zum Gebrauch früherer starker Fähigkeiten gegeben wird, werden gleichzeitig alle Kräfte der Vergeltung gelöst, die mit jener Vergangenheit verknüpft waren. Darum haben all die zerstörerischen Energien, die du willentlich und missbräuchlich an dich geheftet hattest, deine jetzige Gelegenheit zur Machtausübung begleitet. *Dies* sind die Feinde, welche dich nun angreifen und so nahe an dich herankamen, dass sie schon fast Körper und Verstand vernichteten. Sie sind es, die zwischen dir und allem, was deine Seele begehrt, stehen – Liebe, Glück, Geborgenheit, Hoffnung auf wahren Fortschritt, Fähigkeit zum Nützlichsein in der Welt – bis du sie endlich beherrschst und unschädlich machst. Denn ehe ein Mensch nicht sich selber und seine eigenen Leidenschaften regieren kann, ist er zu nichts anderem als zu einem Diener geeignet.«

Als er geendet hatte, saß ich lange regungslos da und suchte nach einem Ausweg aus diesem Schlund von Finsternis, in den seine Enthüllungen mich gestürzt hatten. Jetzt begriff ich meine bisher unverständlichen Ängste, aber das Wissen darum verstärkte sie noch gewaltig. Mehr als je brauchte ich jetzt den Trost und die Stärke von Shaballaz, der mir für das alles ein Symbol geworden war.

Der Herrscher musste meine Gedanken gelesen haben. »Du erfährst am besten gleich, dass Shaballaz jetzt nicht erreichbar ist«, sagte er, »aber es könnte auch sonst keine Begegnung zwischen euch stattfinden, solange deine Schwingungen so grob und unrein bleiben wie gegenwärtig. Sie würden ihn schädigen und seine eigene Arbeit zerstören. Nicht öfters als einmal kann ein solches Opfer wie das seine gestattet werden. Es liegt nun an dir, Shaballaz wiederzugewinnen, indem du dich so intensiv läuterst, dass du eines Tages imstande bist, wieder an seiner Seite zu stehen. Dieser Tag kann nur erscheinen, wenn du die Feinde in deinem eigenen Wesen unschädlich gemacht hast. Sie sind sehr einflussreich und sehr mächtig! Vielleicht bist du zu schwach, einen solchen Sieg in diesem Leben zu erringen – sie könnten dich überwältigen.«

Diese Worte rührten an meinen Stolz, und augenblicklich stand meine ganze Natur in Waffen. Was? Sie wagten, mir im Weg zu stehen, diese nicht greifbaren Feinde? Sie wollten mich von diesem Menschen trennen, nach dem ich so verlangte – sie wollten mich zu Tode hetzen – am Ende in Verlassenheit und Wahnsinn treiben? Und sie wollten mir sogar noch über dieses Leben hinaus Glück, Macht und Liebe verwehren? Bilder zogen vor meinen Augen vorbei. Ich sah diese Feinde greifbar, mit höhnischen Gesichtern, und ließ sie die Gestalten all der Leute annehmen, die ich je gehasst und verachtet hatte.

Und wie immer angesichts einer Kampfsituation oder wenn mein Wille durchkreuzt wurde, fühlte ich jene glühende Leidenschaft einer zerstörenden Energie in mir aufbrausen, die mich mein ganzes Leben lang getrieben hatte – den roten Zorn, der jede Schranke durchbrach, jeden Widerstand zermalmte. Mein Kopf fing zu pochen an, und mein Herz schlug hart. Eine unheimliche Kraft strömte aus der Tiefe auf, bis es schien, als ob meine Glieder angeschwollen wären und die Energie von zehn Männern sie belebte. Jetzt jedoch war diese glühende Entrüstung nicht nach außen gerichtet, sondern nach innen, gegen meine eigene Schwäche, gegen diese geheimnisvollen Mächte in mir, denen es gelungen war, sich meines Bewusstseins, meines Körpers zu bemächtigen. War ich nicht mein eigener Herr und Meister? Ich sprang auf die Füße, böse Ahnungen und Furchtqualen waren vor diesem mächtigen Handlungsantrieb verschwunden. Hier gab es eine neue Welt zu bekämpfen, hier war ein größerer, stärkerer Gegner als die kriegerischen Stämme an Ägyptens Grenzen oder sogar der rote Seth selbst!

»Ich will sie besiegen«, rief ich laut, »sage mir nur, *wie* ich es anstellen soll, wie ich diese Barrieren niederreißen kann, die mich von meinen Sehnsuchtszielen trennen!«

»Ich kann dir nur sagen, wie du dich für die Schlacht vorzubereiten hast«, erwiderte er, »niemand kann den Kampf bestehen als du selbst. Aber ich möchte, dass du dein Unternehmen vorher kühl, im klaren Licht der Vernunft, im vollen Wissen beurteilst, nicht im Nebel der Leidenschaft.«

Ich wollte sprechen, doch er hob die Hand und sprach mit solcher Eindringlichkeit weiter, dass mein innerer Aufruhr dahinstarb, so wie Feuer unter dem Wasser verlischt.

»Es gibt zwei Pfade, auf denen die Menschheit ihrem Ziel entgegenreist«, sagte er. »Der langsame Weg, auf dem die Mehrzahl dahinwandert, ist sicher und relativ leicht zu gehen. Er nimmt Hunderte von Leben in Anspruch, benötigt aber auch lange Ruhezeiten in den Zwischenwelten. Auch die Bewusstseinsausdehnung geht nur langsam vor sich, wegen der schleppenden Veränderungen im atomischen Aufbau der Körper. Es gibt viel Freude auf ihm, weil die karmischen Ratenzahlungen nur langsam gefordert werden – aber auch eine große Menge unnötiger Leiden, da die so lang hingezogene Unwissenheit unvermeidlich immer neue Fehler und Leiden hervorbringt. Aber der zweite Weg, der immer bewusst, mit offenen Augen und durch einen entschlossenen Willensakt gewählt werden muss, ist von dem ersten sehr verschieden. Auf diesem steilen Pfad gibt der Mensch sich dem kühnen Abenteuer hin, den normalen Evolutionsprozess zu beschleunigen. Ihm wird kein müßiges Zögern mehr gestattet, seine Schulden werden ihm auf Schritt und Tritt aufgeladen, in seinem Leben häufen sich bittere Erfahrungen, damit er um so rascher lernen kann. Außerdem ruft er in einem Leben nach dem anderen all die Elementarwesen auf sich herab, die er in der Vergangenheit durch Magie oder ähnliche Verwirrungen missbraucht hat und wird gezwungen, unausgesetzt mit ihnen zu kämpfen, bis sie besiegt sind. Er ist bewusster als andere und empfindlicher für Gutes wie für Böses. Wenn jemand seine Füße einmal auf diesen Pfad gestellt hat, ist ein Sturz von viel schrecklicheren Folgen begleitet als sonst.«

»Ich will es tun!«, sagte ich trotzig. »Diese Kräfte sollen mir keineswegs in einem Leben nach dem anderen im Weg stehen. Ich will sogleich anfangen, mit ihnen fertig zu werden – jetzt, wo mein Geist ihre Vernichtung beschlossen hat!«

Er warf mir einen belustigt mitleidigen Blick zu, aber ich war so verzückt durch den Gedanken an alle Wunder und Heldentaten, die ich vollbringen wollte, so erregt durch die Aussicht auf Gefahren und neue Abenteuer, dass es mir kaum bewusst wurde.

»Lass mich noch heute anfangen!«, fügte ich hinzu. »Was wird von mir gefordert?«

»Die erste Notwendigkeit ist, dass du deine Feinde Auge in Auge siehst, da kein Mensch Unbekanntes bekämpfen kann.«

Ich lächelte grimmig. »Zeige sie mir, ich fürchte mich nicht.«

»Mein Sohn«, sagte er, »vergiss nicht, dass diese Gegner in dir sind – du hast dich mit ihnen identifiziert. Du hast keine Vorstellung von der entsetzlichen Gewalt der Kräfte, die durch Eitelkeit und Selbstsucht erschaffen werden; ganz besonders, wenn durch schwarze Magie viele Naturgeister bewusst beschworen wurden, diese Kräfte mächtig zu verstärken. Wenn ich sie dir unvorbereitet, wie du jetzt bist, vor Augen führte, würdest du sofort zerschmettert werden.«

»Was also dann …?«, fragte ich ratlos.

»Wenn du einwilligst, dich gewissen Reinigungsriten und Bußübungen zu unterziehen, die wahrscheinlich neun Monate dauern würden, kann dein Verlangen vielleicht erfüllt werden. Aber ich warne dich: Diese Disziplinen werden schon an sich eine Feuerprobe darstellen, welche wenige derart unbeherrschte und unstete Menschen wie du erfolgreich überstehen können.«

»Und wenn ich es ablehne?«

»Dann musst du unverzüglich zur Welt zurückkehren. Du wirst dann mit dem Wissen bewaffnet sein, was du hier bereits gewonnen hast, und kannst versuchen, dein weiteres Leben in Übereinstimmung damit zu führen.«

»Und unwissend über die Natur dieser Kräfte bleiben, die mich attackieren und über die Möglichkeit, sie zu bekämpfen?« Ich schüttelte den Kopf. »Nein, nein, ich bin schon zu weit gegangen, ich weiß schon zu viel – ich muss alles wissen – und siegen!«

»Ich kann dir keinen Sieg versprechen – nur eine Kenntnis von diesem Feind und vielleicht Waffen für den Kampf.«

Ich zuckte die Achseln. »Auf jeden Fall lasse mich im Angesicht meiner Feinde sterben, wenn ich umkommen muss.« Ich lächelte: »Aber das wird nicht geschehen!«

»Die Wahl liegt bei dir«, sagte er etwas ironisch. »Aber du hast etwas übersehen! Ich sagte, es würde neun Monate dauern. Während dieser Zeit wirst du keinerlei Berührung mit der äußeren Welt haben. Jedoch du hast dort bestimmte Verpflichtungen. Du bist der Pharao. Dort ist dein Thron und Ägypten.«

»Oh, Ägypten …« Ich winkte ab. »Was kümmert mich Ägypten? Es kann meine Rückkehr abwarten. Schließlich – was hat mir jenes Leben dort gegeben? Ich war seiner schon lange überdrüssig. Tatsächlich habe ich dort nur wenig Befriedigung gefunden, außer in der ersten Freude der Throneroberung.«

Er seufztc. Damals wunderte ich mich, weshalb! »So sei es denn, wenn das deine Entscheidung ist. Jedoch deine Diener könnten dich verraten, Ägypten könnte durch Streit und Hader zerrissen werden. Das Volk könnte in Leiden geraten – viele könnten zu Tode kommen.«

»Besser, als ich«, sagte ich rauh. »Ist meine Seele nicht mehr als Ägypten? Wenn ich meine Gesundheit und die alte Energie wiedergewinne, kann ich bald wieder Ordnung in jedes Chaos bringen, das meine Abwesenheit vielleicht verursacht. Ich traf alle Vorkehrungen, bevor ich hierher kam; und wehe meinen Untertanen, wenn ich dann entdecken sollte, dass sie mir ungehorsam waren! Es ist meine eigene Schwäche, die ich fürchte, nicht die Stärke meiner Feinde.«

»Du hast freien Willen«, sagte er gelassen. »Morgen also wird deine Disziplin beginnen.«

Neun Monate lang hielt ich mich in dem Felsentempel auf – allezeit in jenen dunklen unterirdischen Höhlen, worin die Mysterien vollzogen wurden. Der »Geheime Herrscher« hatte wahr gesprochen, als er mich vor dem Kommenden warnte. Ich, der niemals Disziplin oder Selbstbeschränkung gekannt hatte, stand sehr oft an der Grenze der Kapitulation, aber ein hartnäckiger Stolz hielt mich bei meinem Wort. Ich entdeckte bald, dass jedes Mal, wenn ich schwankte oder rebellierte, alles sofort durch heimtückische Machenschaften meiner heimlichen inneren Feinde verstärkt wurde, die dann meinen großen Entschluss zu untergraben versuchten. Oft bemächtigten sie sich auch meines Körpers und rissen durch Tobsuchtsanfälle an ihm. Jedoch ich blieb ein bewusster, von Entsetzen gebannter Beobachter selbst dieser furchtbaren Zustände, die so viele Menschen in die gnädige Zuflucht der Unbewusstheit sinken lassen. Doch ich wurde nie vollständig aus meinem Körper vertrieben wie früher. Stets blieb genug von mir anwesend, um zu beobachten, zu ringen und oft zu verzweifeln. Endlich geschah dann Folgendes: Er, der mich die ganze Zeit über belehrt hatte und für den ein starkes Gefühl in mir entstanden war, das wahrhaft Liebe genannt werden musste – so bewunderungswürdig fand ich seine Weisheit, seine Geduld und seine Stärke – rief mich wiederum in die »Höhle des heiligen Lichtes«, wo der große Kristall stand.

»Die Prüfungszeit ist vorüber«, sagte er, »du hast alles vollbracht, was dir hier und jetzt möglich war. Du musst in die Welt zurückkehren. Aber zuvor kannst du, wenn du willst, diese Feinde, welche dich in Ketten halten, klar und deutlich sehen. Aber ich warne dich nochmals, es ist immer noch möglich, dass du das nicht überlebst.«

»Muss ich auf jeden Fall zurückgehen?«

Er neigte sein Haupt.

»Und gibt es erst dann eine Chance, mein Ziel zu erreichen, wenn ich diese Wahrheit über mich gesehen habe?«

»Ja, erst dann. Einmal muss jeder Mensch den ›Hüter der Schwelle‹ sehen, der ihm den Weg versperrt. In diesem Zeitalter sind die Menschen nicht bereit, Auge in Auge mit ihrem selbstgeschaffenen niederen Ich, dem Abbild ihrer Vergangenheit, zu treten. Erst in einer Jahrtausende entfernten Zeitperiode wird das für alle möglich sein. Bis dahin wird der Mensch, dem langsamen Pfad folgend, seine niedere Natur mehr oder weniger *blind* bekämpfen. Du kannst das ebenfalls, du bist dem anderen Pfad noch nicht verpflichtet. Aber solltest du schon jetzt ernsthaft die künftige Schulungsmethode wählen, so warne ich dich wieder. Dies kann nur durch gewaltige Anstrengungen und um einen riesigen Preis geschehen. Diese Methode wird bereits von manchen Menschen befolgt, aber *du* wirst gut tun, damit zu zögern, ehe du so das Gesetz herausforderst.«

»Ich *muss* die Wahrheit wissen!«, sagte ich.

Sein Gesichtsausdruck wurde seltsam gütig. »Es ist gut, mein Sohn. Sie wird dir nicht verweigert werden. Gehe jetzt in dein Zimmer und ruhe aus vor der Feuerprobe!«

Ich weiß nicht, wie lange mein Schlaf währte, erwachte aber dann wie von einem heftigen Schock zurückgerissen. Ich war eiskalt und merkte entsetzt, dass ich nicht Hand oder Fuß bewegen und auch nicht meine Augen schließen konnte. Sie waren auf die Dunkelheit vor mir geheftet, welche eine sonderbare Transparenz angenommen hatte, wie die eines riesigen Spiegels. Ich trachtete, mich von dem trancehaften Bann zu befreien, der mich im Griff hielt. Während ich so hilflos lag, packte mich ein unbeherrschbares Entsetzen, denn ich nahm eine gespenstische Gestalt wahr, die sich – widergespiegelt in dieser finsteren Tiefe – langsam materialisierte. Sie ragte über mich hinaus und wurde so groß, dass sie bis zur Decke reichte. Zuerst war sie nur ein verschwommener Schatten, mit einem matten rötlichen Schein, aber bald begann sie an den Konturen in einem phosphoreszierenden Licht zu glühen; und ich entdeckte darin ein menschenähnliches Gesicht. Gleichzeitig wurde ich mir eines schrecklichen, üblen Geruches bewusst, der mich fast erstickte und mit dem Wachsen des Phantoms stärker wurde. Wie eine eklige Fäulnis strömte er von ihr aus. Die Züge wurden deutlicher, und plötzlich erkannte ich, dass dieses mit toten Augen auf mich herabstarrende Gesicht mein eigenes war – und doch nicht das meine; denn dies war eine so widerwärtige Larve, dass sie mich elend und fast ohnmächtig machte. Aus ihren Augen und Nasenflügeln und den gespaltenen Lippen sickerte ein grässlicher klebriger Eiterstrom hervor. Auch sah ich keinen Körper mehr, nur eine finstere Masse, die sich nach allen Richtungen ausbreitete. Überdies schien das Wesen blind, taub und stumm zu sein; doch bald bemerkte ich, dass es nur von *einem* Kraftzentrum belebt war – dem niedersten von allen – das sich in einem schleimigen, umgekehrten Kreis drehte, aber so zwingend, dass das ganze Phantom von seiner Kraft dirigiert wurde. Mit jedem Augenblick wurde die Erscheinung stärker; und nun nahm ich wahr, dass aus jedem ihrer Partikel winzige Fäserchen einer blutähnlichen Substanz flossen, die das Phantom eng mit mir verbanden. Nicht länger konnte ich der Wahrheit entfliehen. Mein eigener Atem floss durch jenes aufgedunsene Kraftzentrum. Der mich einhüllende üble Geruch war die Emanation seiner – und meiner Existenz. Das stumpfe Brummen, das mir seit dem Erwachen qualvoll in den Ohren gelegen hatte, war sein und mein Grundton. Dieses Wesen war ich selber – ein wirklicher Teil meiner Natur. Aber das war noch nicht alles! Während ich so gelähmt verharrte, bemerkte ich, dass das Gemach von kleineren »Gestalten« erfüllt war. Viele waren formlos, bloße rote Klumpen, von einem schwach pulsierenden Leben beseelt. Weiter sah ich kriechende Wesen, die nach stagnierenden Sümpfen rochen, schlangenhafte, sich windende Dinger aus grauem Licht mit bösen Augen und Blutelementale mit menschenähnlichen Formen. Eine riesige fahle Krabbe streckte ihre Fangarme nach mir aus; und ich wusste mit grausiger Sicherheit, dass ich diese in einem späteren Leben in mir aufnehmen und verarbeiten müsste. Aber am schlimmsten waren die ebenfalls anwesenden Astralkörper von Männern, Frauen und Tieren, die ich durch Magie umgebracht und deren Bewusstseinsträger ich dann versklavt hatte. Diese schrien laut, ich solle ihnen einen Körper zurückgeben und sie wieder mit dem Erfahrungswerkzeug versehen, dessen ich sie unbarmherzig beraubt hatte. Auch an sie war ich – ebenso wie an das grässliche Phantom – fest gebunden. Endlich begriff ich, was der »Geheime Herrscher« gemeint hatte, als er mir riet, noch zu warten, bevor ich mich für den »Pfad der Rückkehr« entschloss; denn diese Wesen – samt den zu bösen Dämonen gemachten Naturgeistern – standen mir im Weg, versperrten mir das erste Tor. Ich wusste, dass ich meine Schulden an diese Hüter der Schwelle anerkennen und sie zu zahlen bereit sein musste, ehe ich auf meinem Weg Erfolg erhoffen durfte.

Als dieser Gedanke mein Bewusstsein erfüllte, fing das große Gespenst an, sich wiegend zu bewegen und ließ sich wie eine aufgeblähte Wolke zu mir herab. Starres Entsetzen packte mich. Es war keine Furcht, wie ein Mann sie in der Schlacht kennt, auch nicht die Furcht vor Krankheit, Schmerz oder Tod, sondern eine andere, schlimmere Angst – so ungeheuerlich und ausweglos, dass sie unbeschreiblich war. Mein greller Aufschrei erfror in meiner Kehle. Ich kämpfte verzweifelt, aber vergebens. Es kam näher, jetzt hatte es sich herabgesenkt; und ich fühlte eine eklige Wärme an meinen erstarrten Gliedern heraufkriechen. Das Gesicht blickte in das meine, die toten Augen wurden immer größer und bohrender, das Brummen betäubte mich, der Geruch überwältigte mich. Ich wusste, was jetzt passierte, war aber machtlos, es abzuwenden: Das Phantom kehrte dorthin zurück, woher es kam – es wurde wieder zu meinem Ich. Ich muss wohl in Ohnmacht gefallen sein, denn nach Wiedererlangung des Bewusstseins waren meine Glieder frei von dem eisigen Griff. Elend und erschöpft lag ich da, jedoch der irrsinnige Schrecken im Gehirn trieb mich noch immer zu wilder Flucht. Aber wie könnte ich entfliehen vor diesem, was ich selber war? Entwiche ich zu den äußersten Grenzen der Erde oder zum entferntesten Stern, *dieses* würde immer bei mir sein. Könnte ich doch verschwinden, von niemandem mehr gekannt sein und von nichts mehr wissen!

Mit einer gewaltigen Anstrengung erhob ich mich und wandte mich zu dem Sitz, worauf meine Gewänder lagen. Ich ergriff meinen Dolch. Die Erinnerung auszulöschen, war meine einzige blinde Hoffnung! Denn das, was ich nun wusste, im Gedächtnis zu behalten – auch nur für eine Sekunde – hielt ich für den Weg des Wahnsinns.

Da – als ich gerade den Dolch an meine Kehle setzte, legte sich eine Hand auf die meine; und ich sah den »Geheimen Herrscher« an meiner Seite. Allen Stolz vergessend, fiel ich ihm zu Füßen und ergriff in äußerster Not sein Gewand, mit einer demütig flehenden Bitte:

»Lass mich sterben!«, keuchte ich. »Gib mir Vergessen! Dies ist mehr, als ich ertragen kann!«

»Du begehrtest unbedingt zu wissen, zu sehen«, erinnerte er mich.

»Ich war ein Narr, ein blinder, ruhmrediger Narr! Lass mich verschwinden, lass mich sterben! Ich habe keine Waffen, womit ich *dies* bekämpfen kann. Ich, ich … Wenn ich *dieses* bin, so erwartet mich ein unerträgliches Verhängnis. Lass mich ausgelöscht, vernichtet werden!«

Er berührte mein gebeugtes Haupt mit barmherzigen Händen.

»Hast du so rasch jenes *andere* Wesen vergessen, das du ebenfalls bist – die Herrlichkeit, welche du *in ihm* erlebtest, als wir zum ersten Mal miteinander sprachen?«

Ich schüttelte den Kopf. »Beides kann ich nicht sein! *Jenes* Licht strahlte ja nicht aus meinem Herzen, sondern aus dem deinen!«

»Doch du *bist* wirklich beides! Jenes Licht war die Antwort *deiner* Seele auf die *meine*, denn alle Seelen haben an der gleichen Essenz der ewigen LIEBE teil. Was du heute Nacht fühltest und sahst, gehört der Maya an. Jedoch diese Täuschungen sind auf den niederen Ebenen nur zu wirklich! Solange sie nicht vernichtet sind, ist kein Entweichen aus ihrer Herrschaft möglich. Der Tod würde dir nicht helfen, denn er ist nur das Tor zu einem anderen, ausgedehnteren Lebensbereich, wo vieles enthüllt wird, was dem Menschen im Physischen verborgen blieb. Wenn du deinen Körper eigenmächtig verließest, würdest du dich für lange Zeit des Beistandes derer berauben, die über den jüngst Gestorbenen wachen; und du würdest einfach bei vollem Bewusstsein in die Region geschleudert werden, wo jene üblen Wesen ihren Einfluss behaupten.«

»Was soll nun werden?«, rief ich aus. »Ich bin willig, sie zu bekämpfen, aber wie ist das möglich, da sie doch Teile meines Wesens sind? Und zwar viel mehr als jener andere wunderbare

Teil von mir, den du meine Seele nanntest, den ich aber nicht sehen, fühlen oder erkennen kann, und der deshalb nutzlos für mich ist. Was nützt einem Menschen, der in einem Verließ an Durst zu sterben droht, die Mitteilung, dass außerhalb seiner Kerkerwände Wasserbrunnen sprudeln?«

Ich lehnte mich gegen die Wand, erschöpft von den Gefühlserregungen. »Ich bin in Banden, ich bin hilflos! Wenn ich gegen dieses Schaurige ankämpfe, wenn ich während zahlloser Leben für meine Irrtümer büße, was wird es mir nützen?« Ich schlug mich an die Brust. »Was gewinne ich denn *jetzt*? Seligkeit gewiss erst nach tausend Jahren voll Marter und Qual? Vielleicht könnte es den Kampf wert sein. Was ich empfand, als du deine Magie auf mich anwandtest, war wundervoll, obwohl es schon wie ein Traum verblasst ist, aber es war nur ein Seelenzustand. Was ich ersehne, sind greifbare Dinge ...« Ich starrte ihn weiter schwermütig an. Ich war gefangen, gefangen! Ich konnte an nichts anderes denken. Viele Leben des Kampfes. Zeitalter des Leidens, und kein Weg, dem ein Ende zu machen? Oh ja, es gab mindestens einen Weg: Immer mehr Kampf und immer mehr Leiden, aber das reichte wahrlich, um einen Menschen in den Irrsinn zu schicken! »Höre auf zu kämpfen«, sprach es dumpf in mir, »suche nur die Vernichtung, du bist schon zu weit gegangen, keine Seligkeit ist diesen Preis wert.« Aber Vernichtung? Wieder erweckte dieses Wort jene Legionen von Qualen der Furcht in meinem Geist. Ich erinnerte mich alles dessen, was ich in diesen vergangenen Monaten gelernt hatte, und warum ich hier war. Nein, es gab kein Entrinnen. Ich lachte und presste meine zitternde Hand gegen die Stirn. »... und ich erwartete von dir, dass du mir Wissen geben und den Schlüssel zu Macht und zu Glück in die Hände legen würdest.«

»Ich habe dir Wissen gegeben«, sagte er, »ich zeigte dir den Weg zu jener Stätte, wo der Schlüssel zur Macht verborgen ist.«

»Du hast mich vernichtet!«, antwortete ich.

Für eine Weile war alles still; und in diesem Schweigen kehrte die Erinnerung an Atlantis zurück. Ich hatte *das* auch damals zu jenen Priestern gesprochen, die mich verurteilt hatten. Das Rad hatte sich wahrlich im Kreis gedreht. Würde es immer so sein? Wurde ein Mensch immer zu demselben Punkt, zu demselben Problem zurückgebracht – bis er sich durch ganz besondere Anstrengungen endlich davon befreite? Cheor hatte nun einmal den heimtückischen Stimmen der schwarzen Magie Gehör geschenkt. Er hatte das GESETZ herausgefordert …

Ich kam von der Wand zurück und drehte meinen Dolch in der Hand.

»Ja, was nun?«, fragte ich.

Er legte mir die Hand auf den Arm. »Mein Sohn«, sagte er, »erkennst du denn nicht, dass immer das Alte zerstört werden muss, um Platz für ein Neues zu schaffen?«

Ich lächelte grimmig und schüttelte den Kopf. »Ich beklage mich nicht, du hast in der Tat dein Versprechen gehalten. Ich bin in meine eigene Schlinge gefallen! Was nun?«, fragte ich.

»Du kehrst zu deinem Thron zurück.«

Ich zuckte todmüde die Schultern. »Was würde mir das nützen, da ich doch in meinem Forschen erfolglos blieb. Ich kann hier ebenso vernichtet werden wie dort.«

Da zog er mich zur Tür. »Komm mit mir, es gibt noch mehr für dich zu sehen, ehe du gehst.«

Wir standen wieder in der Höhle des Kristalls. Ich blickte ihn besorgt an und fragte mich besorgt, was für neue Schrecken jene geheimnisvolle Oberfläche bergen könnte.

Er wendete sich um und sprach mit tiefem Ernst:

»Ich erkenne, dass du noch nicht ganz verstanden hast, weswegen du hierher zum Lernen kamst. Oh Pharao, als du den Thron von Ägypten bestiegst, schworst du einen feierlichen Eid, dieses Land der hohen Götter zu beschützen. Schau hin!« Und er wies auf den Kristall.

Ich schaute – und die Spiegelfläche war in wildem Aufruhr. Zuerst sah ich nur Rauchwolken und Ströme von Blut, dann bemerkte ich langsam aus der allgemeinen Verwirrung Fußsoldaten heranrücken, die unter Schauern von Pfeilen umsanken. Ich sah große Tempel in Flammen aufgehen. Tiefbestürzte Gesichter zogen vorbei, die ich kannte: Meine Kommandeure, blutbefleckt und verzweifelt, meine Generäle und Anführer, vor Barbarenhorden fliehend. Ich sah Ägypten in Trümmern und all meine Arbeit zerstört. Dann wurden die Bilder klarer und präziser. Ich sah auch Re-shep-sut und wusste, dass alle ihre Eide sich als nutzlos erwiesen hatten. Net-Ka war gestorben; und Re-shep-sut hatte – im Versuch, den Geist ihrer jenseitigen Schwester zu beschwören, um von ihr die geheimen Lehren zu erfahren – wieder den Beistand der üblen Zauberinnen gesucht, die im Tempel des Seth wohnten. Ich sah sie immer mehr unter deren bösen Einfluss fallen, indem sie auch aufhörte, Besiurt zu folgen, seinen Rat verwarf und sich über seine Prophezeiungen lustig machte. Ich sah, wie sie sich Liebhaber unter niedrigen Sklaven nahm und durch ihr ausschweifendes Leben und ihre öffentlichen Greuel Schande über den heiligen Thron von Ägypten brachte. Ich sah, wie das Volk – endlich zur Empörung gereizt – an die Priester des RA appellierte, und wie Re-shep-sut darauf meinen ärgsten Feinden geheime Angebote machte. Dann beobachtete ich, wie Besiurt sie von der höchsten Stufe des Tempels aus verfluchte und sah sie fliehen – eine gebrochene Paria. Einen Augenblick wurde mir ihr verzweifeltes Gesicht sichtbar, wie es unter dunklen Wassern versank. Rasend wandte ich mich um – neu erweckt für die Wirklichkeit eines Lebens, das ich fast vergessen hatte. »Ich bin verraten worden«, schrie ich, »und die Barbaren haben die Grenzen durchbrochen!«

»Es ist kein anderer Verräter da als du selbst«, kam seine ruhige Antwort.

»Welches Recht hattest du, deine Verantwortlichkeiten auf Schultern abzuwerfen, die zu schwach für ihr Gewicht sein mussten? Du allein zogst dieses Unheil herab. Du hattest zwei Wege zur Wahl – ich durfte dich nicht zu einem davon nötigen, aber denke daran, dass du in deinem blinden Stolz sagtest: »Ist meine Seele nicht mehr wert als Ägypten?« Er stand nun hoch und streng vor mir und glich in jenem Moment dem unerbittlichen Gott der Gerechtigkeit – THOT. »Was gilt das Wohlbefinden einer Menschenseele, verglichen mit dem von Tausenden, die diesem Menschen vertrauen? Auf dir liegt jetzt auch die Schuld von unerfüllter Pflicht. Du begehrtest und erlangtest Macht, dann sahst du sie von dir gleiten und kamst hierher, in der Hoffnung, zu erfahren, wie du deine Position halten könntest. Nun hast du das jetzige Ägypten gesehen und auch auf dich selber geblickt. Wagst du noch immer zu behaupten, du seiest für Herrschergewalt geeignet? Meinst du, die Geschicke Ägyptens sollten weiter jemanden wie dir anvertraut werden – einem Menschen, der sein Land verlässt, nur um sich von seinen eigenen Leidenschaften zu befreien, die er nicht regieren kann!«

»Ja, aber wieso?«, entgegnete ich zornig bestürzt, »sollte ich denn *nicht* danach getrachtet haben, diese Selbstbeherrschung zu erlernen?«

»Die eigene Pflicht zu erfüllen, ist meist der einzige Weg, Stärke und Selbstbeherrschung zu gewinnen«, bemerkte er nüchtern. »Wärest du bereit gewesen, dein eigenes Wohl für dein Land zu opfern, hättest du einen solchen Entwicklungsschritt getan, dass du dir viel größere Hilfe und Erleuchtung verdient hättest, als mir jetzt gestattet war, dir zu gewähren. So, wie die Sache jetzt steht, hast du dir nur neues böses Karma geschaffen, welches du eines Tages zu sühnen haben wirst.«

Da rief ich verzweifelt aus: »Es scheint, dass alles falsch ist, was ich auch beginne!«

»Weil du noch immer von den Kräften deines niederen Ich regiert wirst, mein Sohn, und noch immer nicht die Stimme der Weisheit erfassen kannst, selbst wenn sie deutlich zu dir spricht!« Und plötzlich stürmte die ganze Tragweite seiner

Worte auf mich herab. Vorher war mein Denken wahrhaft verwirrt gewesen. Jetzt sah ich in einem flammenden Erleuchtungsblitz alles klar vor mir. Vielleicht, weil die Mauern, die ich gegen meine Ängste errichtet hatte, in jener Nacht wie nie zuvor erschüttert wurden. Dieser neue Beweis meiner eigenen Blindheit und Unzulänglichkeit beendete nun das Werk, was die »Feuerprobe« begonnen hatte. In diesem Augenblick erkannte ich mich endlich – nicht mehr als stark, als Schrecken erregend und selbstsicher, sondern als schwach, hilflos und allein. Eine Entsetzenswoge nach der anderen brach über mich herein: Furcht vor der Vergangenheit, Furcht vor der Gegenwart, Furcht aber hauptsächlich vor jener unvorstellbaren Zukunft. Fort und fort in meiner Falle im Kreis herum zu irren, aus Unwissenheit in Fehler zu stürzen, die wiederum von der Weisheit trennten – kein Entkommen! In diesem Zustand fortgeschickt zu werden zu immer neuen Versuchen, weiterzukämpfen, verfolgt von diesem Wissen – das schien mir unmöglich!

»Ich kann nicht zurückgehen«, rief ich laut. »Es ist ja wahr, ich bin nicht tauglich zu führen, zu regieren! Lass einen anderen meinen Platz einnehmen, ich werde gewiss wahnsinnig werden und alle mit ins Verderben reißen!«

»Du musst zurückkehren. Niemand als du kann all das Verkehrte, all das Unrecht, das du begingst, wieder in Ordnung bringen.«

Ich schaute in seine Augen; und plötzlich fand ich mich zu seinen Füßen liegen: »Führe mich, hilf mir, zeige mir den Weg! Allein kann ich nichts verrichten. Ohne dich, mein König, bin ich gänzlich verloren!«

Er legte mir die Hand auf die Schulter: »Mein Sohn«, sagte er mit einer Stimme voll Barmherzigkeit, »fürchte nichts, du wirst niemals allein sein! Zum ersten Mal in deinen Verkörperungen hast du jene Demut gezeigt, welche die Vorbedingung alles wahren Fortschrittes ist; und durch diesen Herzenswandel gibst du uns das Recht, dich künftig belehrend zu führen. Denn wir können keinem Menschen die notwendige Hilfe gewähren, solange er seinen Mangel nicht offen bekennt. Von nun an werden wir dir stets zur Seite stehen. Obwohl du – durch deine großen Beschränkungen geblendet – noch für viele Inkarnationen nicht direkt von unserer Obhut wissen magst, wird sie dich doch nie verfehlen. Du hast uns dein inneres Herz geöffnet; von nun an werden unsere Stimmen dir in allen großen Krisen hörbar sein. Kein Mensch, der uns anruft wie jetzt du, wird jemals abgewiesen oder aufgegeben. Du wirst siegen!«

Er setzte sich auf die Steinbank; und ich, noch immer betäubt und erschüttert, stolperte auf die Füße und sank an seiner Seite nieder. Trotz der erlebten niederschmetternden Gemütsbewegungen fühlte ich mich nun seltsam ruhig und friedvoll. Ich hatte mich ja in *seine* Hände gegeben, hinfort sollte er mich leiten. »Siegen?«, wiederholte ich. »Meinst du, dass ich von diesen grausigen Phantomen von Amenti befreit werden kann?«

»Ja, ich weiß es«, sagte er, »und ebenso, dass du dein Ziel erreichen wirst.« Da sah ich plötzlich eine strahlende Helligkeit von ihm ausfluten. Ich seufzte tief und überließ mich diesem geheimnisvollen, wunderbaren Einfluss. ER war meiner Rettung sicher, daher konnte auch ich voller Zuversicht sein!

»Ich weiß es«, wiederholte er, »weil das letzte Ziel jedes Menschen das Ziel des ALL-LEBENS selber ist. Niemand kann wirklich der Liebe entfliehen, ebenso wenig wie er den Früchten seiner Missetaten entkommt. Die Liebe ist stärker als der Hass. Sogar die Vernichtung, welche du fürchtest, kann lediglich bedeuten, dass ein Urfunke der EINEN FLAMME sich zeitweilig verfinstert. In irgendeinem Schöpfungssystem wird jeder Menschengeist seine volle, herrliche Bestimmung erfüllen, wenn dies auch zuweilen verzögert wird; denn niemand lebt für sich allein, alle sind ausgesendete Strahlen jener mächtigen URGOTTHEIT, die jenseits aller menschlichen Vorstellung ist. Jedoch solche Verzögerung bedeutet viel Leiden, denn sie widersetzt sich dem Strom des Ewigen Lebens, der die gesamte Schöpfung unaufhaltsam der Erfüllung des göttlichen Willens entgegenträgt.«

Er hielt inne und beantwortete meine unausgesprochenen Gedanken:

»Mein Sohn, bilde dir nicht ein, dass dein Ringen und dein Forschen von einmaliger Art sei! Du teilst Ringen und Forschen mit allen Menschen, und ebenso dein Ziel. Als du hierher kamst, gab ich dir für Augenblicke eine Vorahnung von jenem rechtmäßigen Erbe der Menschen – von jenem Zustand immerwährender glückseliger LIEBE, den auch du eines Tages erlangen wirst. Ich zeigte ihn dir, aber er ist jetzt verblasst, und meine Worte darüber werden dir kaum etwas bedeuten; du kannst nicht hoffen, sie auch nur zu begreifen. Aber jedem Menschen wird stets in gewissen Entwicklungsstadien eine Vision gewährt und ein Ziel gewiesen – derart, dass dieser Eindruck unauslöschlich bleibt. Es liegt dann an ihm, auf dieses Ziel hin zu arbeiten, bis er für eine weitere, kostbarere Offenbarung bereit ist. So wandert er von Stufe zu Stufe; und während seines Fortschreitens erhöht sich seine Vision. Sie wird immer lebendiger und deutlicher, je mehr er nach Weisheit ringt und zu klarerem Verständnis über diesen tief verborgenen Urzweck der Seele gelangt.«

»Es ist wahr«, sagte ich, »ich kann wahrhaft nicht mehr verstehen, wie ein Mensch sich mit seinem kläglichen Zustand zufrieden geben kann, auch wenn das ihm gewiesene Ziel noch unbegreifbar erscheint! Aber was dein Versprechen anbelangt, vergessen wir, dass der Tod bald den Vorhang niederziehen wird und beim Erwachen zu einem neuen Leben diese alten Feinde mich wieder belagern werden, denn ich weiß nun, dass ihr Niederzwingen mehr als ein Leben beanspruchen wird. Doch ich werde dann aufs Neue blind und verirrt sein und mich vielleicht nicht einmal erinnern, dass ein Ziel *vorhanden* ist. Ich werde nicht wissen, dass du zur Hilfe an meiner rechten Seite stehst. In diesem Leben kann deine Zusicherung mir gewiss den Mut zum Weiterkämpfen geben – aber nachher? Was dann?«

Er schüttelte sein Haupt: »Du wirst nicht *wirklich* vergessen! Die Art und Weise, unter der die Vision deinem innersten Herzen gegeben wird, kann allerdings verblassen und von den wechselnden Formen der illusorischen Welt, in der du lebst, verdunkelt werden. Aber ein Traumbild, ein entzücktes Ahnen – wie von einer verlorenen Vollkommenheit – wird stets zurückbleiben. Alle Menschen, lieber Sohn, ›erinnern‹ sich vage und schattenhaft ihres verlorenen königlichen Erbes – jener Seligkeit und Vollkommenheit, welche die ewige Natur ihrer Seelen ist. Jedoch in denen, die irgendwann direkt ihrer niederen Natur gegenübergestanden haben, ist dieses innere Ahnen viel lebendiger, das Ringen zwischen Höherem und Niederem viel schärfer, die Sehnsucht nach Befreiung viel stärker. Da sie ihren Mangel so tief erkennen, suchen sie Leben für Leben glühend nach dem Ideal. Sie nennen es bei vielen Namen, ihrer Wissensstufe und Wesensart und ihren Fähigkeiten entsprechend. Manche nennen es Glückseligkeit, manche Geborgenheit oder Frieden, manche Gottesvereinigung, manche alles durchdringendes Wissen, manche Sieg. Der Name ist belanglos, alle solchen Ideale sind nur Reflexionen von der wirklichen göttlichen Vollkommenheit. Nur lange Erfahrungen belehren die Menschen, die Schlacke vom Gold, Vergängliches von Unvergänglichem zu unterscheiden. Wichtig ist nur, dass der Mensch der echten Vollendung zugetrieben wird. Du wirst machtvolle Kräfte spüren werden, denn du hast die Wahrheit verlangt, du hast dein Geschick herausgefordert. Dies erwartet dich in der Welt hinter diesen Mauern, in die du nun zurückkehren musst.

Weise Taten tragen Früchte ebenso wie törichte; und die Erinnerung an das, was dir hier entgegentrat, wird dir folgen, sie wird dich heimsuchen, dich inspirieren, sie wird dich weiterlocken wie eine Fata Morgana – bis zu jenem Tag, an dem du in dir selbst die herrliche Wahrheit erblicken wirst, welche dich langsam frei macht, weil du dann einen Spalt in die Trennungswand geschlagen hast, die dich von jener Wahrheit entfernt. Von diesem Tag an musst du dann auf der ›Straße des Lebens‹ jenem fernen Ziel zuschreiten. Aber vergiss nicht, dass du deinen eigenen Weg schaffst. Du *bist* der Weg. Alle guten und bösen Kräfte warten darauf, dir zu dienen, wenn du sie richtig anrufst; aber du musst die ewigen Formeln der Anrufung erlernen. Nichts wird dir verweigert als das, was du dir selbst verwehrst. Verlangst du nach Freunden oder liebenden Menschen, dann *gib* Freundschaft und Liebe, und sie werden sich um dich scharen. Gib Dienste, und es wird dir gedient werden. Versuche, andere zu heilen, und deine eigenen Leiden werden sich bessern. Wenn irgendetwas dir verweigert wird, so spende gerade davon freigebig anderen, die sich danach sehnen; und schließlich wirst du durch dein Geben empfangen. Wenn die Welt dich schlecht zu behandeln scheint, so schaue, mein Sohn, sorgfältig in dein eigenes Herz – du wirst sicher darin etwas finden, was der Welt feindlich gesinnt ist! Beklage dich nicht über deine Erfahrungen, wie bitter sie dich auch berühren mögen! Nutze sie lieber, wende sie zum Positiven, denn nichts kommt zu einem Menschen, was er nicht zu seinem Segen umwandeln könnte. Schau, wie wohltätig deine gegenwärtige Krankheit sich dir erwiesen hat! Wärest du stets gesund und stark, selbstsicher und ohne Ängste gewesen, hättest du nie nach mir gesucht und niemals all das Kostbare gelernt, was du nun in deinem *innersten* Wesen immer wissen wirst. Oft zieht der zufriedene, relativ glückliche Mensch den wenigsten Gewinn aus seinem Leben, denn er neigt dazu, behäbig zu bleiben. Du aber halte stets jene göttliche Unzufriedenheit in dir wach, welche dich zum Erreichen immer neuer Ziele vorwärts drängt! Strebe deshalb auf ein Ideal zu – auf das höchste, das du erfassen kannst! Eines Tages werden deine Augen sich öffnen, und deine unzähligen Erfahrungen werden dich zu freudigem Verständnis gebracht haben. Wenn du dann jenen hohen Zustand erreichst, wenn du in deinem eigenen Herzen diese Wahrheit, diesen Frieden, diesen Quell von immerwährender Inspiration, von Freude und Seligkeit findest – wenn du die letzte Schranke durchbrochen und dich durch einen Akt willigen Opfers mit DEM vereint hast, was du in Wahrheit bist – mit dem GEIST DER LIEBE, den manche Menschen GOTT nennen und andere als jenseits eines Namens kennen – dann wirst du tief erkennen, dass kein Ringen vergeblich gewesen ist, kein Irrtum beklagenswert, keine Erfahrung nutzlos und kein Leiden eine Verschwendung von Kraft.

Der Mensch, welcher seine Fesseln abgeworfen und diese selige Vereinigung mit GOTT und allen Wesen gekostet hat, leidet nicht länger an den Beschränkungen der vorigen Stufen. Er kennt keine Furcht, denn sie setzt eine Bedrohung voraus; und wie kann der bedroht sein, welcher eins mit allem LEBEN ist? Schmerz und Unglück erschüttern ihn nicht. Die Freude, welche unablässig aus jenem gewaltigen Urquell der LIEBE in ihm aufwallt, an dem er nun teilhat, hält ihn in jeder Situation aufrecht. So wie ein Mensch auf die nötigen Schulungen seiner Kindheit zurückblickt, wirst du, mein Sohn, an jenem Tag auf die vielen Leben hinter dir zurückblicken. Wenn du dann einmal zum Status eines ›Vollkommenen Menschen‹ herangewachsen bist, wirst du endlich absolut mächtig und sicher vorwärtsschreiten – fähig, jede Rolle in dieser Welt oder jenseits von ihr zu spielen. Doch das ist dann belanglos, denn alle Welten und alle Daseinszustände sind für den Menschen gleich, der seine eigene Göttlichkeit gefunden hat.«

Am nächsten Morgen, noch vor Sonnenaufgang, brachte der »Geheime Herrscher« mich zum Eingang der großen Höhle, die in die Wüste führte. Und jetzt, als die Trennung bevorstand, wurde es mir erst völlig bewusst, was dies für mich bedeutete. Ich fühlte mich wie ein verlorenes Kind. Wir standen Seite an

Seite und schauten zu dem entfernten Horizont hin. Er hob seinen Arm: »Dort drüben liegt deine Stadt, oh Pharao.«

Ich fiel auf die Knie vor ihm und zog den Saum seines Gewandes an meine Lippen. »Mein Meister, dort drüben ist der Tod – hier ist mein ganzes Leben. Sende mich nicht allein in diese Verbannung! Gewähre mir wenigstens die Gnade, dass ich dich wieder sehen und sprechen darf!«

»Mein Sohn«, sagte er, und die Musik seiner Stimme und die Beseligung seiner Gegenwart ließ einen großen Frieden auf mich sinken, »es ist kein Tod – es ist das Leben, denn es ist der Beginn zum ›Pfad der Rückkehr‹! Es gibt auch keine Verbannung für den Menschen, der in der Wahrheit wandert und keine Trennung für die, welche durch die Bande der Liebe miteinander vereint sind. Zwischen *unseren* Seelen wird es nie mehr eine Trennung geben. Es liegt an dir, dich mit deiner ewigen Seele zu vereinigen, denn ehe du nicht gelernt hast, schweigend ihrer Stimme zu lauschen, ehe du nicht wenigstens ein Echo von jener Musik auffangen kannst, in welcher du und ich gemeinsam zu Hause sind, musst du tatsächlich scheinbar in Verbannung und Einsamkeit wandern. Du wirst mich nicht wiedersehen, bis du an einer anderen Station deiner langen Reise angelangt bist. Und wenn du diese Station erreicht hast, wirst du es nicht nötig haben, mich anzurufen – ich werde da sein. Aber ehe du für das, was ich dir dann zu geben habe, aufnahmefähig bist, ist es nötig, dass du mindestens den größten Teil der Macht niedergebrochen hast, welche jene Elementargeister von Atlantis über deinen Geist und Körper besitzen; und dass deine Aura in hohem Maß von ihrem Einfluss und ihren Ausstrahlungen gereinigt ist. Nun schreite voran! Schwer ist die auf dir lastende Aufgabe, ich sehe Finsternis und Blut über Ägypten. Du wirst all deine Stärke nötig haben, um die Oberhand zu gewinnen. Hinter den Palmenbäumen wirst du eine Schar von Bogenschützen und eine Sänfte finden. Nimm dein Zepter wieder auf, das du niederlegtest, und bringe Ägypten den Frieden, bevor dein Leben endet!«

Ich stand langsam auf. »Das wird nicht lange dauern«, sagte ich.

Er hielt mir seine Hand hin, und darin lag ein kleiner brauner Skarabäus, in einen Ring gefasst. »Diesen habe ich für dich magnetisiert. Trage ihn immer – lasse ihn auf deinem Herzen ruhen, wenn du in die Grabkammer eingehst! Eines fernen Tages wird deine Mumie geplündert werden; und dadurch wird der Skarabäus schließlich zu dir zurückkehren. Jene Zeit ist noch weit entfernt, aber wenn du ihn dann wieder auf deinen Finger steckst, wirst du mit diesem jetzigen Augenblick zurückverbunden werden. Wenn das geschieht, wirst du mich wiedererkennen.«

Er segnete mich. Ich schaute in seine Augen; und jetzt brachte der mächtige Strom von Liebe, der aus ihm in mein Wesen einflutete, ein starkes Gefühl von Fröhlichkeit, von Macht, von herrlicher Gewissheit mit sich.

Nach einigen Schritten wandte ich mich um und hob den Arm zum Gruß. Als ich das tat, stürzten die ersten Strahlen der aufgehenden Sonne vom Rand der Wüste empor und erleuchteten seine hoheitsvolle Gestalt – bis es schien, als sei sie in einer goldenen Flamme aufgegangen. Ich steckte den Ring auf meinen Finger. Er gab mir Hoffnung. Dann wandte ich mich der Sonne entgegen und schritt vorwärts – dem Pfad der Rückkehr entgegen.

Der Pfad der Rückkehr … Noch lange, nachdem diese Vision aus einer uralten Vergangenheit verblasst war, blieben diese Worte und ihre Tragweite in meinem Gemüt. Ich wusste nicht, in welcher Periode der ungeheure Zeiträume umfassenden Geschichte Ägyptens dieses Leben stattgefunden hatte. Doch nahm ich an, es müsse während einer der späteren Zeiten von dynastischen Veränderungen gewesen sein – auf jeden Fall aber vor Jahrtausenden.

Was aber hatte ich wohl in der langen Zwischenzeit getan, um so lange auf jenem Pfad gesäumt zu haben? Mein Fortschritt muss erschreckend langsam gewesen sein. Aber ich konnte mich ein wenig mit dem Gedanken trösten: Einige jener atlantischen Kräfte müssen in dem langen Intervall umgewandelt, einige der Barrieren niedergebrochen worden sein, da ja der Skarabäus jetzt auf meinem Finger steckte und der LEHRER wiederum an meiner Seite stand. Jedoch bei dem Nachdenken über jene Jahrtausende, die zweifellos von endlosen Fehlern und Rückschlägen erfüllt waren, wurde ich von schmerzlichem Bedauern überwältigt – nicht nur wegen der Verschwendung der vielen Zeit, sondern auch wegen des armseligen Ergebnisses, mit dem ich jene im »Tempel der Felsen« für mein so unwürdiges Ich unternommenen Anstrengungen entgolten hatte. Aber ebenso war ich auch von demütiger Dankbarkeit erfüllt bei der Überlegung, dass so hohe Wesen wie mein »Lehrer« sich um so wenig entwickelte Menschen kümmern, wie ich es damals war und auch heute noch bin.

Meine Selbstschmähungen wurden beantwortet, als mir endlich wieder der Zugang zu Seiner Gegenwart gestattet wurde; und im Rhythmus jener mir vertrauten und so sehr geliebten Schwingungen eingehüllt, wurde sogar mein Zorn gegen mich selbst etwas beschwichtigt. Kein Ärger oder Hass konnte sich ja lange in jener wunderbar tiefen Ruhe erhalten, die er ausstrahlte.

»Verschwende nicht Zeit und Energie, indem du Vergangenes bedauerst«, sagte er, »suche es lieber zu begreifen! Studiere es, wenn dir die Gelegenheit geboten wird – nicht gefühlsbetont, sondern eher so, wie ein Wissenschaftler sich um die zu einem Experiment nötigen Bestandteile bemüht. Alle Lebenserfahrungen stellen ja nur das Material dar, das von der Seele in ihrem Bestreben benutzt wird, sich ein gutes Ausdrucksinstrument zu schaffen. Hat der Mensch das einmal verstanden, wird er einsehen, dass seine Hauptaufgabe darin liegt, sich viel bewusster für die Zukunft vorzubereiten als je zuvor.

Heute stehen die Menschen wieder im Begriff, die Bedeutung einiger Grundgesetze der Natur zu erforschen. Sie anerkennen die ungeheuren Energien des Denkens, und dies kommt einer Wiederentdeckung der Magie gleich. Der Mensch ist zwar geneigt, wenn er auf die Magie von Atlantis, Ägypten oder auch nur auf die des Mittelalters zurückblickt, dieses als etwas Legendäres und Phantastisches zu betrachten, dem die Menschheit eigentlich entwachsen ist. Aber man kann nicht einem der fundamentalen Schöpfungsgesetze entwachsen! Magie ist das Benutzen der mächtigen, schöpferischen Energie, die latent in allen Naturkräften liegt, und die durch richtiges Wissen, richtiges Denken und richtigen Willen gehandhabt werden kann. Die Menschen vergessen, dass jedes Zeitalter sich unter *seinen* Bedingungen ausdrücken muss. Jeder Mensch, der präzise und eindringlich seine Denkkraft benutzt, ist ein Magier – weiß oder schwarz, je nach dem hinter seinem Denken stehenden Zweck. In der Vergangenheit benutzte der Mensch seine magischen Fähigkeiten durch Anwendung von religiösen und zeremoniellen Riten. Jetzt aber tut er es durch Reklame, Bücher, Zeitschriften, Rundfunk, Kino und das Fernsehen. Die magischen Waffen unseres Zeitalters sind in erster Linie das Wort und das Bild. Betrachte sorgfältig die Suggestivkraft, welche jene Massenmedien besitzen, um die empfänglichen Gemüter der Menge zu formen! Diese Methoden mögen nicht so dramatisch oder augenfällig sein, aber da jetzt alle Menschen durch die technischen Mittel näher zusammenrücken als je zuvor, zeichnet sich diese neue Magie noch machtvoller ab. Menschen, die durch diese technischen Massenmedien ihre ahnungslosen Zeitgenossen bewusst täuschen und betrügen, um habgieriger oder geltungssüchtiger Zwecke willen, oder speziell die Jugend durch stark niederziehende Suggestionen verderben, sind auf ihre Weise ebenso gefährliche schwarze Magier wie die, welche in alten Tagen böse Gedankenformen schufen und Naturgeister hineinbannten, die ihnen dienstbar wurden. Durch ein solches Vorgehen werden ihre Mitmenschen fortwährend aufs schwerste seelisch und körperlich geschädigt. Die heutigen Missetaten erschaffen ebenfalls zerstörerische Gedankenformen; und je stärker die zur Entwicklung einer solchen Idee angewandte Energie, desto mächtiger wird die von ihr geprägte Form. Ebenso entdeckt der Mensch gegenwärtig wiederum, wie er die Elemente in sein Joch spannen kann; und Menschen, die solche Kenntnisse bewusst benutzen, um Zerstörungsmittel zu erfinden, wie Giftgas, Todesstrahlen, hochexplosive Sprengstoffe oder Atombomben, erschaffen ähnliche fürchterliche Elementarkräfte auf den inneren Ebenen wie jene, die dir von Atlantis folgten, und die auch ihnen rachegierig Leben nach Leben folgen werden. Tatsächlich besteht eine nahe Parallele zwischen diesem Zeitalter und dem von Atlantis.

Das GESETZ bleibt in allen Zeitaltern unverändert. Aber genau in dem Maß, wie der Mensch immer mächtiger auf der schöpferischen Mentalebene wird, werden seine Verantwortlichkeiten schwerwiegender und die grässlichen Folgen größer, wenn er jene Kräfte zu Unrecht gebraucht. Selbst der Durchschnittsmensch lernt heute durch eine umfassende Schulbildung und die Konzentration, die das moderne Leben ihm abverlangt, klarer und präziser zu denken und daher auch kräftigere Gedankenformen zu erzeugen. Darum bedarf es großer Achtsamkeit, denn er kann sich mit Hütern des Lichtes umgeben oder mit Scharen zerstörerischer Wesen, die durch seine Gedanken von Hass, Eifersucht und Verbitterung entstanden sind und der starken Spannung und den ausweglosen Schwierigkeiten unserer Zeit ihren Anteil hinzufügen. Diese Nöte aber sind größtenteils den verstärkten technischen Errungenschaften *und* dem gleichzeitigen Mangel an entsprechendem *spirituellen* Wissen und Wollen zuzuschreiben.

Aus diesem Grund geschieht heute Folgendes: Alle, die sich ernsthaft bemühen, die höheren esoterischen Lehren zu studieren und versuchen, das Wissen von der bisher wenig gekannten Schöpferkraft der Denksubstanz zu verbreiten, werden von jenen hohen Lehrern auf den inneren Ebenen, deren Aufgabe es ist, die Menschheit geistig voranzuführen, beobachtet und, wenn möglich, geschult.«

»Nun, ich verstehe, dass Menschen, die bewusst versuchen, sich mit dem göttlichen Willen zu vereinen und mit dem GESETZ, statt dagegen zu arbeiten, einer solchen Hilfe würdig sein könnten. Aber das erklärt nicht, warum mir damals die Verbindung mit einem so hohen Lehrer in Ägypten bewilligt wurde; denn ich hatte doch nur persönlichen Gewinn aus selbstsüchtigen Beweggründen im Auge. Ich kann nicht einmal begreifen, warum ich überhaupt in eine solche Machtposition versetzt wurde, die mir derartige Gelegenheiten zum Ausüben meiner sehr unerfreulichen Absichten gab.«

Der Meister beantwortete es folgendermaßen: »Du teilst die kurzsichtige Ansicht des Durchschnittsmenschen. Solche Beurteilungen sind meist trügerisch, weil niemand, der nicht eine hoch entwickelte Seele ist und die Vergangenheit des Betreffenden sowie auch das jeweilige Weltkarma überschaut, die wahren Ursachen der jetzigen Ereignisse erkennen kann. Uns ist ein umfassenderer Überblick möglich. Wir sehen die Dinge in einer weiteren Perspektive, da wir rückwärts wie auch vorwärts blicken und dem Gesamtplan oft größere Bedeutung zumessen müssen als dem Einzelmenschen. Du solltest überdies wissen, dass auch das geheimnisvolle National-, Menschheits- und sogar Planetenkarma in Betracht kommt. Du bist noch zu sehr geneigt, das Karma nur auf das menschliche Leben zu beziehen. Aber dieses ist in das Muster von mächtigeren, umfassenderen Lebensvorgängen eingewoben, so wie unzählige Zellen deinem Körperorganismus angepasst sind. Ein Nachdenken über solche verwickelte Auswirkungen des

EINEN GESETZES lässt deinen begrenzten Verstand vielleicht taumeln, aber es kann dich lehren, nicht zu hastig und oberflächlich bei der Beurteilung von Geschehnissen vorzugehen – sei es im Leben menschlicher Personen oder in den rätselhaften größeren Entwicklungsprozessen.

Begreife jetzt, dass jedes nur mögliche Werkzeug unseren Zwecken dienstbar gemacht werden muss, selbst wenn es unwürdig erscheinen mag. Darum besteht für niemanden ein Grund, sich geschmeichelt zu fühlen, wenn er von uns erwählt wird. In unseren Methoden gibt es keine Bevorzugungen, wir benutzen oder ignorieren die Menschen nicht auf Grund individueller Neigungen. Unser wesentliches Ziel ist es: Das allgemeine Vergeistigungsniveau zu heben, Ordnung aus Chaos, Weisheit aus Torheit, Harmonie aus Missklang zu erschaffen. Darum gilt: Obwohl wir die lieber heranziehen, welche fähig und bereitwillig sind, in diesem Werk mit uns zusammenzuwirken, sind wir stets genötigt gewesen, wegen der Knappheit an gutwilligen Menschen, auch Helfer zu suchen, die nicht sehr rein und geeignet sind, und bei denen wir damit rechnen müssen, dass sie zeitweilig durch ihre Mängel unsere Pläne verderben können.

Betreffs der Frage, ob du in jenem Leben eine so hohe Position verdientest, so war das weniger deinem Verdienst zuzuschreiben als deinem starken Charakter und deiner Fähigkeit, Situationen zu meistern. Ein anderer wäre wohl nicht stark genug für alle Herausforderungen gewesen und in entscheidenden Momenten besiegt worden. Alle Menschen haben irgendwann Gelegenheiten zu Macht und Rang. Aber selten erkennen sie die damit verbundene Verantwortung und das Karma des Fehlschlags. Sie würden sonst oft zögern und sich nicht von ihrer Eitelkeit in Positionen drängen lassen, für die sie moralisch noch nicht geeignet sind.

In jener Periode der Geschichte Ägyptens war es gerade dringend nötig, dass die zentrale Herrschergewalt um jeden Preis aufrechterhalten blieb. Ägypten war dazu bestimmt, für kommende Jahrhunderte ein Brennpunkt für Kultur, Poesie und alle Künste – diese formenden Kräfte der Zivilisation – zu sein. Deshalb wurden Männer benötigt, welche durch ihre Herrschaft den Frieden erhalten konnten; denn ohne staatliche Sicherheit können weder Künste noch überhaupt wahrhaft zivilisierte Zustände gedeihen. Damals waren keine Männer verfügbar, die fähig waren, ein Interregnum zwischen zwei mächtigen Herrschern auszufüllen – nur du, der du schon lange deinen Willen auf eine autoritäre Position konzentriert hattest. Allerdings warst du ein schwarzer Magier und hattest alle von jemandem mit einer solchen Vergangenheit untrennbaren Fehler, aber wenigstens besaßest du genügend Stärke und Entschlusskraft. Ein Mensch, der einen starken Charakter erworben hat – selbst wenn dieser auf dem ›Linken Pfad‹ entwickelt wurde – muss nicht in seiner Evolution versagt haben. Er braucht nur von einer rechten Richtung, statt der falschen, überzeugt zu werden – anders gesagt, er muss schöpferisch, statt zerstörend wirken, um zu einem gewaltigen Wert für die Menschheit zu werden.

So benutzten wir dich, weil du für uns notwendig warst. Gleichzeitig hofften wir auch, in deinem Fall die Entwicklung eines jener Einzelmenschen zu beschleunigen, der bis dahin eine Gefahr und Belastung für die Gesamtheit gewesen war und gerade an einem entscheidenden Punkt stand. Denn alle böse handelnden Menschen wirken durch ihren schlechten Einfluss auf ihre Umgebung und – wenn sie sich zu Werkzeugen der dunklen Mächte machen lassen – als ein Hindernis für den allgemeinen Fortschritt. Aus diesem Grund bemühen wir uns oft mehr um einen starken, halsstarrigen Menschen als um die gutmeinenden, aber schwächlichen Leute, die leider noch den größten Menschheitsteil ausmachen. CHRISTUS veranschaulichte das deutlich in seiner Parabel von den neunundneunzig Schafen. Aber auch hier haben nur wenige seiner Gläubigen versucht, diesen tieferen Sinn zu erfassen.

Glaube jedoch nicht, dass dir jener enge Kontakt mit dem ›Geheimen Herrscher‹ gewährt worden wäre, hättest du nicht im *innersten* Herzen Hilfe und Erleuchtung für höhere Zwecke begehrt und auch eine sehr mächtige Anstrengung dafür unternommen; denn ehe nicht ein grundlegendes inneres Drängen zu echtem Fortschritt im Menschen selbst vorhanden ist, sind wir machtlos, ihm direkten Beistand oder Ermutigung zu geben. Der individuelle freie Wille ist ein wesentlicher Aspekt in der menschlichen Entwicklung. Wir versuchen immer, die Fehler und Irrtümer des Menschen zu seinem besten Nutzen umzuwandeln, aber wir bekehren niemanden; denn wir wissen zu gut, dass jede äußerliche Annahme unserer Lehren nur von kurzer Dauer sein muss, bis das Verlangen nach echter Erneuerung wie eine Flamme in ihm aufsteigt. Siehe die Lehre Christi: Das auf Sand gebaute Haus wird nie dem Orkan widerstehen; darum warten wir, bis der Mensch aus eigenem Impuls fragt, wie er sein Haus auf dem Felsen erbauen kann.«

»Aber dennoch«, warf ich ein, »Pharaos Motive waren so unwürdig! Er machte die Anstrengung, sich zu bessern, nur aus Furcht und unter dem Druck, das kleinere von zwei Übeln wählen zu müssen.«

»Verdamme ihn nur nicht so eilig«, erwiderte er lächelnd. »Jede Handlung und jeder Beweggrund muss stets unter den hervorbringenden Umständen beurteilt werden. Furcht, Selbsterhaltungstrieb und ähnliche Motive gehören zu den erfolgreichsten Methoden der Natur, primitive und rückschrittliche Menschen zu bewegen, sich aufzuraffen und nach Edlerem zu suchen. Natürlich muss die Furcht später abgeworfen werden, wenn sie nach höherer Entwicklung streben. Denke immer daran: Alles ist relativ, und in gewissen frühen Stufen sind die Beweggründe nicht so wichtig – das unbewusste Sehnen genügt. *Darum*, wenn jemals Menschen in *Furcht* zu dir kommen – ganz gleich wovor – so freue dich, so wie wir, die Hüter der Menschheit, uns freuen, wenn wir den Verzweiflungsschrei einer Seele in Wehen hören. Furcht setzt ein Gefühl von eigener Mangelhaftigkeit voraus; und in den Inkarnationen des Menschen kommen immer wieder Zeiten, wo alle Dinge ihm fehlschlagen. Wenn er dann wahrhaft seinen Mangel entdeckt, erkennt er damit seine Unfähigkeit an, diesem von sich aus abzuhelfen. Gerade diese Augenblicke erweisen sich oft als Wendepunkte in seiner Evolution. Deshalb ergieße alles Kostbare und Positive, was du weißt und kannst, auf einen solchen Menschen! Wage es nicht, ihn zu verdammen oder über ihn richten zu wollen!

Nur wir, welche die Herzen lesen, können beurteilen, ob jemand bereit ist, geistige Aufklärung zu empfangen. Aber sei sicher: Wenn der Ruf ausdauernd genug, entschlossen genug, ernsthaft genug ist, wird er beantwortet werden. Auch als *dein* starker Ruf in Ägypten erscholl und du in deinem glühenden Verlangen sogar ein magisches WORT gebrauchtest, das dich, wie du wusstest, zu Stücken zerschmettern konnte, wurdest du nicht verdammt, sondern mit Freuden aufgenommen; und deine Füße wurden dem ›Pfad der Rückkehr‹ zugewendet.«

»Aber mir scheint, dass sie nicht lange auf ihm standen«, sagte ich bitter. »Was geschah dann mit dem Pharao? Erfüllte er seine Pflicht, Ägypten den Frieden zu bringen?«

»Ja, er erfüllte sie und starb nachher – im Wahnsinn.«

Ich schauderte. »So konnte er dem doch nicht entkommen?«

»Wie konnte er? Ein Mensch verwandelt sich nicht in einem Augenblick und wird nicht an einem Tag zum Heiligen. Scheinbar plötzliche ›Bekehrungen‹ sind in Wirklichkeit nur entscheidende Kulminationspunkte von vielen langen Leben, die mit innerem Kämpfen und langsamem Wachstum verbracht wurden. Die Naturprozesse gehen nie sprunghaft schnell vor sich. Wie hätte ein Mensch, wie du es damals warst – mit Körpern, die auf die Note der Zerstörungskräfte gestimmt waren, mit von Jahrhunderten üblen Denkens vergifteten und geschwächten Mentalatomen – noch im gleichen Leben erfolgreich die Ergebnisse seiner schlimmen Torheit bekämpfen können? Der Pharao lernte eine große Menge durch jenen Zusammenbruch, und das ist alles, was schließlich zählt.«

»Und welche Art von Leben folgte darauf?«, fragte ich besorgt.

»Größtenteils wurden sie in erzwungenem widerwilligen Dienst als leibeigene Bauern und Sklaven verbracht – sehr bescheiden und undramatisch. Da du ja in Ägypten beschlossen hattest, mit deiner Vergangenheit fertig zu werden, musstest du dir in jeden deiner physischen Körper eine große Anzahl der mit jener Vergangenheit verknüpften verdorbenen Atome einverleiben. Diese machten dich schwächlich und krank und hinderten dich an jeder intensiven Anstrengung – bis es dir gelungen war, einen Teil umzuwandeln. Aber endlich warst du stark genug für den Versuch, erneut dein größtes Fortschrittshindernis – den Dämon der Macht – zu bekämpfen, also das zerstörerische Element, das bei jeder Gelegenheit zur Machtausübung sofort in dir aufstieg. Du wurdest deshalb in einer Umgebung wiedergeboren, die dich mit vielen Möglichkeiten versah, die notwendigen Lektionen zu lernen. Und du wirst gleich selber sehen, was du aus ihnen machtest.«

3. PERSIEN

Dieses Leben wurde mir in kleinen, zusammenhanglosen Szenen zurückgerufen. Einige wurden auch von einem meiner Freunde gesehen, die jene ersten spirituellen Ereignisse in dem Bungalow mit mir geteilt hatten. Die übrigen Erlebnisse wurden mir allein enthüllt – nicht nur, weil sie wohl typisch waren für die Verkörperungen, in denen ich erneut geprüft werden sollte, wie ich auf eine Verführung von Macht reagieren würde, sondern auch, weil meinem Hauptproblem in jener Inkarnation auch heute immer mehr Männer und Frauen ausgesetzt sind. Diese Schwierigkeit hat jederzeit all die verwirrt und beunruhigt, welche niemals karmische Ausdrucksformen des Lebens außerhalb der Regel begreifen.

Das erste Bild stellte mich selber dar – ein junges Mädchen – auf einem Diwan in einem großen Raum liegend. Vor meinem Fenster glänzte helles Licht. Die See funkelte in dem transparenten Blau einer Hyazinthe, der Himmel war weiß vor Hitze. Jemand weinte neben meinem Lager. Mit ungeduldiger Geste wandte ich mich dem Inneren des verdunkelten Gemachs zu und beobachtete zwei Sklavinnen, die mit versteckt furchtsamen Blicken Blut vom Mosaikfußboden wegwischten. Ich verachtete das Mädchen, dessen schöner Kopf sich an meine Knie schmiegte, doch ich liebte sie auch. So streichelte ich lässig ihre Wange.

»Warum weinen, oh Ereshem?«, fragte ich. »Hast du noch nie einen bestraften Mann gesehen?« »Nicht so, nicht so …«, stöhnte Ereshem und verbarg ihr Gesicht in meinem Gewand, als ob sie das Bild jenes verstümmelten Körpers aus den Augen drängen wollte.

»Nun, lass dir dies eine Lehre sein! Und euch auch«, rief ich den Sklavinnen zu, die jetzt zur Tür schlichen. »Unzählige Male habe ich geschworen, nur Mädchen um mich haben zu wollen!« Ich lachte kurz auf. »Ich glaube nicht, dass unsere Manizha sich nochmals einen Mann herholen wird.«

Als sie weg waren, setzte Ereshem sich auf und wischte ihre Tränen mit dem Schleiersaum fort. »Ich möchte gern erfahren, warum du alle Männer so hasst«, murmelte sie.

»Nicht die Männer allein, du schönes Juwel meines Herzens – das ganze Leben und all sein Inhalt ist mir zuzeiten so schrecklich überdrüssig, dass ich es kaum ertrage. Ich fühle mich nur glücklich, wenn ich bei meinem Vater bin – oder bei dir.« Ich zog sie näher heran und liebkoste sie. »Komm, Kleine, lass uns den Gedanken an Männer und ihre Torheit aus unseren Herzen jagen!«

Aber Ereshem war keineswegs geneigt, das Denken an Männer aus ihrem Herzen zu entfernen, und ich wusste das gut. Darin lag eine schmerzhafte Bitterkeit; denn obwohl sie noch keinen Mann geliebt hatte, konnte doch nichts, was ich ihr zu geben imstande war, die Sehnsuchtswünsche ihrer Natur befriedigen. Ich hatte sie zu meiner Lieblingsgefährtin gemacht und behandelte sie mit einer Mischung von Güte und Geringschätzung, von heftiger Zuneigung und Grausamkeit. Jetzt nagte ich wie ein wildes, zorniges Tier im Käfig an ihren Worten herum. Mir war bewusst, warum ich die Männer hasste. Der Grund war eine verzweifelte Sehnsucht nach ihrer Stärke und eine bittere Verachtung meiner eigenen Unzulänglichkeiten. Von frühester Kindheit an hatte ich diesen mich einkerkernden Körper verachtet; und es war mir nie gelungen, mich voll mit ihm zu identifizieren. Als einziges Kind meines Vaters war ich ihm immer mehr ein Sohn als eine Tochter gewesen und hatte mich stets geweigert, meine Weiblichkeit anzuerkennen. Absolut furchtlos ritt ich in Männerkleidern auf die Löwenjagd und suchte mich so weit wie möglich als Mann zu benehmen. Meine Liebe verschwendete ich auf Frauen, behielt aber im Hintergrund immer das bittere Wissen, dass ich doch nie anders sein konnte, als mein Geschlecht es zuließ. Mein Körper verspottete mich sozusagen, und oft schlug ich mit wilden Händen gegen meine Brust. Bald fing ich an, jeden männlichen Körper zu verabscheuen – eben weil es nicht der meine war! Ich rang und focht im Sport mit den Kriegern meines Vaters, dachte aber dabei misstrauisch, sie könnten mich siegen lassen aus Furcht vor meiner Rache, und das beschämte mich bitter. In diesen Vortäuschungen von Männlichkeit suchte ich mich gegen dieses Gefühl von Wertlosigkeit zu retten. Etwas tief in mir nahm jedoch deutlich die törichte Vergeblichkeit dieser Einbildungen wahr. Aber mich als Frau zu empfinden, mich etwa gar einem Mann hinzugeben – der bloße Gedanke daran erfüllte mich mit empörtem Widerwillen. Ermüdet stieß ich endlich Ereshem zur Seite und schritt in dem parfümierten, juwelengeschmückten Raum auf und ab. Nur durch das Herrschen über Schwache und Hilflose konnte ich mir meine eigene Macht beweisen, blieb aber immer unbefriedigt davon. Plötzlich gähnte der an die Mauer gekettete Panther laut auf. Wie von diesem trägen Laut angestachelt, ergriff ich die Peitsche und schlug wie eine Furie auf das Tier ein, bis es sich wimmernd gegen die Mauer duckte.

In dem Augenblick erklangen Stimmen draußen: »Sanai! Sanai! Sanai Fayiz!« Die Vorhänge wurden auseinander gezogen, und mein Vater betrat den Raum. Ich wendete mich, um ihm mit einer Geste entgegenzutreten, in der Scham mit Herausforderung gemischt war. Er war der einzige Mensch, welcher mich besänftigen konnte, denn er allein konnte meine dunklen Stimmungen begreifen und die Bitterkeit meines unbefriedigten Lebens mitempfinden, die mich zu vielem Bösen reizte. Ich liebte ihn sehr, so wie meine Natur es zuließ. Er allein konnte mir eine Art von Frieden und Schönheit vermitteln – etwas, was ich so sehr suchte und selten fand. Wenn ich mit ihm in den Rosengärten saß, mit ihm in kostbaren bebilderten Büchern las, tiefgründige Aspekte der Theologie mit ihm erörterte und den Stimmen der Instrumente und dem süßen Singen der Sklavinnen lauschte, konnte ich meine Kümmernisse und Enttäuschungen fortjagen und – wenn ich endlich auch mein Geschlecht vergaß – einen Zustand erreichen, der einem Glücksempfinden glich. Er war in der Jugend mehrere Wochen lang bei dem großen Weisen Zarathustra gewesen und hatte sich seitdem – anstatt seine Position als hoher Regierungsbeamter zu fördern – in eine Welt von mystischen Abenteuern zurückgezogen, in die ich ihm eifrig folgte. Er war ein kluger und gütiger Mann. Wir lebten abseits von weltlichem Treiben auf einem Landgut; und ich war zufrieden, außer wenn die wilden Stimmungen von Rastlosigkeit und Ehrgeiz mich packten. Dann weinte ich Tränen von Zorn und Hilflosigkeit in der Erkenntnis, dass mein erbärmlicher Körper mich ja hinderte, all die Ruhmes- und Heldentaten zu vollbringen, nach denen ich mich so leidenschaftlich sehnte.

Nun stand er im Toreingang, strich seinen langen Bart und blickte mich mit sorgenvollen Augen an. »Was höre ich, meine Tochter? Ist es möglich, dass du einen Sklaven foltern ließest?«

»Er wurde bei Manizha gefunden, ich gab ihm die gerechte Strafe.« Er entließ meine Dienerinnen und setzte sich neben mich.

»Und welches Recht hast du, Cihrazad, diese böse Rache zu nehmen, wenn ein Mann und eine Frau im Einklang mit dem göttlichen Willen einander Liebe schenkten? Manchmal scheint es mir, als ob Ahriman und seine Devas Besitz von dir nähmen! Vergiss nicht, dass du jedes Mal, wenn du sie über dich herrschen lässt, ein Schuldkonto gegen deine Seele errichtest! Jeder Mensch ist sein eigener Richter. Möchtest du einmal in eine brennende Hölle geraten?

Was dieses arme Tier betrifft«, und er wies auf den blutenden

Panther, »hüte dich, mein Kind. Geush Urvan, der Beschützer der Tiere, wird dich dafür bestrafen, eines Tages wirst du vielleicht von einem solchen Tier zerrissen werden«. Er seufzte tief auf: »Warum erfüllst du dein Leben so sehr mit Hass, anstatt mit Liebe?«

Ich sagte ungeduldig: »Ich will in meinem eigenen Haus herrschen. Männer, Frauen und Tiere sollen mir gehorchen!«

»Solange du Macht besitzt, werden sie es tun, aber vielleicht kommt ein Tag, wo du jene Macht verlierst – was dann?«

Ich lachte. »Furcht ist mir fern«, höhnte ich, »die wirkliche Macht liegt innen, sie werde ich nie verlieren.« Damit ging ich zu dem Panther. Er machte Miene, mich anzuspringen, aber ich beugte mich furchtlos über ihn, strich ihm über den Kopf und sprach mit tiefer Stimme zu ihm. Er zitterte und kauerte sich zu meinen Füßen hin. Mit verächtlicher Geste kam ich zu der Couch zurück. »Hast du das gesehen? Ich habe keine Geißel, aber er leckt meine Füße« – ich schlug mir stolz an die Brust – »hier halte ich seinen Geist gefangen!« Da schaute ich auf meines Vaters trauriges Antlitz, und augenblicklich befielen mich Gewissensqualen, die alle böse Laune verjagten. »Du bist zu mir gekommen – wie glücklich bin ich nun! Lasse uns plaudern und die Welt vergessen – all die törichten Männer, Frauen und Tiere, ich mache mir ja überhaupt nichts aus ihnen. Lehre mich deine Weisheit, mein Vater! Nur so können die Jinns aus meinem Herzen vertrieben werden, und nur so komme ich zum Frieden.«

Er seufzte. »Von welchem Nutzen ist es, dir Glorien von Ahura Mazda zuströmen zu lassen, wenn du doch nichts durch Seinen Strahlenglanz gewinnst?«

»Gewiss wird das eines Tages möglich sein, nur sprich jetzt zu mir – das ist genug!«

Aber anstatt mir Poesie vorzulesen oder tiefe Aspekte des Heiligen Feuers zu erklären, öffnete er mir sein Herz mit der Enthüllung, er sei beunruhigt, weil sein Friede gestört werden sollte. Zwei berühmte Heerführer hatten Boten zu ihm gesandt, mit dem Ersuchen um Gastfreundschaft für sich und ihre Truppen. Sie waren von Bedeutung bei Hofe und konnten nicht abgewiesen werden. Das bedeutete Veränderungen, Erregungen, einen Hauch aus der großen äußeren Welt – mein Herz sprang vor Freude. Doch dann dachte ich daran, dass ich ja nur eine Frau war. Bei dieser schmerzlichen Erinnerung kam mir die Idee, mich zu verkleiden und als ein jugendlicher Sohn meines Vaters zu erscheinen, um an den Festlichkeiten teilnehmen zu können. Er konnte mich nicht von dem Entschluss abbringen, und alles wurde dementsprechend angeordnet.

Von Azuri-bin-Zangi und Burandek wurde erzählt, dass sie durch starke Bande von Zuneigung wie auch des Blutes aneinander hingen. Sie waren wohlhabend und hatten ein großes Gefolge. Es war notwendig, sich gut mit ihnen zu stellen, denn ihre Gegnerschaft konnte gefährlich sein.

Daher wurden Feste zu ihren Ehren veranstaltet und große Jagden organisiert; und ich – als Jüngling verkleidet – nahm an den freudenvollen Tagen und Nächten teil. Eines Abends gab ich ein Bankett in meinen Gemächern und war in so froh erregter Stimmung, dass ich Ereshem zwang, uns aufzuwarten. Ich liebkoste sie und pries ihre Schönheit und Liebeskünste. Erst später erinnerte ich mich, dass die Augen von Burandek und Ereshem sich immer suchten, und dass das Mädchen in jenen Tagen seltsame Launen hatte.

Aber damals achtete ich kaum auf sie, denn mein Denken war von anderen Dingen beansprucht. Zwischen Azuri und mir war eine Freundschaft entstanden. Wir ritten zusammen aus, um Löwen und Gazellen zu jagen. Wir suchten uns zu überflügeln und kehrten stets beglückt und in großer Eintracht zurück. Als sie Abschied nahmen, gab Azuri mir eine sonderbar geformte rosa Perle – als ein Amulett, das ich zur Erinnerung an ihn tragen sollte; und ich gab ihm ein mit Türkisen und Rubinen besetztes Armband aus getriebenem Silber.

Den ganzen Tag nach ihrer Abreise verbrachte ich an der Meeresküste. Ich schwamm weit hinaus und suchte mich an den ungestümen Wogen zu erfreuen. Jedoch war ich ruhelos und unglücklich. Ich hatte einige Wochen lang das Leben der Männer gekostet – was ich ja einzig begehrte. An jenem Abend ließ ich in einem Fieber von seelischer Erschütterung nach Ereshem rufen. Das Mädchen, das mich trösten sollte, war aber nirgendwo aufzufinden. Drei Tage später hörte ich ein Gerücht, dass eine verschleierte Frau, im Gefolge des Burandek reitend, gesehen worden war. Da wurde mir klar, dass Ereshem mich um eines Mannes wegen verlassen hatte. Ein wütender Zorn erfasste mich; und es schien tatsächlich, als sei ich von Scharen böser Devas besessen. Sogar mein Vater konnte nichts dagegen ausrichten. Eine Woche lang betäubte ich mich mit einer Orgie von böser Zügellosigkeit – so schrecklich, dass im ganzen Land davon geredet wurde. Zerrissen von Qualen der Eifersucht und bitterem Schmach ließ ich an den mir erreichbaren Frauen, Dienern und Tieren meine Rache aus. Aber zuletzt machte mein feuriger Grimm einer noch gefährlicheren eisigen Ruhe Platz. Ich schmiedete Pläne und vergaß alles über meinem Rachedurst. So sammelte ich eine Schar von verwegenen Männern um mich, legte eine Rüstung an und brach auf, um die Flüchtlinge zu stellen. Von den Abenteuern dieser Reise ist hier nicht zu sprechen. Jedoch muss ich zu jener Zeit mit einer fast übermenschlichen Stärke und List begabt gewesen sein; vielleicht war ich wirklich von bösen Geistern besessen, die mir Beistand liehen und mich vorwärts trieben. Es mag genügen zu sagen, dass ich Burandeks Spur bis zur Hauptstadt, wo er wohnte, verfolgte und dort geduldig wartete, bis ich erfuhr, dass er sich für eine Weile fortbegeben hatte. Da verschaffte ich mir Zugang zu den Frauengemächern seines Haushalts; und eines Nachts blickte ich endlich auf die schlafende Ereshem nieder. Ich zog meinen Dolch zum Stoß, hielt aber inne. Ereshem sollte sehen, dass der Tod ihr aus den Händen nahte, welche sie liebkost und – betrogen hatte.

Ich beugte mich über sie und drückte ihr die Hand auf den Mund. Ihre Augen öffneten sich und starrten entsetzt in die meinen. Der Dolch blitzte auf – aber ehe er hinabfuhr, packten mich starke Arme. Er wurde meiner Hand entwunden; und ich befand mich in dem wütenden Griff von Burandek, der – meinen Spähern unbekannt – unerwartet rasch zurückgekommen war. Während der übrigen Nacht lag ich – blutend vom Kampf und an Händen und Füßen gefesselt – in der Kammer über dem Raum, wo die beiden Liebenden sich aneinander erfreuten, entzückt über die Rettung aus Todesgefahr, der Ereshem soeben entgangen war. In Qual und Schmach, in Todesangst vor dem Kommenden lag ich da. Am folgenden Morgen wurde ich halbnackt zwischen zwei riesigen Eunuchen in einen Raum gebracht, worin Burandek saß, mit Azuri-bin-Zangi ihm zur Seite.

Beim Anblick dieser beiden Männer ward der Kelch meiner Schande voll. Doch ich hielt meinen Kopf hoch. Azuris Zorn jedoch war schrecklich, denn er fühlte sich getäuscht und verspottet durch den Possenstreich, den ich ihm im Haus meines Vaters gespielt hatte. Seine Augen waren wie Flammen, als er sich mir näherte. Mit einem Ruck riss er die rosa Perle von meinem Hals und warf sie zu Boden. Burandek hob sie auf.

»Sie ist beschädigt«, sagte er ruhig.

»Wertlos, so wie die Frau!«, erwiderte Azuri.

Burandek blickte mich mit einem gewissen Mitleid an.

»Was sie tat, geschah aus Liebe«, bemerkte er, »sie hat niemandem als sich selber Leid zugefügt«.

Azuri wandte sich mit verächtlicher Bewegung ab, aber währenddessen strich sein Blick über mich hin, und sein Augenausdruck änderte sich. Da färbte heißes Blut meine Wangen. Ich wurde mir plötzlich einer heimtückischeren Gefahr als der des Todes bewusst und stieß einen Fluch gegen ihn aus. Burandek beobachtete uns und lächelte. »Was soll ich mit ihr tun?«, fragte er. »Ich möchte sie nicht in meinem Haus haben«.

»Was geht das mich an? Verkaufe sie – sie würde einen guten Preis erzielen.« Burandek lachte und kam zu mir herüber. »Sie ist jung, schön und – eine Jungfrau, mein Bruder«, bemerkte er freundlich. »Willst du sie nicht als ein Geschenk von mir annehmen?« Azuri starrte mich an und lachte kurz auf. »Das stimmt eigentlich«, sagte er, »sie könnte vortreffliche Söhne hervorbringen.« Er wandte sich zu den Eunuchen: »Verschleiert sie und bringt sie zu meinen Gemächern! Benimmt sie sich nicht vernünftig, soll sie Nahid, meiner Gemahlin, als Sklavin gegeben werden. Bis dahin werden wir sehen.«

In jener Nacht kam Azuri in den Raum, wo ich gebunden lag; denn ich hatte zweimal versucht, meinem Leben ein Ende zu machen, so schrecklich war meine Verzweiflung. Jetzt lag ich hilflos unter seinen Augen und schleuderte ihm jeden Fluch entgegen, den ich kannte.

Er band mich los. »Stehe auf!«, sagte er, »und erzähle mir, warum du die Männer hasst und die Frauen liebst, Cihrazad, die du selber eine so reizende, begehrenswerte Frau bist?«

Dann bückte er sich plötzlich und küsste meine Lippen. Meine Nägel zerkratzten seine Brust, und meine Zähne rissen an seiner Wange. Wir kämpften im Raum auf und nieder. Teppiche wurden von den Wänden gezerrt und Möbel umgeworfen. Nicht umsonst hatte ich ja von meines Vaters Mannen den Ringkampf gelernt. Doch allmählich ermattete meine Kraft; und ich, die Männer und Frauen und wilde Tiere beherrscht hatte, sah mich nun wie ein Nichts in den Händen eines Mannes. Tränen der Erschöpfung und Schmach liefen mir herab, und ich wurde von hilflosem Schluchzen erschüttert. Jegliche Qual und Schmach aller schwachen Wesen in der Welt schien in meinem todmüden Körper vereint zu sein, als er mich endlich auf das Lager trug.

Die Erinnerungen an die folgenden Jahre sind verschwommen und bruchstückhaft, denn sie beziehen sich mehr auf Gefühlstumulte als auf Ereignisse – ich lebte wohl immer in einer Welt leidenschaftlicher Gemütsbewegungen. Da war zum Beispiel der Augenblick, als ich bemerkte, dass ich ein Kind trug. Mir war, als ob mein Körper als Verräter an mir gehandelt hätte. Das Spielzeug eines verhassten Mannes zu sein, war schlimm genug – aber nun dieses! Gebannt starrte ich meinen Körper an, den ich schlank, stark und maskulin liebte und glaubte, dass mir wohl nichts als der Tod bliebe. Ich empfand keine Spur von mütterlichem Gefühl, nur Widerwillen. So presste ich die Lippen zusammen und schwor, nie einem Mann ein Kind gebären zu wollen. Das Kind wurde zu früh – tot – geboren.

Als Azuri erfuhr, was ich seinem Kind angetan hatte, trat er mir mit einer Wut entgegen, die ich nie für möglich gehalten hätte. »Von heute ab sollst du die Sklavin von Nahid sein; vielleicht wird dies dich über die Pflichten einer Frau belehren«, sagte er. Nahid und ich hatten uns immer gehasst, ehe wir einander trafen. Sie hatte gefürchtet, von mir verdrängt zu werden, weil ich ein so fremdartiges Mädchen war – ganz verschieden von den bisherigen Geliebten ihres Gebieters; und sie wollte mich am liebsten durch ihre magischen Künste vernichten. Sie besaß viel Kenntnis über Zauberei und Geisterbeschwörung und hielt sich immer Astrologen und Magier zur Seite, um sich belehren zu lassen. Jetzt war sie befriedigt. Sie regierte ihre Frauen sehr streng und konnte nun an mir ihre Rache austoben.

Sie gab mir die niedrigsten Arbeiten; und wenn ich mich dagegen empörte, schlug sie mich und ließ mich hungern, bis ich zu schwach war, um weiter zu rebellieren. Schließlich nahm Azuri mich wieder von ihr fort – ich glaube, um mein Leben zu retten – und gab mir aufs Neue eigene Gemächer. Es bestand eine merkwürdige Verbindung zwischen uns – aus Hass und Verlangen, aus Abgestoßen- und Verzaubertsein gewoben; und in den späteren Jahren erwuchs daraus eine sonderbare

Freundschaft. Er merkte, dass er mit mir über wichtige Dinge wie mit einem Mann sprechen konnte, für die eine andere Frau sich kaum interessierte. Ich verstand auch seine tiefe Beziehung zu Burandek, was Nahid, die darauf glühend eifersüchtig war, nie möglich war. Ich habe wohl viele Kinder gehabt und weiß, dass ich sehr darunter litt. Mein Körper war nicht recht für die Lasten einer Frau geeignet. Ich hatte auch keine Zuneigung für sie, höchstens Mitleid für die Mädchen, weil ich ja nun von dem späteren Missbrauch ihrer lieblichen Körper durch Männer wusste, und auch, wie eingeschränkt sie als Gefangene ihres Geschlechtes leben würden. Ich verabscheute das Leben im Harem mit seinen Intrigen, kleinen Bosheiten und Rivalitäten. Umgeben von Frauen und ihren Nichtigkeiten, von der Weichlichkeit dieses entwürdigenden Daseins, wurden die Erinnerungen an meine Jugend bald das einzige Mittel, um das, was ich als mein wahres, unveränderliches Selbst empfand, vor der Auflösung zu erretten. Darum zog ich mich in meine Träume von jenen herrlichen Tagen der Freiheit und Hochstimmung zurück; und mit ihnen erschienen auch Erinnerungsbilder von meinem Vater und unseren Gesprächen im Garten. Ernst, edel und voller Heilkraft, kehrten seine Worte zu mir zurück. Wahrscheinlich war es nur ihre Weisheit, die mich am Leben erhielt und während der langen Elendsjahre, die ich erdulden musste, vor dem Wahnsinn bewahrte.

Aus jenen dunklen Jahren blieben mir nur wenige deutliche Erinnerungen. Aber eine grelle Flamme brennt in ihnen – der Hass zwischen Nahid und mir, der unser beider Leben verwüstete. Meine Abneigung wurde durch die Tatsache verstärkt, dass Nahid außerordentlich schön blieb, während viele Geburten meinen Körper geschwächt und die Verbitterung ihre Zeichen auf meinem Gesicht hinterlassen hatten. Viele Jahre lang hielt Azuri uns getrennt und sicherte sich auf diese Weise einen gewissen Frieden, aber zuletzt sorgte das Schicksal dafür, dass wir uns wiederum von Angesicht zu Angesicht begegneten und unsere Lebensfäden unentwirrbar verknüpft wurden. Eines Tages kam Azuri zu mir – ernst und finster.

»Heute Nacht«, sagte er, »wird mein weiblicher Hausstand nach Tallek-Bar, zu meinem Haus in den Bergen, gebracht. Die Horden der Ebenen stürmen in großen Scharen gegen unsere Hauptstadt vor. Burandek ist schon ausgeritten, ich schließe mich ihm sogleich an. Wenn wir besiegt werden sollten – was Ormuzd verhüten möge! – werden wir nach Tallek-Bar zurückjagen und es bis zum letzten Atemzug verteidigen. Inzwischen lasse ich in deinen Händen und in denen von Nahid alle meine Besitztümer, meine Kinder und meine Sklaven. Ich kann nur wenige Männer zu eurem Schutz erübrigen und muss euch in der Obhut von Ashem zurücklassen. Ich kenne den Hass, den ihr beiden Frauen füreinander habt, aber in diesen Zeiten muss jede Feindschaft begraben werden. Je nach eurer Torheit oder Weisheit kann alles verloren gehen oder gerettet werden.« Er nahm meine Hände in die seinen. »Oh Cihrazad«, sagte er, »es hat zwischen uns immer ein Band bestanden, das ich nie zwischen einem Mann und einer Frau für möglich gehalten hätte – und an dieses seltsame Band möchte ich jetzt appellieren. Du konntest einst kämpfen wie jeder Mann, du warst furchtlos, kaum jemand konnte besser reiten und die Lanze schleudern als du. Ich spreche jetzt zu dir als zu dem Mann, der du damals zu sein vorgabst. Du weißt genau, dass ich Nahid wie mein Leben liebe. Ich lasse dieses Leben, ich lasse ihre Ehre in deinen Händen.« Ich starrte ihn erstaunt und erschüttert an und wandte meinen Kopf ab. »Es ist zu spät, schau mich an, Azuri! Du machtest ein Weib aus mir, ich kann nun nicht mehr – nach deinem Belieben – ein Mann werden.« Er lächelte und berührte mein Gesicht mit einem Finger. »Es ist der Geist des Mannes in dir, an den ich mich so dringend wende. Ich vertraue keinem anderen – nur dir. Dir überlasse ich meine Ehre, denn ich weiß, dass du sie nicht verraten wirst.« Dann umarmte er mich und zog aus zur Schlacht.

Dem gemeinsamen Druck von Verlassenheit und Furcht ausgesetzt, begegneten Nahid und ich uns für eine Weile mit mehr Freundlichkeit. Aber ein solcher Hass wie der unsere – so alt, so in Rivalität und Düsternis verwurzelt – konnte nicht in wenigen Tagen oder durch einige Worte aufgelöst werden. Unser Misstrauen glich einer Schlange, die immer zwischen uns zischte. Nahid suchte Trost und Stärkung in ihren magischen Beschwörungen, aber ich hatte davor eine tiefe, unbegründbare Furcht und unterhielt mich damit, die Verteidigungsmöglichkeiten unserer Festung mächtiger auszubauen. Ich übte mich auch im Waffengebrauch, aber dieses Vergnügen war von sehr gedämpfter Art; denn wenn ich männliche Kriegskleidung anlegte, machte ich mich offenbar nur lächerlich. Ich war ja zu dick geworden, mein Atem ging kurz, ich wurde leicht ohnmächtig und meine Glieder schmerzten sehr bei der geringsten Anstrengung. Nur mein Geist war so kühn und jugendlich wie in alter Zeit.

Die langen Tage der untätigen Ungewissheit schleppten sich dahin. Die Berge schlossen uns in undurchdringlichem Schweigen ein. Die Frauen weinten oder schwatzten, die Eunuchen murmelten miteinander und zitterten beim leisesten Waffengeklirr. Die Soldaten tranken und würfelten, um die Zeit zu verbringen. Nahid warf ihre Zaubersprüche in der magischen Kammer. Allmählich jedoch drangen Gerüchte zu uns durch, und wir hörten, dass eine große Schlacht in der Ebene gekämpft worden sei und unsere Gebieter gesiegt hätten. Doch mitten in unsere Freude stürzte ein blutender, erschöpfter Kurier mit der Meldung, dass sie beide getötet worden seien und der Feind sich im Anmarsch nach Tellek-Bar befände.

Ich wusste, wie schwach unsere Befestigungen waren, aber eingedenk meiner Vertrauensstellung beschloss ich, den Platz so lange wie möglich zu halten. An diesem ganzen Tag arbeitete Nahid mit ihren Zauberformeln. Sie trachtete brennend danach zu entdecken, ob das Gehörte wirklich stimmte. Zuweilen rief sie eine Dienerin hinein, die ihr als Medium helfen sollte, aber sie wurden immer mit bitteren Schmähungen wieder fortgeschickt. Endlich bezwang sie wegen der Notlage ihren Stolz und kam zu mir. »Als Azuri von mir ging, gebot er dir, mir jeden Beistand zu gewähren«, sagte sie, »und jetzt komme ich, um diesen von dir zu erbitten. Meine Frauen haben weder Kraft noch Mut genug, um mir zu assistieren. Aber du und ich zusammen können die Wahrheit erfahren, denn die Geister werden dann sprechen. Überdies: Sollten Azuri und Burandek tatsächlich erschlagen worden sein, werden wir sie sogar aus dem Cinvato Peretu zurückrufen, um uns ihre Stärke und ihren Rat zu sichern, denn wir hatten beides nie so nötig wie jetzt!«

Ich hätte das für jeden anderen als für sie getan, denn diese Künste erschienen mir faszinierend, obwohl sie mich erschreckten. Jedoch sah ich hier endlich die Gelegenheit zur Rache, auf die ich in all den peinigenden Jahren gewartet hatte. Ich erhob mich, in das Gesicht meiner Rivalin lächelnd und strafte jetzt die Frau, welche als Bittstellerin zu mir kam, mit lässigen Verachtungsreden. »Was macht es denn«, rief ich zuletzt, »wenn Burandek und Azuri tot wären? Alle Menschen müssen sterben. Aber besser als ein Mann in der Schlacht umzukommen, als eine lebendige Sklavin zu sein, die hinter hohen Mauern eingeschlossen und zum Schicksal eines Weibes verflucht ist! Wenn es sein muss, werde ich für dich kämpfen, denn das habe ich geschworen, aber ich will nicht mit den Devas schachern, ich will Azuri nicht in deine gierigen Arme zurückziehen.«

Da – während wir noch stritten, wurde die Luft plötzlich von Furchtrufen, von Angstgeschrei, Stöhnen und Wehklagen erfüllt. Wir stürzten zur Tür, aber schon flogen die Vorhänge auseinander, und wir sahen im Eingang Azuri stehen – mit zerrissenen Gewändern. Aus Lippen und Kopf lief Blut hervor – er wankte wie blind vorwärts. »Alles ist verloren«, keuchte er, »unsere Truppen sind besiegt. Wir jagten hierher, um euch vor dem Grimm der Wilden zu erretten, aber sie sind dicht hinter uns. Burandek verteidigt die Treppen …« Seine Hand griff zur Seite. »Hier meinen Dolch! Nahid … gebrauche ihn … du darfst nicht in ihre Hände fallen …«

Er rutschte auf die Knie, dann fiel er auf sein Antlitz.

Mit einem durchdringenden Schrei fing Nahid ihn in ihren Armen auf.

»Er ist tot … Azuri … mein Geliebter!« Und ohnmächtig sank sie neben ihm auf den Boden. Aber er war noch nicht tot. Mit einer übermenschlichen Anstrengung – als risse er seinen widerstreitenden Geist nochmals in den zerschmetterten Körper zurück, um des Zweckes willen, der ihn hergetrieben hatte – richtete er sich auf dem Ellbogen auf.

»Cihrazad«, flüsterte er. Ich kam heran und starrte auf ihn hinab.

Der Lärm unten verstärkte sich, Kriegs- und Siegesjauchzen mischte sich mit dem Angstgekreisch der Frauen und Eunuchen.

Ich wusste wohl, wie das hier für jede unglückliche Frau enden würde, die in die Hände dieser brutalen Männer fiel. Ich wollte nicht eine von ihnen sein!

»Meinen Dolch!«, keuchte er. Ich hob ihn auf. Ein Blutstrom floss aus Azuris Mund. Er fiel weiter zurück, aber seine Augen hefteten sich auf die bewusstlose Nahid. »Töte sie … schwöre …!«

Ich antwortete nichts, aber er las den Groll in meinen Augen. »Schwöre, Cihrazad! Ich – flehe dich an …«

Da sah ich ihn an und neigte mein Haupt. »Ich schwöre.«

Er wollte weiter sprechen, aber seine Stimme erstickte im Blut. Er war tot. Ich stand allein. Draußen hörte ich den Pöbel auf den Treppen. Ein herzzerreißender Kinderschrei kam aus dem Nebenzimmer. Es war mein Kind, aber ich bewegte mich nicht. Ich starrte auf Nahid. Ich hasste sie ja! Ihr jetzt das Leben zu lassen, wäre die furchtbarste Rache für all die

Demütigungen und Leiden, welche sie mir zugefügt hatte; und ich hielt sie in der Hand!

In diesem Augenblick regte sie sich und setzte sich betäubt auf. Ein Frauenschrei draußen, ein gegen den Vorhang fallender verstümmelter Körper. Der Tod war nichts – aber die Schreie der Soldaten waren trunken von Grausamkeit und Gier, deren Opfer Frauen waren!

Der Vorhang flog auseinander. Ein riesiger Wilder in blutbefleckter Rüstung blieb darin stehen, um den Raum zu überblicken.

Mein Blick glitt von Nahid zu Azuri. Da warf ich mich herum, und der Mann sprang vorwärts. Blitzschnell bückte ich mich und stieß meinen Dolch tief in Nahids Brust, aber ehe ich ihn gegen mich selbst richten konnte, hatte er mich gepackt und ihn fortgerissen.

Er hielt mich fest, trotz wilder Gegenwehr, und rief nach seinen Kameraden draußen. Ich sah ihre Gesichter, als sie zur Tür hereinstürzten, und bei diesem Anblick erkannte ich klar das mich erwartende Verhängnis …

Cihrazad, die persische Frau … Jedoch wie wenig eine Frau! Eher der stolze Geist eines Mannes, der in die Beschränkungen eines weiblichen Körpers gestoßen wurde.

Selbst die verwischte Erinnerung an jenen grausigen Tod wurde belanglos angesichts meines Interesses an dieser Erklärung eines zeitalterlangen Problems. Offenbar hatte ich viele Leben vor dieser persischen Inkarnation in männlichen Körpern gelebt. Konnte Cihrazad also getadelt werden, wenn der revoltierende Geist in ihr – sich in einer wesensfremden Körperform eingekerkert sehend – wieder versucht hatte, den lang vertrauten Weg einzuschlagen, die Gesetze ihres jetzigen Körpers zu missachten und dadurch ihr Leben in falsche Bahnen zu zerren?

Viele Männer und Frauen befinden sich gegenwärtig in einem ähnlich unglücklichen Zustand; und weil sie die inneren Gesetze ihrer Natur nicht verstehen, wie ich damals, empören sie sich dagegen, indem sie durch viele Irrwege den Konflikt beheben wollen, der an ihrem Wesen reißt! Mein Sinn wanderte mit tiefem Interesse den Pfad jener Inkarnation zurück. Die erste Überraschung war der wilde, dunkle Groll, den Nahid und ich empfunden hatten. Sie muss ein Feind aus meiner Vergangenheit gewesen sein. Sofort schweifte mein Geist nach Atlantis zurück – dort war gewiss die Lösung. Da kam mir plötzlich die rosa Perle in den Sinn; wo hatte ich nur jene Perle gesehen? Blitzhaft erinnerte ich mich – sie gehörte jemandem aus unserer Vierer-Gruppe!

Nun dachte ich über das Wesen der Edelsteine nach, warum sie so oft mit dem Menschenleben verknüpft zu sein scheinen. Welche Wunderkraft mag in einem Juwel wohnen, dass es die Vergangenheit zu beschwören oder künftige Ereignisse zu zeigen imstande ist? Die Gründe, wie mein Skarabäus, der sorgfältig von einem Meister der Weißen Magie magnetisiert worden war, zu mir zurückgefunden hatte, begriff ich – aber die Perle blieb mir ein Geheimnis. Hier bedurfte ich dringend einer Belehrung; aber da meine Versuche, das Bewusstsein meines »Lehrers« zu berühren, erfolglos blieben, bemühte ich mich sehr, die persische Verkörperung so gut wie möglich zu erfassen. Ich fand es schmachvoll leicht, in jene emotionelle Atmosphäre zurückzugelangen. Die lange Periode von Sklaverei und Erniedrigung jener gefangenen, geplagten Frau ließ mich jetzt noch schaudern. Man hatte mich damals dazu gebracht, den bitteren Kelch bis zum Rand zu trinken, den ich früher anderen, von mir Abhängigen aufgezwungen hatte. Gewiss würden jene Erfahrungen sich so tief meinem unvergänglichen Gedächtnis eingegraben haben, dass ich nie wieder grausam gegen Schwache handeln konnte!

Endlich gewährte mein »Lehrer« mir wieder einen Kontakt.

»Ich ließ dich für eine Weile allein«, sagte er, »da es besser für dich ist, selber etwas von den verwickelten Gesetzen des Karmas zu entdecken. Aber der größere Teil muss dir vorerst noch ein Geheimnis bleiben; und ich enthülle dir auch nur solche Leben, die eine direkte Beziehung zueinander haben, in denen also bestimmte Wirkungen deutlich aus früheren Lebensexperimenten hervorgehen. Du hattest natürlich dazwischen auch Verkörperungen, in denen *andere* Menschengruppen durch das Karma mit dir verbunden waren und in denen andere Muster in deiner Natur ausgearbeitet wurden – worin also *die* Note, die du durch die schwarz-magischen Praktiken anschlugst, nicht widerhallte.«

»Ich vermute, dass diese angenehmer und glücklicher waren?«

»Ja, einige von ihnen. Dem Menschen wird jede Gelegenheit zum Glücklichsein und zum Fortschreiten gegeben; und die Umstände, in denen er geboren wird, entsprechen immer der Seite seiner Natur, die er gerade zu entwickeln sucht. Der gesamte Zweck des Reinkarnationsgesetzes ist: Das wahre Selbst des Menschen soll allmählich lernen, sich vollkommene Bewusstseinsträger zu erschaffen, durch die es jeden Aspekt seiner Göttlichkeit harmonisch ausdrücken kann. Es ist so, als wollte es einen gewaltigen Diamanten – die wahre ›Diamantseele‹ – mit tausend Facetten zu strahlendem Glanz aufpolieren. Zu diesem Zweck ist das ›Ego‹ gezwungen, in vielen Gestalten und durch viele Menschengruppen zu wirken. Es muss seine Note in vielen ›Schlüsseln‹ ertönen lassen, indem es jetzt eine Seite und dann eine andere vervollkommnet. Es kann sich jedoch in menschlicher Form stets nur teilweise zum Ausdruck bringen – die Beschränkungen durch den Körper sind zu groß. Deshalb ist es wichtig, nie über einen anderen zu richten, wie niedrig oder unwissend er auch scheinen mag; denn er *kann* eine große Seele sein, die jetzt in einer bescheidenen Verkleidung begangene Fehler büßt.«

»Ich glaube, dass in Persien ein gegenseitiges Erkennen

stattfand«, bemerkte ich. »War Nahid nicht jemand aus meiner Gruppe in Atlantis?«

»Ja. Plötzliche Liebe oder plötzlicher Hass sind fast immer das Ergebnis einer früheren Leidenschaft.«

»Wer war mein Vater? Er war der einzige, den ich als Cihrazad wirklich liebte!«

»Eure Verbindung stammte aus einem glücklicheren Leben. Du wurdest bei ihm geboren, um die Gelegenheit zu bekommen, die schon früher begonnene Bemühung in der Suche nach Wahrheit fortzusetzen. Du liebtest ihn, weil alles, was schön in dir war und nach Wachstum verlangte, freudig auf das antwortete, was er zu geben hatte – so wie die Blume auf den sie pflegenden Gärtner anspricht. Du verlorest ihn und alles, was er dir noch hätte schenken können, durch eigene Torheit.«

»Und was ist mit jener rosa Perle? Du lehrtest mich, dass es kein zufälliges Zusammentreffen gäbe.«

»Alle Dinge saugen Magnetismus auf«, sagte er, »aber Juwelen bewahren ihn viel länger auf, weil das Mineralreich am wenigsten veränderlich von allen Naturreichen ist und so unfassbar langsam wächst. So wie dein Skarabäus in Ägypten magnetisiert wurde – was durch einen hoch spirituellen Prozess viel mächtiger wirkte – ist es in geringerem Maß möglich, dass Menschen unbewusst etwas von ihren eigenen magnetischen Strömungen in einen Gegenstand übertragen. Aber um eine bleibende Wirkung zu erzielen, muss der Mensch zu dieser Zeit unter einem starken Gefühlsimpuls stehen. Wenn ein so durch Liebe oder Hass magnetisierter Gegenstand später wieder in die Hände desjenigen fällt, mit dem er ursprünglich verknüpft war, kann er – bei genügender Sensitivität – dessen schlafende Erinnerungen an jenes Geschehen zurückrufen. Aber der Kontakt würde in *jedem* Fall ein gewisses Wiederaufleben der *karmischen* Strömungen aus jener Inkarnation verursachen. Tatsächlich kann so ein aus ferner Vergangenheit wiederkehrendes Juwel fast als ein Warnsignal karmischer Schuld angesehen werden, die jetzt zur Begleichung vorgelegt wird. Natürlich erkennen die Menschen ein solches Signal meist nicht an und könnten auch seine Botschaft nicht entziffern. Das Leben ist voll von warnenden Lichtern und Wegweisern für Menschen mit genügender Sensitivität. Aber zum größten Teil stolpert der Mensch noch ganz unvorbereitet aus einer Trübsal in die andere. Er fordert dann entrüstet eine Aufklärung über seine Missgeschicke. Er tadelt einen mythischen ›Gott‹ statt sein eigenes törichtes Ich. Ich hoffe« – und hier fühlte ich wieder einmal die warme Glut seiner Adeptenliebe – »dass in deinem Fall *dieses* Leben das letzte sein möge, in dem du die Ohren derer bedrängst, die bei solchen Notschreien und Ausbrüchen über dir gewacht haben.«

Ich schüttelte mich. Auf diese Weise in die Vergangenheit zurückzuschauen, genügte wahrhaft, um restlos allen Dünkel zu verlieren! Ich sagte:

»Man entwickelt sich anscheinend sehr, sehr langsam – man vergisst sehr schnell und fällt immer wieder zurück. Cihrazad scheint keine bemerkenswerte Verbesserung gegenüber dem Pharao darzustellen. Fast ebenso grausam, leidenschaftlich, unbeherrscht ... jener unglückliche Panther! Der Pharao bereute doch schließlich sein begangenes Übel, er nahm seine Aufgabe auf sich und begab sich willig auf den Pfad der Rückkehr.«

»Ja, aber – wie du herausfandest – er bereute, weil er sich fürchtete, und das ist keine wahre Reue. Obwohl die Reue – aus welchem Motiv auch immer – für den Neuanfang nötig ist, ändert sich doch das GESETZ um kein Jota. Du kannst ehrlich bereuen, aber die Atome, die du durch böses Handeln aktiviertest, lösen sich nicht sofort auf, wenn du erklärst, darüber traurig zu sein! Man muss sich mit ihnen befassen und sie selbst mit Willen und Wissen umwandeln. Nie gab es verderblichere Glaubenslehren als die von der ›Stellvertretenden Versöhnung‹ und von der ›Vergebung der Sünden‹. Die christliche Kirche hat sich ein sehr schweres, trauriges Karma geschaffen, indem sie die Worte ihres heiligen Gründers verdrehte und dann großen Nachdruck auf diese entstellten Lehren legte, um weltliche Macht zu gewinnen. Der Mensch muss lernen, selbst die Verantwortung für seine Fehler zu tragen und ihre vollen Konsequenzen anzunehmen. Er muss die gesamte Arbeit alleine tun. Du machtest als Pharao gewiss einen Versuch, das GESETZ zu verstehen, du räumtest den Weg vor dir genügend auf, um voranschreiten zu können. Aber die wahre Erprobung dieser Reue kam erst, als du zur Welt zurückkamst – zu einer Welt voll von Krieg, Hass, Intrige und Streit, welche nicht zu beachten auch dem mächtigsten Teil deiner Natur fast unmöglich war. Auch die stärksten Menschen werden von der Gefühlsatmosphäre um sie her beeinflusst, besonders wenn sie auf Schwächen ihres eigenen Charakters treffen. Es war für dich relativ leicht, die wunderbaren Segnungen von Liebe und Weisheit wahrzunehmen, solange du unter denen weiltest, die sie verkörperten, sowie in dem Frieden und der Abgeschlossenheit des Felsentempels gegen deinen ›Hüter‹ anzukämpfen. Aber all diese Mühen waren nur von vorbereitender Art. Und so geschah Folgendes: Als dir in dieser persischen Inkarnation wieder eine Gelegenheit zur Machtausübung geboten wurde, ward eine Note angeschlagen, auf die jene Wesen, die du einmal durch Machtmissbrauch erschaffen hattest, augenblicklich reagierten. Ich sage dir nochmals mit aller Entschiedenheit, dass die finsteren Kräfte nur *die* Wesen gefährden können, in welchen sie eine Verwandtschaft mit ihrer eigenen Natur vorfinden. Jeder Mensch also, der sich von solchen Gegnern zu Unrecht angegriffen glaubt, sollte sofort in sich selbst nach dem Riss oder Sprung forschen, der eine solche Attacke überhaupt möglich macht.

In Persien zeigte sich gleich wieder deine frühere Eitelkeit und moralische Schwäche. Du bildest dir ein, deine weibliche Gestalt sei deiner unwürdig. Hieraus ergab sich ein starker Minderwertigkeitskomplex, wodurch diese üblen Wesen aufs

Neue gestärkt wurden. Der innere Widerstreit ließ dich danach suchen, bei jeder Möglichkeit deine Macht zu behaupten. Tyrannen und Sadisten sind immer schwache Personen – und oft besessen. Du warst beides. Nun will ich dir ein Leben zeigen, das glücklicher als die meisten anderen war, obwohl es durch deine eigene Torheit wieder in einer scheinbaren Katastrophe endete.«

»Und ich war doch hoffentlich wieder ein Mann?«, rief ich erregt aus. »Ich scheine doch wohl genug weibliche Erfahrungen in jenes Leben hineingepresst zu haben, um lange damit auszureichen? Ich muss doch durch die damaligen Leiden etwas gelernt haben?«

»Aber meinst du wirklich, dass du dich bemühtest, die Lektionen einer Frau zu lernen? Fügtest du dich je deinem Geschick und strebtest danach, das Beste daraus zu machen? Warst du nicht bis zum Ende völlig unausgeglichen? Versuchtest du jemals, die Geheimnisse der weiblichen Seite des Lebens und das Rätsel von weiblicher Stärke zu begreifen? Lerntest du jemals wahres Mitgefühl für die Ursachen weiblicher Ängste, Schmerzen und Schwierigkeiten? Nahmst du jemals in Demut deine sogenannte Unzulänglichkeit an, mit dem Willen, dich auch in weiblicher Gestalt zu vervollkommnen? Nein! Sogar *während* dieser Erfahrungen versuchtest du nicht, ihre Bedeutung zu erfassen, sondern verharrtest in einem unaufhörlichen Empörungszustand. Hier ist wieder zu sehen, wie ohne die richtige Anwendung kein noch so großes Wissen und keine noch so differenzierte Erfahrung von Nutzen ist. Das Ziel der Evolution auf der physischen Ebene ist das ganz ausgeglichene menschliche Wesen, bestehend aus den ›männlichen‹ Eigenschaften von Willen und Intelligenz, und den ›weiblichen‹ Fähigkeiten von Intuition und Liebe, beides zu höchster Vollendung gesteigert. Ehe diese Wesensaspekte nicht in einer Seele gleichmäßig zum Ausdruck kommen, wird sie sich immer aufs Neue als Mann oder Frau verkörpern, um das Gleichgewicht wiederherzustellen. Cihrazad war niemals eine wahre Frau, sie machte nie das Beste aus den Gaben, die ihr durch das Mittel ihres Geschlechtes geboten wurden.

Beim nächsten Mal – aber du sollst selber sehen und urteilen …«

4. GRIECHENLAND

Mein Leben in Griechenland wurde nicht vollständig beschrieben. Ich kam wieder als Mädchen zur Erde. Aber dieses Mal geriet ich nicht in Aufruhr gegen mein Geschlecht; ich hatte doch einige Lektionen aus der persischen Inkarnation gelernt. Da ich zuletzt etwas begriffen hatte, wie die einer Frau verfügbaren feinen Kräfte auszuwerten sind, nahm ich jetzt mein Schicksal an und versuchte energisch, meine weiblichen Möglichkeiten zu nutzen. Aber in Persien hatte ich – selbst nachdem ich gezwungen wurde, mich jeder Spielart des weiblichen Lebens zu unterwerfen – doch immer noch verweigert, bewusst die Regeln der Naturgesetze einzuhalten. Ich hatte bis zum Ende Liebesbeziehungen mit Gefährtinnen gesucht. So verdrehte und verfälschte ich absichtlich jenen Lebensstrom, der in seinem weiblichen Aspekt durch mich floss; und ich verstärkte als Folge jener Ausschweifungen den rein sinnlichen, materiellen Aspekt der Erotik in einem Maß, dass ich bei meiner Reinkarnation in Griechenland von einem Übermaß sexueller Strömungen beherrscht war.

So wurde mein Leben – schon als junges Mädchen – durch dunkle, unbegreifliche Wünsche zu einer Pein.

Ich war eigensinnig, launenhaft, leidenschaftlich und von ungezügeltem Lebenshunger. Jedoch war ich ebenfalls nach Wissen und Schönheit begierig; und weil mein Blickfeld ja von den eng begrenzten Konventionen der Zeit und des Landes, in dem ich lebte, bestimmt war, wendete mein Sinn sich bald unvermeidlich den Männern zu, weil mir nur durch sie die Erfüllung meiner beiden Wünsche möglich schien.

Aber es gab für ein athenisches Mädchen wenig Gelegenheit zum Umgang mit Männern. Ich wurde in den Frauengemächern aufgezogen; und man lehrte mich alle die Künste, die eine ordentliche Ehefrau und Mutter aus mir machen sollten. Eine andere Zukunft war nicht denkbar. Aber im Inneren akzeptierte ich schon in früher Jugend niemals dieses drohende, eintönige Schicksal; denn neben dem heftigen sexuellen Sehnen war ja auch ein glühender Hang zu einem reinen Idealismus und tiefer Romantik in mir! Während ich davon träumte, Männer triebhaft beherrschen zu können – da mein Verlangen nach Macht auf keine andere Weise befriedigt werden konnte – träumte ich andererseits innig von einem idealen, vollkommenen Liebhaber, der mir alle Tore der Schönheit öffnen und mich mit jener Harmonie und Seelenergänzung beglücken könnte, wonach ich tief verlangte.

Nach der esoterischen Lehre werden dem Menschen vor jeder Geburt blitzhaft die Möglichkeiten seines künftigen Lebens gezeigt. Wenn dem so ist, muss ich ein sehr lebendiges Bild von dem, was mich erwartete, behalten haben, denn der Gedanke an die Heirat mit einem verständigen, verdienstvollen Jüngling, den ich nicht kannte und den meine Eltern für mich ausgesucht hatten, erfüllte mich mit Empörung.

Schon vor dem heiratsfähigen Alter verliebte ich mich und schlich heimlich zu den Zusammenkünften. Ich bildete mir ein, in diesem Mann mein Ideal gefunden zu haben. Trotz der Gefahren überredete ich ihn zur Flucht – gerade als meine ehrgeizigen Eltern jene »günstige« Heirat für mich planten. Wir flohen von Athen nach Sybaris, wo die Gesetze lockerer waren und die Frauen sich größerer Freiheit erfreuten. Aber bald entdeckte ich, dass dieser Mann mir nicht genügte. Immer noch dem Irrlicht meiner Träume folgend, verließ ich ihn um eines anderen willen. Mein Suchen ging immer weiter. Getrieben von dem vagen Drängen nach idealer Vollkommenheit und den Wünschen meines unruhigen Fleisches, zog ich von einem Liebhaber zum nächsten – mit dem Resultat, dass allzu bald die vom Wegfall aller Zurückhaltung genährte latente Verderbtheit meiner Natur sich äußerte. Ich gab mich auch nicht mehr um der Liebesillusion willen hin, denn es war mir klar geworden, dass mein Körper Gold, Juwelen, Sklaven und andere Symbole der Macht wert war. Gier war bald meine herrschende Leidenschaft, die unersättlich materielle Kostbarkeiten verlangte.

Ich kehrte nach Athen zurück und wurde dort nach einigen Jahren eine der führenden Hetären der Stadt. Ich war ehrgeizig und hatte bald einen Kreis der reichsten, intelligentesten und künstlerischsten Athener um mich versammelt. Jedoch trotz aller Erfolge fühlte ich im Herzen, etwas Wundervolles verpasst zu haben. Ich war nicht glücklich. Meine edleren Träume verfolgten mich überall; und ich wusste, dass kein seltenes Besitztum, kein kostbares Wissen, kein glühender Liebhaber dieses *innere* Drängen befriedigen konnte!

Eines Abends wurde von einem reichen Bürger ein Fest gegeben. Das Gelage hatte begonnen, die meisten Gäste waren schon von ihren Zechereien benommen. Natürlich waren keine Frauen anwesend, außer einigen Hetären, sowie Flötistinnen und Tänzerinnen. Der Raum war unordentlich geworden, der Boden mit Blumen und abgeworfenen Kleidungsstücken bestreut. Mein Kopf lag auf der Brust meines derzeitigen Liebhabers, doch war mir nicht nach Schwelgereien zumute. Ich hatte kaum etwas getrunken und war von einer seltsamen Klarheit durchdrungen. Das Betrachten der Festgäste bereitete mir Widerwillen. Ich bemerkte verächtlich, dass das Gesicht meines Liebhabers schmutzig und gerötet war, sein Mund stand halb offen, und ein Rosengewinde hing lächerlich über einem Auge.

Da traf plötzlich eine kleine Gesellschaft von neuen Gästen

ein, die von einem anderen Fest kamen. Ich schaute lässig hin, und mein Blick wurde von einem Mitglied aus dieser Schar gefesselt, das ich noch nie gesehen hatte,

Zuerst bemerkte ich nur, dass er jung war und edel aussah. Aber als ich mich aufstützte, um ihn besser zu betrachten, wandte er sich um, und seine Augen begegneten den meinen. Wir staunten einander einen Augenblick lang an, der einer Ewigkeit glich – keiner bewegte sich. Was sich wirklich ereignete, weiß ich nicht, aber es war, als ob eine Feuerflamme aus seinem Herzen in das meine übersprang. Ich wurde verändert und sah mich und alles um mich her mit neuen Augen. Plötzlich war ich mir eines Gefühls von Schande und Entsetzen bewusst. Kaum wissend, was ich tat, hob ich mein Gewand, befreite mich von meinem Gefährten und sprang auf die Füße. Ich sah den Fremden mit einem Anwesenden sprechen und meinte, meinen Namen zu hören. Mein einziger Wunsch war, vor etwas Unbegreiflichem zu fliehen. Ich bahnte mir einen Weg zwischen den umherlehnenden Gästen, deren viele schon vor Trunkenheit schliefen. Ohne einen Blick in seine Richtung zu werfen, lief ich zur Tür und gebot einem Sklaven, sofort meine Sänfte zu bringen. Am Hauseingang wartete ich und lehnte mich an eine Säule – halb ohnmächtig vor Erregung und zitternder Verwirrung. Dies musste die wahre Liebe sein, dachte ich – der gefürchtete Pfeil des Eros! Trotz der warmen Nacht zog ich mein Oberkleid über den Kopf und fröstelte. Der Himmel glich dunklem Samt, mit schimmernden Sternen besät, die Luft war schwer von Blumenduft, in der Ferne sang eine Nachtigall. Es war eine Nacht, für die Liebe geschaffen … Wo blieben nur die Sklaven so lange?

Da hörte ich eine Bewegung hinter mir und blickte mich gehetzt um. Was für ein Wahnsinn war das? Wie konnte der Anblick eines Mannes mich in ein scheues, verschrecktes Mädchen rückverwandeln? Und eine sanfte Stimme sprach. »Chloris«, sagte er, »ich flehe dich an, warte – sprich einen

Augenblick mit mir! Ich bin Serretes, ein Bildhauer. Mein Leben lang habe ich nach einem Modell für mein großes Werk – die göttliche Aphrodite, aus den Wogen steigend – gesucht. Ich reiste nach Ägypten und Persien und den Inseln, aber fand sie nie. Nun komme ich nach Athen – und meine Augen sehen sie endlich. Du bist sie, die herrliche Frau, die ich in meinen Träumen gesucht und geschaut habe. Ich bitte dich innig, sei mir das Modell für Aphrodite!« Seine Stimme schwankte.

Ich wagte mich nicht umzuwenden. Der Duft der Veilchen in meinem Haar machte mich schwindelig. Überwältigt von Gefühlserregung und jenem Empfinden von äußerster Schmach und Schande, wurden meine Handlungen von reiner Panik getrieben. In dem Augenblick kam meine Sänfte. Ohne ein Wort sprang ich hinein und zog den Vorhang vor seinem Antlitz zu. Dann warf ich mich auf die Kissen und weinte bitterlich. Ich hatte ihn verloren und wusste nicht, welch toller Impuls mich in diese Flucht getrieben hatte. Den ganzen Weg schluchzte ich wie von Sinnen. Als die Sänfte vor meinem Haus hielt, stolperte ich hinaus, und da – trat eine Gestalt aus den Schatten heraus – er war es.

»Ich bin dir gefolgt«, sagte er, »denn ich konnte nicht anders. Du verachtest mich vielleicht, und ich bin ja auch noch arm und unbekannt. Du hast ein großes Ansehen, deine Liebhaber sind die reichsten Männer der Stadt. Ich kann dir keine Sklaven, Juwelen oder Geld geben – aber ich will mehr tun!« Seine Stimme klang hell und zwingend, und ich bebte vor seiner Entschlusskraft. »Ich will etwas vollbringen, was sie nicht können – ich will dich unsterblich machen! In kommenden Jahrhunderten werden die Menschen deine verklärte Gestalt bewundern – in all der Schönheit und Vollkommenheit der Aphrodite, deren Symbol du sein wirst! Göttliche Chloris, willst du mir nicht zuhören? Willst du meine Gaben nicht annehmen?«

Ich wandte mich zu ihm, mein Gesicht war von Tränen entstellt, helles Lampenlicht schien von der Pforte darauf herab – aber es kümmerte mich nicht. »Ich brauche deine Gaben nicht«, stammelte ich, »ich verlange nichts von dir, Serretes …«

Seine Miene veränderte sich, seine Hände fielen matt herab. »Du weist mich also ab? Ist keine Hoffnung möglich?«

Ich dachte entzückt, hob mein Gesicht zu ihm empor und öffnete mit hingebungsvoller Geste die Arme. »Ich begehre nichts von dir. Ich wünsche einzig, dir Liebe zu geben. Verlange ich zu viel?«

»Oh Aphrodite, nicht umsonst tat ich dir Gelübde und opferte an deinem Schrein! Oh Eros, gesegnet bist du unter den Göttern!« Und er zog mich in seine Arme und trug mich, wie ein Bräutigam seine Braut, über die Schwelle in mein Haus.

Dann folgten drei Jahre von solcher Seligkeit, wie sie wohl selten Sterblichen gewährt wird. Wir suchten uns eine Villa auf dem Land, dort arbeitete er; und dort verbrachten wir viele Stunden, durch die Haine und über die Berge wandernd – in einer so vollkommenen Gemeinschaft, dass ich oft fürchtete, wir würden den Neid der Götter erregen.

Aber allzu bald fiel ein Schatten über unsere Liebe. Serretes' künstlerisches Werk begann weit gepriesen zu werden, und wir mussten nach Athen zurück. Dort fing die Eifersucht mich zu verzehren an. Nur ein Mann, so stark und gütig wie er, konnte meinen wilden Szenen standgehalten haben. Ich wollte ihn für mich allein und wurde von zweifelnden Ängsten gequält, wenn ich ihn für Stunden aus den Augen verlor. Ich muss ihm das Leben zur Pein gemacht haben, aber seine geduldige Liebe erwies sich als unerschütterlich selbst gegen meine unbeherrschte Leidenschaftlichkeit. Außerdem versuchte er immer, mir von seiner eigenen inneren Festigkeit und von seiner philosophischen Anschauung zu erzählen, die ihm gewiss in jener Zeit gut zustatten kam. Er war ein Bürger von Crotona; und vor unserer Begegnung hatte er beabsichtigt, in die Schule des Pythagoras einzutreten und drei Jahre lang das vorbereitende Schweigegelübde auf sich zu nehmen. Sein Geist war immer noch diesem Zentrum der Weisheit zugewendet; und oft erörterten wir die Möglichkeit, gemeinsam nach Crotona überzusiedeln, das er tief liebte. Aber ich sah in Pythagoras eine Gefahr für unsere innige Gemeinschaft. Obwohl ein Wesensteil von mir ebenfalls zu dieser wunderbaren Idee hingezogen wurde und ich das Risiko, meinen Geliebten mit einer so kühlen Mätresse wie der Philosophie zu teilen, kaum fürchten musste, suchte ich ihn doch von diesen Träumen wegzulocken und ihn durch meine Liebesglut immer fester an mich zu binden.

Da griff plötzlich das Schicksal in meine Angelegenheiten ein.

Zwischen Crotona und Sybaris brach ein Krieg aus. Serretes kündete mir an, er müsse heimkehren, um den Boden seines Vaterlandes verteidigen zu helfen. Mir erschien das wie ein Weltuntergang. Ich war als Kind von einem scheinbar unbegründeten Grausen vor Kriegstreiben jeder Form erfüllt gewesen – auch jetzt noch schreckte mich der Anblick von Kriegern; und ich glaubte auch, dass Serretes umkommen würde. Ich wendete all meine Künste an, um seinen Entschluss zu brechen, aber sein Pflichtgefühl war stärker als unsere Liebe. Ich ließ ihm keine Ruhe. Ich tobte, schmollte, weinte und machte ihm bittere Vorwürfe. Die unvergleichliche Harmonie unseres Lebens war zerbrochen, denn wir stritten uns nun nahezu ununterbrochen. Zuletzt, am Tag seiner geplanten Abreise, griff ich zu meiner letzten Waffe und drohte ihm, wenn er mich verließe, wieder mein früheres Leben anzufangen, das ich seinetwillen aufgegeben hatte. Er lächelte und sagte traurig: »Denkst du, das wüsste ich nicht? Dies allein ließ mich zögern – dennoch muss ich gehen. Ja, meine Geliebte, ich kenne deine Nöte, du brauchst Männer, wie man die Luft zum Atmen braucht, um deinen tyrannischen reizenden Körper und die Wissbegier deines unersättlichen

Geistes zu befriedigen. So wie du Liebhaber vor mir hattest, wirst du sie nach mir haben. Darin sind wir verschieden. Ich werde niemals eine andere Frau verlangen.«

»Jedoch du willst mich ihnen überlassen?«

»Ich muss!« Er nahm mich in seine Arme. »Oh Chloris, mache es mir nicht so schwer! Crotona ist klein, jeder Mann muss dafür kämpfen, wenn wir die Sybariten besiegen wollen. Auch wenn ich hier bliebe, wäre unser Glück zu Ende. Selbst in deinen Armen würde das Gefühl mich bedrängen, mein Volk in seiner Not verraten zu haben. Du aber – bist frei!«

Bei diesem Wort brach ich gramvoll zusammen. »Nein«, schluchzte ich, »ich will keine Freiheit! Ich wusste ja nicht, was Liebe ist, ehe ich dir begegnete – ich schwöre, treu zu bleiben!«

Wir saßen im Gartenhof. Ich hob verzweifelt meine Blicke. Wenn er fortginge, würde er all diese Schönheit mit sich nehmen. Ich schaute auf das gleißende Sonnenlicht auf dem Mosaikboden, ich ließ das Wasser des Springbrunnens in juwelengleichen Tropfen über mich sprühen. Da drüben hoben sich die köstlichen Säulen des Atriums in gedämpftem Weiß aus dem warmen Schatten; und hier stand sein Meisterwerk – Aphrodite, wie sie den Wellen entstieg. Sie wandte sich seitwärts mit einer entzückenden Geste, einem so lebendigen Ausdruck, dass in ihren weich gerundeten Gliedern Leben zu pulsieren schien. Sie war seine Gabe an mich – meine Unsterblichkeit. Ich wies auf die Statue. »Bei Eros schwöre ich, keusch und kühl wie die göttliche Frau da drüben zu bleiben, bis du wiederkehrst.«

Zum ersten Mal hatte ich eine Niederlage anerkannt. Er legte mir angstvoll die Hand auf den Mund. »Schwöre nicht, Chloris! Ich will keine Eide von dir, nur die Versicherung, dass du mich mit Freuden wieder begrüßen wirst.« Er zog einen schweren Ring vom Finger. »Trage diesen Ring für mich, er ist mein Liebespfand. Nichts wird jemals meine Liebe wandeln. Das

Gedenken an deine Schönheit wird mir Stärke geben – ja, ich glaube, es kann mich sogar vor dem Tod beschirmen.«

Aber ich klammerte mich wie ein Kind an ihn. »Ich will aber schwören!«, schrie ich. »Ich wünsche mich an dich zu binden mit allen Eiden im Himmel und auf Erden.« Plötzlich hob ich den Kopf: »Serretes, du hast mich oft angefleht, dich zu heiraten, aber ich lehnte es ab. Jetzt will ich es tun, wenn du es noch möchtest, denn ich will mich unwandelbar gebunden fühlen. Als deine Gattin darf ich dir nicht vor allen Athenern Schande machen. Ich weinte wieder. »Es gibt nichts auf Erden, wonach ich mehr verlange, als dir treu zu sein!«

Zuerst hielt ich mich – stolz darauf, die Gattin des Serretes zu sein – in strenger Abgeschlossenheit. Ich lebte für seine Briefe; und da er mir etwas von seiner Kunst beigebracht hatte, unterhielt ich mich mit Versuchen, seine Werke zu kopieren. Nachrichten kamen nur selten und in immer längeren Abständen. Endlich blieben sie ganz aus, doch ich hoffte noch immer. Die Monate schleppten sich hin. Dieses zurückgezogene Leben bedeutete eine Plage für mich, weil ich ja so lange an die interessante Gesellschaft der klugen Männer von Athen gewöhnt gewesen war. Ich hielt mich gewiss treu, aber um welchen Preis! Serretes hatte wahr gesprochen, dass ich nicht für die Keuschheit geschaffen war. Ich ertrug alles aus Liebe zu ihm. Als jedoch sein Schweigen mehrere Monate gedauert hatte, begann meine Entschlossenheit zu wanken. Ich fragte mich: Welchen Zweck würde es haben – wenn er wirklich tot wäre – dieses sinnlose Leben fortzusetzen, in einer Stagnation des Geistes wie des Körpers? Ich bemerkte, dass auch mein Geist der drückenden Spannung, welcher er ausgesetzt war, nicht lange standhalten würde. Aber ich wagte nicht, wieder in die Welt hinaus zu gehen, denn ich kannte zu genau meine eigene Schwäche und misstraute ihr. Stundenlang schritt ich ruhelos auf und ab und fuhr auf bei jedem Klopfen an der Pforte – in der Hoffnung, es könnte ein Bote sein oder ein Besucher. Der Platz war so still … Ich vermutete, bald vergessen zu werden – andere Frauen würden sich meinen Rang in der Stadt angeeignet haben. Bei diesen Gedanken stürzte ich zum Spiegel und verbrachte – von Panik ergriffen – viel Zeit, um mich zu schmücken und an meinem Gesicht zu arbeiten, denn gewiss – so fürchtete ich – würden Gram und Bedrängnis ihre Zeichen auf ihm hinterlassen.

Fast ein Jahr strich dahin. Ich wurde mager und sehr nervös. Oft war ich jetzt scharf und heftig zu meinen Sklavinnen, obwohl ich doch immer die meinen Dienerinnen erwiesene Großmut und Güte für meine Haupttugenden gehalten hatte. Ich war über diese Veränderung beunruhigt; und als ich einmal von einem neuen ägyptischen Arzt hörte, der sehr in Mode war, beschloss ich, seinen Rat zu suchen.

Vom Tag meines Besuches an war Nectanebes fortwährend in meinem Haus. Er faszinierte mich, und gleichzeitig fürchtete ich ihn. Ausgehungert nach Liebe und Schmeicheleien, konnte ich nie widerstehen, seinen honigsüßen Worten zu lauschen. Außerdem war sein Wissen ungeheuer; und er gab mir Einblicke in seltsame, verbotene Lehren und in eine Philosophie, die auf ihre Weise mir so anziehend erschien wie die des Serretes. Sie verhieß magische Künste, die Lösung der großen Geheimnisse und – Macht. Er lachte über mein Ideal der Treue zu meinem Geliebten; und dabei dachte ich, dass Serretes selbst gesagt hatte, er erwarte keine Treue von mir. Ich fühlte mich hin und her gerissen. Doch ich weigerte mich lange, den Anträgen des Ägypters nachzugeben, trotz seiner Versprechungen und der geschickten Art, mit der er sich meiner Eitelkeit, Leichtgläubigkeit und Lebensgier bediente.

Eines Tages, als wir im Gartenhof saßen, sagte er: »Es gibt nichts in der Welt, was ich dir nicht verschaffen könnte, Chloris, sogar die ewige Jugend, wenn du dich mir schenken würdest.

Gemeinsam könnten wir sogar dieses große Geheimnis erobern.« Ich blickte erstaunt auf.

»Ewige Jugend? Du phantasierst! Kein Mensch hat diese Macht!«

Er lächelte mich rätselhaft an. »Ach, was weißt du von Macht, obwohl du sie so glühend begehrst?« Mit rascher Bewegung fasste er mich beim Handgelenk und zog mich zu dem steinernen Becken hinunter.

»Schau!«, sagte er, in das stille Wasser zeigend, das mein Bild widerspiegelte, »in jener Schönheit liegt die ganze Quelle deiner Macht, in deinem weißen Körper, in der lebendigen Anmut, in der feurigen Leidenschaft deiner Jugend! Dies alles wird dahinwelken, dein Auge wird trübe und deine Haut faltig werden, und dein Körper wird dir wie eine Schmach vorkommen. Du brauchst Reichtum, Luxus und Bewunderung zu deinem Glück. Ohne deine Schönheit würde sogar Serretes – wäre er am Leben – dich verlassen; glaube nicht, dass er dich deines Liebreizes beraubt sehen möchte! Aber er hat dich ja bereits verlassen – für eine Stadt! Andere Liebhaber würden dich mehr schätzen, aber sie vergäßen dich dennoch, sobald du alt wirst, oder sie würden nur Mitleid und Vorwürfe für dich haben. Was wird dein Schicksal sein?« Er drängte sein Gesicht eng an das meine.

»Soll ich es dir prophezeien? Eine arme, grellgeschminkte Dirne, die sich an die rauhen Hälse betrunkener Seeleute in den Häfen schmiegt – oder eine Bettlerin, die an den Pforten von Athen nach Almosen wimmert? Oder vielleicht ein früher Tod – Gift aus Verzweiflung?«

Seine Worte glichen stacheligen Pfeilen und schleuderten wahrhaft Gift in meine Adern. Ich starrte wie hypnotisiert auf mein Spiegelbild, und da sprang plötzlich ein Windstoß auf, der offenbar von irgendwo herkam! Er zerwühlte das Wasser, und mein Bild wurde entsetzlich entstellt. Grausen erfasste mich. Es stimmte, meine Schönheit war meine einzige Waffe, mein teuerstes Besitztum, und ich verschwendete sie im Weinen nach Serretes, der ja wirklich – wie Nectabanes sagte – meine Liebe verraten hatte um jenes farblosen Dinges willen, das er seine Ehre nannte.

Der Ägypter setzte sich auf den Rand des Wasserbeckens und zog mich neben sich. »Höre zu!«, sagte er. »In Ägypten hatte ich mächtige Kräfte, ich studierte die Magie. Ich bin reich – über all deine Träume. Wenn du tust, was ich von dir erbitte, sollst du solche Edelsteine haben, wie keine Athenerin sie jemals sah, Rosse aus Persien, unzählige Sklaven – nichts soll dir verweigert werden. Ich glaube auch, durch magische Riten das Geheimnis der ewigen Jugend und Schönheit erringen zu können – und ein kostbares Wissen, das die Menschen für immer an uns binden wird. Ist es nicht irrsinnig, dein ganzes Leben für ein Ideal zu opfern?«

Während ich seiner beschwörenden Stimme lauschte und jene schimmernden Visionen vor mir sah, wurde das Bild von Serretes blasser. Doch noch immer schwankte ich schmerzlich zwischen diesem Weg und dem anderen. »Wenn ich mich dazu entschließe«, sagte ich endlich, »wie weiß ich denn, ob du mir dieses Geheimnis der Jugend wirklich geben wirst? Durch welchen Eid kann ein Mann wie du gebunden werden?«

Er lächelte und zog eine Kristallphiole, mit einer dunkelroten Flüssigkeit gefüllt, aus seinem Gürtel. »Dies ist von größerem Wert als jeder Eid, denn es ist das, wonach du verlangst – das wahre Elixier der Jugend.«

»Gib es mir!«, rief ich aus.

Aber er lachte und zog die Phiole fort. »Nein, nein, es ist nicht genug darin. Du weißt ja nicht, was für seltsame Riten und geheimnisvolle Essenzen zur Destillation dieser Flüssigkeit gehören. Ein Tropfen auf die Zunge bei jeder Morgendämmerung, sechs Monate lang – und sie hat ihre Schuldigkeit getan. Denke dir, Chloris, ewige Jugend, ewige Schönheit und ewige Macht!« Ich starrte ihn schwer atmend an und redete mir ein, dass es ja, falls Serretes tot sei, sowieso nichts schaden würde. Sollte er aber zurückkehren, würde ich inzwischen ein solches Wissen gewonnen haben, dass es wohl all die »Wunder« der Lehren des Pythagoras verdunkelte.

»Wo können wir – genug davon bekommen?«, flüsterte ich.

»Bei den Zeremonien der Hekate. Wenn du heute Nacht mit mir zu ihrem Tempel kommst, werden dir diese Mysterien enthüllt werden, und die Zukunft wird dir zu Füßen liegen.«

Ich ging mit ihm; und nachdem ich mich einmal Nectabenes hingegeben hatte, verfiel ich immer mehr dem Zauber seiner Persönlichkeit. Athen lachte und spottete, aber das rührte mich nicht. So wie ein Wesensteil von mir zu Serretes hingezogen wurde und sich seiner edlen Natur öffnete, fand jetzt ein anderer seine Befriedigung in dem Ägypter. Nur gegen etwas wehrte ich mich trotz seiner Bitten: Weiter den Tempel der Hecate zu betreten und an ihren Riten teilzunehmen. Ich hatte entdeckt, dass Magie mich tief erschreckte und versuchte, alles zu vergessen, was dort vorgegangen war.

Dann erhielt ich eines Tages einen Brief von Serretes. Er berichtete, dass er verwundet und gefangen genommen worden sei. Monatelang sei er sehr gefährlich krank gewesen. Er wäre als Sklave verkauft worden, hätte aber nun seine Freiheit wiedererlangt. Nun sei er auf dem Weg nach Crotona und bäte mich innig, ihn dort zu treffen. Ich sagte es Nectabanes, mit der Verkündung, dass ich sofort Athen verlassen wolle.

Er versuchte, es mir auszureden, aber vergeblich. Ich blickte ihn jetzt kalt an und mochte nicht mehr daran denken, dass er je mein Liebhaber war. Da begann er zu drohen, und seine Drohungen waren schrecklich. Ich war tief erschüttert und beunruhigt. Um Zeit zu gewinnen, versprach ich, dass ich Athen nicht verlassen, sondern Serretes bitten wolle, zu mir zu kommen. Aber heimlich traf ich Vorbereitungen für meine Abreise und verwehrte es Nectabenes, sich mir weiter als Liebhaber zu nahen.

Es war nicht leicht zu entfliehen. Nectabenes ließ mein Haus beobachten, und ich war fast wie gefangen. So glitten die Tage dahin, und dann bekam ich noch einen anderen Brief von Serretes. Es waren nur wenige Zeilen. Er schrieb, dass er meinen Brief bekommen habe mit der Nachricht, meine Liebe zu ihm sei geschwunden und in dem ich ihm seinen hinterlassenen Ring zurückgeschickt habe.

»Was mich betrifft«, schrieb er, »werde ich niemals aufhören, dich in diesem Leben oder einem anderen zu lieben. Ich habe immer verstanden, wie schwer es für eine Frau wie dich sein muss, treu zu bleiben! Aber da du mir nun verloren bist, ist die Welt leer geworden – selbst meine Kunst erscheint mir nichtig. Ich bin in die Schule des Pythagoras eingetreten und werde, wenn dieser Brief dich erreicht, schon das Schweigegelübde auf mich genommen haben. In diesen drei Jahren der Stille werden meine Gedanken immer bei dir sein. Mögen die Götter dich behüten und dir alle deine Wünsche gewähren!«

Mein erster Gedanke galt dem Ring. Ich hatte ihn schon lange nicht mehr getragen und war auch achtlos mit meinen Schmucksachen. Ich setzte alle Dienerinnen zum Suchen ein, doch fand er sich nicht. Da wusste ich, dass dies das Werk von Nectabenes war. Als er kam, stellte ich ihn zur Rede. Er leugnete nichts und hatte wirklich einen Brief mit dem Ring an Serretes geschickt. »Ich wünsche, dich mit nach Ägypten zu nehmen – ich kann dich dort für den mächtigen Zweck, dem mein Leben gewidmet ist, gebrauchen. Du wirst reich und glücklich sein – glücklicher als du je mit einem so armen Geliebten sein könntest.« Ein grimmiger Willenskampf erhob sich zwischen uns, jedoch trotz heftiger Anstrengungen konnte er mich nicht länger beherrschen. Der Zauber war zerbrochen, und jetzt wünschte ich nur noch, nie wieder sein Gesicht zu sehen. Zuletzt wandte er sich – besiegt – zum Gehen, blieb aber an der Tür nochmals stehen: »Erinnerst du dich an das zerstörte Spiegelbild, das ich dir im Wasserbecken zeigte? Dies wird dein Schicksal sein, es ist mein Abschiedsgeschenk für die reizende Chloris – ich lege meinen Fluch auf dich!« Ich warf den Kopf hoch und lachte: »Du bist ein Narr trotz all deiner Weisheit. Was soll der Fluch nützen, da du mir doch ewige Jugend gegeben hast – mit diesem!« Und ich griff an die Phiole, die ich immer bei mir trug.

Er lächelte. »Das? Das ist Wasser, mit Maulbeersaft gefärbt. Dachtest du, ich würde meine magischen Künste an solchen Frauentand verschwenden? Es waren mächtigere Zwecke, wofür ich dich benötigte.«

Er ging hinaus, das bronzene Tor schlug zu. Die Phiole fiel aus meiner Hand und zerbrach auf dem Boden in kleine Stücke.

Ich sah noch andere Bilder aus dem Leben der Chloris, aber es waren flüchtige, verwischte Szenen – so als ob ihre Taten, gerade durch ihre Verbindung mit Grausen und Erniedrigung, sich trotz aller Mühen, sie zu vergessen, dennoch der sensitiven Platte meines ewigen Gedächtnisses eingeprägt hätten. Ich schien eine grell geschminkte Dirne zu sehen, die durch die engen, verpesteten Gassen jenseits der Kais schlich und während des langsamen Verfalls ihrer Schönheit schreckliche Gefühle von Verzweiflung und Schmach durchlebte. Die Prophezeiung des Ägypters hatte sich zweifellos erfüllt: »Oder vielleicht ein früher Tod – Gift aus Verzweiflung …« Es kann so geendet haben. Jedoch in Wahrheit war dieser jammervolle Abstieg *nicht* jenem Fluch zuzuschreiben, denn kein solcher kann wirksam werden, wenn nicht in dem verfluchten Menschen eine dem Fluch entsprechende böse Neigung vorhanden ist. Der Verfall rührte eher aus ihrer eigenen furchtbaren Gewissheit her, dass sie durch das Verlassen von Serretes das LEBEN in seinem höchsten Sinn verspielt hatte; denn sie hatte damit ihr höheres Wesen verlassen und so den wahren Lebensstrom in sich ertötet. Sie war ihr eigener Fluch gewesen. Ihre

Erinnerungen hatten sich langsam wie Krebs in den Kern ihrer Existenz hineingefressen, ihre Lebensenergie untergraben und heimtückisch auch jene Eigenschaften zerstört, die ihre bisherigen Bemühungen erbracht hatten. Kein Wunsch schien ihr mehr der Erfüllung wert. Die Fähigkeit, intelligentere und feinere Männer anzuziehen, versagte, denn es war ihr unwichtig geworden, sich weiter darum zu bemühen. Sie schwand – wie das tote Wesen, das sie *seelisch* geworden war, aus dem Gesichtskreis der lebenden Menschen.

Ich sah sie an den stillen, mondbeglänzten Wassern des Hellespont sitzen. Dunkle Felsen ragten hinter ihr auf, die Luft war warm und düftereich, aber die wunderbare Lieblichkeit der Sommernacht konnte ihre Seele nicht mehr anrühren. Ich sah ihr Gesicht, vom fahlen Mondlicht beleuchtet, und es sah schrecklich aus, wie von einer grausamen Krankheit verheeert. Sie starrte mit leblosen Augen auf das Wasser unter ihr. Ihre Lippen, von Ausschweifung vergröbert, bewegten sich in einer endlosen Wiederholung. Ich hörte Serretes Namen. Als ich jetzt mein Bewusstsein mit dem ihren verschmolz, fühlte ich diesen Namen wie einen Ruf der Verzweiflung und Agonie durch das ganze Universum schluchzen.

Ihr Kopf fiel herab, ihre Hände schlugen gegen die scharfen Felsenkanten. »Konnte ich nicht gewartet haben, konnte ich nicht gewartet haben«, hörte ich sie sagen. »Eine so kurze Zeit aus den langen, langen Jahren? Was für ein Wahnsinn beherrschte mich? Was war Reichtum und Schönheit – mit *diesem* verglichen? War dieses nicht die Quintessenz aller Schönheit? Ich war blind, stumpfsinnig und unwissend. Ich diente meinem Körper, als ob er mein Gott wäre. *Er* war mein Gott, und durch meinen Körper verlor ich ihn! Für immer. Nie wieder – nie wieder …«

Fehlschlag; ein weiterer Fehlschlag. Aber dieses Mal ein Versagen in der Liebe. Wer war Serretes? Er war wohl Shaballaz gewesen, der wieder in mein Leben gekommen war – nur um betrogen zu werden? Was war die Folge eines solchen Betrugs! Hatte Chloris Recht? Hatte ich diesen Menschen, der mir so sehr viel bedeutete, wieder – vielleicht für Jahrhunderte – verloren? Ein seltsames Gefühl von Trostlosigkeit überfiel mich. Es war kein bloßes Verschmelzen mit Chloris, sondern auch ein sehr wirklicher und gegenwärtiger Schrecken. Denn ich wusste wohl, dass das Sehnsuchtsverlangen der Chloris keineswegs etwas Einzigartiges war. Ich empfand ja in meinem eigenen Leben so oft dieses dringende Verlangen nach einem nahen, teuren Gefährten, nach einem Geliebten oder Freund, der eine Art von Ergänzung und Vollendung meiner eigenen Person bedeuten würde; und ich wusste, dass dieser tiefe Wunsch nach dem, was oft eine »Zwillingsseele« genannt wird, von universaler Natur ist.

Konnte das, fragte ich mich, ein bezauberndes Irrlicht sein, das die Menschen verfolgt? Die Biologen begnügen sich meist damit, den Naturtrieb zur Fortpflanzung dafür heranzuziehen. Das konnte natürlich der *unterste* Aspekt dieser Sehnsucht sein. Aber es gab davon – das wusste ich mit Sicherheit – einen inneren Sinn, eine höhere Bedeutung.

Als mir wieder ein Kontakt mit meinem »Lehrer« gewährt wurde, bestätigte er mir das. »Das Suchen nach der Zwillingsseele, das sich bei manchen Menschen fast als eine Besessenheit und bei anderen nur als ein sehnendes Ahnen zeigt«, sagte er mir, »hat so viele Aspekte und ist von so fundamentaler Wichtigkeit, dass du über seine Bedeutung meditieren solltest.

Im Leben der Chloris waren beide Hauptaspekte – der höhere und der niedere – deutlich vorhanden. Aus einem Studium ihres Charakters kannst du viel lernen. Wie bei jedem kosmischen, ewigen Prinzip ist es auch hier nötig, erst seine unteren Spiegelungen auszuarbeiten und zu begreifen, ehe jene höheren, wahreren Facetten berührt werden können, die – weil nicht der vergänglichen Persönlichkeit zugehörig – an der Natur GOTTES teilhaben und allein dauerndes Glück bringen. Alle, die diesen dringenden Wunsch nach ihrer Zwillingsseele – also nach einem idealen Liebespartner, einem vollkommenen Freund, einem ergebenen Kind oder welche Form die Vision annimmt – empfinden, müssten sich fragen, welche Rolle ein solches Wesen in ihrem Leben spielen soll! Sie werden sagen, dass es jemand sein muss, der den gleichen Weg wandert, all ihre Freuden und Schmerzen teilt, ihre Stimmungen mitfühlt, sie in Krankheit und Gesundheit behütet und treu bis zum Tod ist. Mit anderen Worten: Jemand, der nur leben möchte, um ihnen jeden physischen, seelischen, mentalen und spirituellen Wunsch zu befriedigen. Dass der derart Strebende hinzufügt, er sei auch seinerseits willig, liebevoll zu dienen, darf nicht zu ernst genommen werden! Es gibt sehr viele andere Menschen auf Erden, die um Liebe und Hilfe bitten, welche er aber nicht beachtet. Was beweist, dass sein Helferwunsch nicht uneigennützig ist, sondern von dem Maß des Dienens und Liebens abhängt, das der Partner ihm ausschließlich entgegenbringt. Dieses Sehnen geht also auf das Verlangen des Ichs hinaus, als Person glücklich gemacht zu werden. Dies ist ein Wunsch, der – weil selbstsüchtig – nie Befriedigung verdient und darum auch nicht erfüllt werden könnte. Jede egoistische Neigung trägt ihren eigenen Auflösungskeim in sich. Daher die vielen bitteren Enttäuschungen in menschlichen Beziehungen; denn gerade die, welche so viel von ihren Gefährten verlangen, stehen nicht auf der Stufe, auf der sie es *karmisch* verdient hätten. Erhielten sie es aber, wären sie fast nie imstande, solche Zuneigung richtig zu erwidern und das Beste aus einer so kostbaren Beziehung zu machen. Die Persönlichkeit als solche kann niemals befriedigt werden. Jeder, der das für möglich hält, täuscht sich sehr; denn wahre Vollkommenheit kommt nicht von außen, sondern von innen. Dieser Traum von Glückseligkeit in Verbindung mit einer Zwillingsseele ist nur der unbewusste Versuch, eine gewisse Vollkommenheit – die tatsächlich existiert, aber als ein Zustand in der Unsterblichen Seele – in die astrale Sphäre herabzuholen. Das Gefühl des Mangels, das drängende Verlangen nach jemandem, der die eigene Unzulänglichkeit ausgleichen soll, stammt davon, dass die betreffende Person noch ein mangelhaftes Instrument für die Seele ist, und weniger dem Fehlen an menschlichen Gefährten auf Erden. Der Mensch, welcher sein Höheres und sein irdisches Selbst völlig aufeinander abgestimmt hat, wird nicht so sehr darum besorgt sein, eine ›Zwillingsseele‹ auf Erden zu finden. Denn er wird alles, was er zum Glück benötigt, in *dieser* spirituellen Vereinigung finden.«

»Aber was ist mit so engen Banden wie zwischen Chloris und Serretes?«, fragte ich.

Er lächelte. »Ich sagte, der Mensch mit einer gewissen Vollkommenheit wird nicht mehr so viel Hunger nach einer Zwillingsseele empfinden – aber ich sagte nicht, dass eine so beglückende Beziehung nicht existierte! Aber eine vollständige Erklärung über den höheren Aspekt der Frage könnte nur von einem Menschen verstanden werden, dessen hohe Entwicklungsstufe ihn den gesamten, ungeheuren Evolutionsplan überschauen lässt, in dem die einzelnen Menschenleben ihre Rolle spielen. Jener höhere Aspekt betrifft die Wechselbeziehung zwischen den feineren Bewusstseinsträgern der Menschen. Auf Erden scheinen die Menschen getrennte Einzelwesen zu sein, aber das ist eine Täuschung, die zur Entwicklung des menschlichen Eigenbewusstseins nötig ist. Jeder Mensch ist ein Teil von einer Seelengruppe, und jedes ihrer Glieder ist auf deren spezielle Note abgestimmt. Denn denke daran, dass auf den Inneren Ebenen alles Leben sich durch Schwingung ausdrückt, es offenbart sich in feinstofflichen Klängen und Farben. Ohne dies zu begreifen, wirst du nie die Frage der Gruppen und ihrer Arbeit erfassen lernen. So wie jede Zellengruppe in deinem Körper eine Rolle im Leben des Gesamtorganismus spielt, sind diese Ego-Gruppen auf den Inneren Ebenen dazu bestimmt, spezifische Rollen in jener größeren Einheit zu spielen, die durch den vollendeten »Organismus« der Gesamtmenschheit dargestellt sein wird. Um den für jeden Einzelnen nötigen ›Vollkommenheits‹-Zustand zu erreichen, inkarniert sich jedes Glied immer wieder. Aber da jeder Mensch freien Willen besitzt, gehen manche langsam vorwärts und andere rascher. Jedoch ist zu beachten: Solange nicht jedes Glied eine gewisse Stufe erreicht hat, kann die Gruppe als solche nicht die ihr bestimmte Aufgabe erfüllen. Du begreifst daher, wie schwer die auf jedem liegende Verantwortung ist, sich so schnell wie möglich höher zu entwickeln, um nicht *den* Teil des Planes, in dem seine Gruppe ihre Rolle zu spielen lernt, zu verzögern. Die vorbereitenden Schritte bestehen natürlich darin, die eigene Person zu begreifen und unter Kontrolle zu bringen. Dann folgt die Vereinigung zwischen dem Höheren und dem niederen Selbst, was den Kontakt mit der Gruppe zur Folge hat. Bewusste Vereinigung zwischen allen Gliedern der Gruppe – innerhalb wie außerhalb des Körpers, ist die nächste Errungenschaft. Sobald jemand fähig ist, den Gruppengrundton klar ertönen zu lassen, während er auf der physischen Welt lebt, werden andere gleichzeitig Inkarnierte zu ihm hingezogen, und sie bilden dann gemeinsam einen Brennpunkt, durch den die Glieder auf den *Inneren* Ebenen (denn selten inkarnieren sich alle Glieder einer Gruppe zur selben Zeit) alle vereinten Energien den gewünschten Zielen zuleiten.

So geht die Arbeit in zunehmender Harmonie und Kraft weiter, bis zu einem Zeitpunkt, wo eine Gruppe – durch eine außergewöhnliche Methode – eine Technik vervollkommnet, wodurch alle ihre Glieder frei und unbehindert in den physischen wie in den inneren Welten tätig sein können, so wie sie es gerade wünschen. Die, welche für dieses Wissen bereit sind, werden es durch Meditation selbst entdecken.

Du musst dir aber klar sein, dass auch die beglückendste Vereinigung mit der eigenen Gruppe auf allen Ebenen nicht das endgültige Ziel der Seele ist. (Dies ist zwar eine Erhöhung über das Verlangen nach Vereinigung mit *einem* geliebten Wesen hinaus, die eine Vorahnung davon ist und alle Liebesfähigkeit einschließt, wozu die Menschen jetzt gelangen können.) Jedoch ist sie gleichfalls nur ein vorbereitender Schritt zu einem viel herrlicheren Ziel. So wie drei Noten einen Akkord bilden und Akkorde und Noten zusammen eine Tonschöpfung ergeben, lernen diese Seelengruppen, wenn sie einmal die Fähigkeit der Koordination erworben haben, sich auch mit anderen Gruppen auf vielen Ebenen zu vereinigen. So verstärken sie ihre Stärke für den Dienst und lassen – durch dieses willige Teilnehmen an dem universalen Schöpferakkord – immer mächtigere Melodien in der göttlichen Symphonie ertönen. Ist dieser Zustand gewonnen, werden solche Seelengruppen – zu einer Einheit verschmolzen, die nie auf Erden begreifbar ist – eine Ausdehnung des Bewusstseins, ein tiefes Erleben von Wahrheit und Schönheit, eine Seligkeit erfahren, die kein Einzelwesen allein jemals erreichen könnte.«

Er hielt inne. Doch hinter seinen Worten konnte ich eine mächtigere, höhere Bedeutung ahnen. Aber alle Worte könnten sie nur verschleiern und verwirren. »Dann meinst du«, wagte ich zu sagen, »dass die Zwillingsseele, nach der die Menschen verlangen, in Wirklichkeit GOTT ist ...«

»Dies ist das Gewaltigste, was du daraus machen kannst«, erwiderte er.

»Alle Dinge sind relativ, jedoch du siehst aus allem, dass dieser Traum von einer Zwillingsseele eine sehr reale Basis hat und eine lebenswichtige Rolle im Evolutionsplan spielt, weil er jene Ursehnsucht der Teile ist, Vollendung im GANZEN zu finden. Das Höhere Selbst auf seiner eigenen Ebene kennt sein Ziel; und während es immer größere Herrschaft über sein Persönlichkeitswerkzeug gewinnt, wird es immer fähiger, diesem seine Ideale einzuprägen. Je sensitiver und entwickelter ein Mensch ist, desto schmerzlicher ist sein Unzufriedenheitsgefühl mit den Dingen – und am meisten mit sich selbst. Er wird sich stark seines Mangels bewusst und versucht, ihm abzuhelfen – so werden Fortschritte erzielt. So lernte Pharao von Shaballaz und Chloris von Serrettes.« »Waren das nicht die gleichen Seelen?«, rief ich aus.

»Ja! Ihr seid Glieder einer Gruppe«, erwiderte er. »Wann immer Glieder einer gleichen Gruppe sich im Physischen treffen, ist meist – da sie ja auf den gleichen Grundton gestimmt sind – eine »Wiedererkennung« und ein gegenseitiger liebevoller Beistand die Folge. Aber leider nicht immer; denn wenn Seelen tiefer in die dichten Sphären hinabsteigen müssen, lassen die anprallenden disharmonischen Schwingungen sie oft die Berührung mit jenem Grundton in seiner ursprünglichen Reinheit verlieren. Dies macht das Wiedererkennen schwierig. Manchmal begegnen sich zwei, gehen aber aneinander vorbei, weil keiner entwickelt genug ist, um den anderen in der dichten Verkleidung des Fleisches zu erkennen. Zuweilen geschieht es auf dem Weg des aufwärts führenden Zyklus, dass ein Vorangeschrittener einen Bruder erkennt, aber selbst von ihm unbekannt bleibt. Das ist dann in der Tat eine Tragödie, aber hauptsächlich für den Sensitiveren, da es ihm wohl großes Leid bringen wird. Aber auch der Segen wird entsprechend groß sein, denn es wird dann fast immer ein Leben voll selbstloser Hingabe entstehen, so wie Shaballaz es dir darbrachte; und dies bringt seine eigene Belohnung mit sich.«

»Aber Chloris *erkannte* jenen Grundton der Einheit und war doch nicht fähig, ihn festzuhalten …«

»Das ist wahr. Wenn das Wiedererkennen gegenseitig ist, jedoch ein Partner zu schwach oder zu selbstsüchtig ist, um treu zu bleiben und den Preis für ein so großes Privileg zu zahlen, sind die Folgen um so ernster. Treulosigkeit in einem solchen Fall verursacht eine Art von Zerreißen lebendiger Fäden, die jeden Teil der Gruppe an die anderen binden, das Zertrümmern eines zarten, rhythmischen Gleichgewichtes. Sie erschüttert und vernichtet die Harmonie – nicht nur in der kleinen Welt der Gruppe, sondern auch in wesensverwandten Gruppen – und kann weitreichende karmische Folgen haben.«

»Was ist das Ergebnis eines solchen Verrats auf den betreffenden Menschen?«, fragte ich ihn.

»Alles hängt von den Umständen ab. Wenn jemand darin verharrt, ein Leben nach dem anderen Missklänge hinaustönen zu lassen und mit zerstörerischen Schwingungen zu arbeiten, kann er endlich die zarten Fäden aus feinstofflicher Substanz, die ihn an die anderen binden, so schädigen, dass er zu einer realen Gefahr für die Gruppe wird. Er wird deshalb von der Gruppe abgeschnitten – so wie man ein krebskrankes Körperglied amputiert – und die Chance, wieder eine neue Persönlichkeit aufzubauen, wird für eine längere Zeit unmöglich. Dies ist es, was dir *nach* Atlantis passierte; denn du brachst deine kostbare Verbindung *bewusst* entzwei. Die Atlanter hatten ein viel tieferes Wissen von diesen Geheimnissen, als es den Menschen seither wieder zugänglich war, weil sie es dort so missbrauchten. Aber eine – oft geschehende – Handlung wie die von Chloris hat einfach zur Folge, dass der Missetäter für längere Zeit von der Berührung mit Mitliedern seiner Gruppe abgeschnitten wird, bis er seine Lektionen gründlicher gelernt hat. Wenn eine so starke Entwicklungsungleichheit zwischen Gliedern einer Gruppe auftritt, ist es oft besser für den Säumigen, dass er den anderen nicht begegnet, bis er für die Verantwortlichkeiten einer solchen Begegnung reif genug ist.

Die einem Versagen in der Liebe folgende Trennung ist eine schreckliche ›Strafe‹, weil der Mensch – wenn er einmal die Seligkeit des Vereintseins mit einem Glied seiner Gruppe im Physischen erlebt hat – das niemals in den kommenden Inkarnationen vergessen kann und immer ein schmerzlich verstärktes Gefühl von Verlust und Verlassenheit empfinden wird.«

»Aber warum wurde mir dann erlaubt, Serretes zu begegnen?«, fragte ich. »Warum wurde einem so unentwickelten Geschöpf die Gelegenheit gegeben, sich selbst und anderen solches Leid zuzufügen und das unvermeidliche schlechte Karma zu ernten? Es scheint wirklich ein wenig ungerecht.«

Er lächelte. »Sehr viele Dinge erscheinen Leuten mit so begrenztem Gesichtskreis wie dir ungerecht«, sagte er etwas belustigt. Aber nichts, was von den Großen ›Herren des Karma‹ gestattet wird, kann ungerecht sein, da es in exakter Übereinstimmung mit dem Gesetz von Ursache und Wirkung angeordnet wurde. Nichts, was ein Mensch jemals getan oder gedacht hat, entgeht ihnen. Sie verweben die unzähligen Fäden des menschlichen Schicksals. Sie halten das Gleichgewicht vollkommener Gerechtigkeit und Wahrheit aufrecht. Außerdem – überlege! Gibt es jemals einen Fortschritt ohne Risiko? Dieses Gesetz gilt für alle Welten. Manchmal ist eine Gruppe willens, auch einem Zauderer wieder Gelegenheit für einen solchen engen Kontakt zu geben. Dann werden die Möglichkeiten sowohl für einen Fehlschlag als auch für die günstigen Folgen des Experimentes vorher überlegt und abgewogen. Vergiss nicht: Keine Aufgabe wird je einem Menschen gegeben, die größer wäre als seine Stärke; und keine Prüfung wird ihm auferlegt, die größer wäre als seine Ertragenskraft. Seine Kräfte werden immer um Haaresbreite abgeschätzt. Oft wird sein Höheres

Selbst vor der Geburt seiner neuen Persönlichkeit konsultiert, ob es willig ist, das schwere Karma eines Fehlschlages zu riskieren. Wenn der Mensch nur die Tatsache begriffe, dass *alles*, was ihm widerfährt, auf seine eigenen vorsätzlichen Handlungen zurückzuführen ist und er immer größer sein kann als das, was er sein Schicksal nennt! Wie wenige leben nach ihren besten Möglichkeiten – Trägheit und Furcht halten sie immer zurück. Es gibt jedoch im Universum unendliche Kraftreserven für den, welcher tapfer gegen scheinbar überwältigende Übermachten ankämpft. Wie oft ist jemand nur wenige Stunden vor *dem* kostbaren Augenblick unterlegen, wo ihm Hilfe gewährt werden sollte! Aber in *deinem* Fall war das Experiment des griechischen Lebens tatsächlich segensreich. Schon das Gefühl des erschütternden Verlustes, das ihm folgte, prägte sich dir so tief ein, dass das Ideal nie wieder vergessen werden konnte. Du machtest einen großen Schritt vorwärts in deinem griechischen Leben. Du endetest auch nicht durch eigene Hand, *das* hattest du in mehreren vorhergegangenen Leben begangen; und die Einsicht von der Torheit einer solchen Tat hatte sich für alle Zeit in deine mentale Ausrichtung eingeprägt. Im Gegenteil, jene letzten Jahre, obwohl anscheinend grässlich und erniedrigend, waren die fruchtbarsten von allen. Indem du deinen großen Fehler zugabst, suchtest du endlich zu begreifen, *wo* du versagt hattest. Du suchtest keine Entschuldigungen mehr und tadeltest nicht andere. Dein Erbe als antike Griechin, geboren in einem Volk, das die Wahrheit hoch verehrte und eine besonders logische Mentalität besaß, half dir hier, so wie es auch die Kontakte taten, die du mit Männern von hohen intellektuellen Fähigkeiten geknüpft hattest. Endlich von aller Selbsttäuschung befreit, bereutest du – und es war jetzt die echte Reue! Sie gründete sich nicht – wie in Ägypten – auf Furcht oder Belohnungshoffnungen, sondern wurde von echter Liebe und echtem Verständnis des GESETZES eingegeben. Du lerntest – was Cihrazad nie tat – dass Eitelkeit, Torheit und

Unwissenheit ihren eigenen Fluch in sich tragen. Du ändertest deine Lebensweise nicht mehr – es war zu spät. Aber mitten im Abschaum der Menschheit, in den du versankst, entwickeltest du – mit deinen Erinnerungen an Serretes philosophische Religiosität, die dich stützten und leiteten – Verständnis, Liebe und Mitgefühl für deine Leidensgefährtinnen. Obwohl du es nicht wusstest, war dieses Erlebnis ein starker Akt spirituellen Wachstums. Es bereitete dich vor für eines der bedeutendsten von allen deinen bisherigen Leben.«

»Ich dachte, das war Ägypten!«, sagte ich.

»Ägypten war ein Anfang, aber das kommende Leben in Deutschland war ein wichtiger Höhepunkt. In Ägypten hattest du den »Hüter der Schwelle« gesehen und ihn seitdem blindlings bekämpft. Es war nicht ausreichend. Aufs Neue musstest du ihn anrufen und Auge in Auge mit ihm ringen. Bisher hatte dein niederes Selbst alle deine Tätigkeiten beherrscht und dir immer wieder den Weg versperrt; und du warst nie spirituell genug, um bewusst ein Zusammentreffen mit jenen atlantischen Wesen zu riskieren. Nun aber stelltest du dich ihnen willentlich gegenüber und akzeptiertest sie, indem du sie in deinen eigenen Körper aufnahmst. Du suchtest ihren Einfluss zu zerstören – nicht mehr durch einen Lehrer auf der physischen Ebene, sondern, wie alle Menschen es schließlich tun müssen, allein durch die geistige Kraft des Inneren Gottes.«

5. DEUTSCHLAND

Als mein »Lehrer« mir sagte, in dem Leben, das er mir jetzt zeigen wolle, hätte ich jene in Atlantis erschaffenen Elementalwesen in mich aufgenommen, konnte ich mir das nicht vorstellen. Aber als ich in jene Vergangenheit zurückversetzt wurde und nochmals in die Mentalität des Karl von Schwartzbau eintrat, verstand ich alles.

Zuerst war ich mir nur einer Verdunkelung, eines schrecklichen Gefühls von Einkerkerung bewusst, und ich erkannte: Dieses Gefängnis war mein Körper. Er umschloss und fesselte mich – grob, vierschrötig und abscheulich verwachsen. Ich starrte in einen trüben Spiegel. Hinter mir floss das Sonnenlicht schräg in ein düsteres Zimmer. Vor mir sah ich einen großen Kopf, tief in gekrümmten Schultern steckend – ein plumpes Gesicht, mit Warzen und Pickeln bedeckt; und es war von Augen erleuchtet, die so kummervoll, so tragisch verängstigt blickten, dass es wahrlich schien, als ob eine gefangene Seele aus ihren Kerkergittern schaute. »Ein verwünschter Körper …«, ich sprach die Worte halblaut. Da der Mann hinter mir nichts erwiderte, schlich ich zur Fensternische, lehnte mein krankes Haupt gegen den kalten Stein und schloss die Augen – das starke Licht tat ihnen immer weh.

Jenes gefürchtete Gefühl einer allmählichen Verminderung meiner Willenskraft, den Körper zu beherrschen, gewann wieder Gewalt über mich. Ich war froh, dass Sigismund im Raum war, er war der einzige, dem es je gelungen war, mit diesen Anfällen fertig zu werden. Ich presste die Finger gegen meine Augäpfel, um die drohenden Gestalten, die sich dort rührten, weg zu schieben, und rang nach Atem. Ich wusste, welch verzweifelte Anstrengungen es mich kosten würde, die Herrschaft über mich zu behalten und jene höhnenden Schatten fortzutreiben. In dem Kampf trat mir Schaum vor den Mund, während mein Kopf sich hin und her wälzte und ich mit den Händen in die Luft schlug.

Sigismund, Abt des Klosters Schwartzbau, sprang vom Tisch auf und schlug das Kreuz. »Karl! Karl!«, rief er in scharfem Ton.

Aber ich hatte mich wieder in der Gewalt. Halb ohnmächtig taumelte ich durch den Raum und sank in einen Sessel.

»Sie waren wieder hier«, murmelte ich, denn nach meiner damaligen Überzeugung waren es Teufel, die mich angriffen. »Aber du siehst, ich besiegte sie heute *allein*. Früher konnte ich gar nichts gegen sie ausrichten – und dabei sagen die Leute, ich wäre völlig dem ›Bösen‹ überantwortet …« Ich begrub meinen Kopf in den Armen. Doch dann schlug ich bitter lachend mit der Hand auf den Tisch – einer wohlgeformten Hand, die mein sonstiges Aussehen Lügen strafte, ebenso wie meine Augen die Hässlichkeit meines Gesichtes mit ihrer schwermütigen Schönheit überstrahlten.

»Ich glaube wirklich«, sagte ich mit gebrochener Stimme, »der meistgehasste Mensch auf der ganzen Welt zu sein!«

Sigismund wusste hoffnungslos, dass keine leichte Wortschmeichelei meine Bitterkeit lindern konnte. »Du wirst diesen Hass nicht vermindern«, bemerkte er, »wenn du auf deiner gegenwärtigen Absicht bestehst!«

Ich lachte zähneknirschend. »Ganz richtig! Ich soll mich also darein ergeben, nichts vom Leben zu empfangen? Selbst die Freuden meiner ärmsten Untertanen sollen mir verwehrt bleiben? Bin ich nicht der Herr über meine leibeigenen Leute? Wenn ich nach diesem Mädchen verlange, darf ich es mir dann nicht nehmen?«

»Niemand hat ein Recht über die Person eines anderen«, sagte der Abt, »jenes Recht hat GOTT allein!«

Ich starrte ihn an. Zwar hatte man mir das Recht der Gewalt eingeprägt, jedoch Lehren wie die seinen waren meiner inneren Denkart keineswegs fremd.

»Außerdem«, fuhr Sigismund fort, »welches Vergnügen könnte es dir bereiten, dir ein Mädchen zu unterwerfen, das schwört, es wolle sich lieber umbringen, als deine Umarmungen zu erdulden? Du weißt wohl, dass du – bei deiner Wesensart – nichts gewinnen würdest als innere Scham. Es gibt jedoch noch einen konkreten Aspekt der Sache, den du wohl übersehen hast. Deine Leute werden zusehends aufrührerisch, viele von deinen Rittern und Bewaffneten sympathisieren heimlich mit Heinrich von Friedfeld – es wäre töricht, ihnen in dieser kritischen Zeit Anlass zum Abfall zu geben. Mir scheint, dass sie nur darauf warten, einen Entschuldigungsgrund zu finden, der sie zu ihm überlaufen lässt.«

Ich klopfte mit juwelengeschmückten Fingern nervös auf den Tisch.

»Sage mir, Sigismund«, bat ich, »warum hassen sie mich so, was habe ich ihnen jemals angetan? Ich habe stets versucht, sie mit Gerechtigkeit und bestem Wollen zu regieren. Ich nährte die Leute in Hungersnöten, ich verteidigte sie gegen ihre Feinde – aber ich kann ihnen nichts recht machen!« Meine Lippen wurden schmal vor Bitterkeit, und ich schlug mit den Fäusten gegen meine Stirn. »Warum starb ich nicht in meiner Mutter Leib? Ich erzeuge überall nur Hass. Wenn mein Schatten auf den Boden fällt, rennen die Kinder schreiend davon, die Frauen würden lieber sterben, als meine Umarmung zu ertragen. Die Männer intrigieren gegen mich und vergelten Gutes mit Bösem. Sogar die Hunde schrecken vor mir zurück, und die Pferde schnappen nach meiner Hand auf den Zügeln. Ich aber möchte alle Menschen und Tiere lieben, wenn sie es nur zuließen. Was nutzt mir Macht und Reichtum, was nutzen mir schließlich auch Kunst, Schönheit, Musik und das Wissen, stärker und weiser als meine Nachbarn zu sein, wenn meine Verunstaltungen mir den einzigen Gegenstand von Wert – die Liebe – versagen?« Ich stöhnte laut: »Ich bin verflucht, ich bin verflucht! Was habe ich begangen, um dieses Schicksal verdient zu haben? Ich habe von Jugend auf versucht, Gott zu dienen und in meinem Leben Fortschritt, Frieden und Gerechtigkeit zu verbreiten, während meine Nachbarn nur an Raub und Blutbad denken. Warum hat Gott beschlossen, mich allein so zu schlagen – mich, der ich die Freuden der Sinne mehr als jeder andere liebe und mich fortwährend danach sehne? Warum werde ich in diesem furchtbaren Körperhaus gefangengehalten?«

Sigismund schüttelte den Kopf. Ich wusste, dass solche unbeantwortbaren Fragen auch ihn immer verfolgt hatten. Er war mein Erzieher gewesen und der einzige Mensch, welcher meine wahre Natur verstand. Er kannte die Qualen von Scham und Grauen, die meine ringende Seele infolge dieser Verunstaltungen und der fürchterlichen Anfälle erlitt – von denen das ganze Land überzeugt war, es sei eine Besessenheit durch böse Geister. Erst nach vielen Nächten von Gebet und inbrünstigem Grübeln wurde es ihm möglich, sich etwas mit der Anomalie auszusöhnen, dass ein gerechter, liebender Gott eine so missgestaltete Körperform für eine Seele erschuf, von der Sigismund in seiner tiefen Neigung zu mir glaubte, sie sei edel und nach dem Guten begierig.

Während er noch auf Trost und Ermutigung sann, begann ich, rastlos im Zimmer auf und ab zu hinken. »Mein armer Sigismund«, brach es aus mir heraus, »zerbrich dir nicht den Kopf! Wir müssen annehmen, dass Gott im Himmel sein Geschäft am besten kennt, aber auf der Erde ist weder Gerechtigkeit noch Logik. Es gibt einfach keine Antwort auf unsere Fragen. Ich bin verflucht – im Leben und im Tod verdammt. Vielleicht bin ich wirklich ein Teufelsspross – und wenn, was spielt es dann für eine Rolle, was ich tue?« Ich blieb stehen und schüttelte verzweifelt die Arme. »Bei Gott – wenn Satan mich von diesem elenden Körper befreien und mich in den Augen jenes holden Kindes begehrenswert machen könnte, würde ich …« Ich sprach nicht zu Ende, sondern ging zum Fenster und schaute finster in die Giebel und Schornsteine meiner kleinen Stadt hinab.

Sigismund war augenblicklich an meiner Seite. »Karl, bist du toll? Nimm deine Worte zurück, sonst werde ich sie auf mich nehmen!« Als ich keine Antwort gab, fuhr er leise und entsetzt fort: »Ist es also wahr, was die Gerüchte flüstern, dass du mit den dunklen Mächten umgehst?«

Ich warf den Kopf hoch. »Ho, sie nehmen etwas vorweg, die guten Leute, ich habe es bis jetzt nicht getan …« Ich biss mir auf die Lippen. »Die dunklen Mächte? Was bedeutet das denn? Du stehst in dem Ruf, viel über Gott zu wissen, solltest du mir dann nicht auch Auskunft über seinen Widersacher, den Teufel, geben können?« Ich lachte verächtlich. »Aber mir scheint, du weißt nicht so viel, wie du vorgibst, sonst könntest du mir ja erklären, warum Gott mich mit diesem buckeligen Körper verspottet und doch wohl zornig wäre, wenn ich versuchte, ihn gerade zu machen.«

»Es ist Sein Wille, Karl, wie ich dir schon hundertmal sagte. Wer sind wir, uns einzubilden, immer Seine Geheimnisse zu ergründen? Er liebt uns, darum muss auch dir am Ende alles zum Segen dienen, dessen bin ich sicher. Was aber diesen Handel mit dem ›Bösen‹ betrifft, was würdest du daraus gewinnen? Möchtest du die Verdammung riskieren für einen zeitweiligen Vorteil? Wir bereiten auf Erden unsere Seelen für den Himmel oder die Hölle vor.«

»Gott sei Dank, dass wir nur einmal leben«, schrie ich. »Erneut zu leben, wäre meine Vorstellung von der Hölle – nun, es scheint, dass ich, tot oder lebendig, der Verdammnis nicht entfliehen kann.«

»Du solltest eine neue Pilgerfahrt antreten, es gibt noch wunderwirkende Altäre …«

»Und meine Ländereien unbeschützt lassen? Obwohl die

Leute vielleicht froher wären, wenn mein Bruder Adalbert sie an meiner Stelle regierte.«

Sigismund krauste die Stirn. »Wer setzt denn eigentlich diese Gerüchte über dich in Umlauf? Wer hat den Leuten bereits erzählt, dass du nach Elsa verlangst?«

»Wie soll ich das wissen! Sie hassen mich alle.«

»Dieser Pater Niedhart – er scheint sehr machtstrebend zu sein. Er hat große Neigung für Adalbert, und der Knabe ist ihm sehr ergeben. Es würde Niedhart äußerst gut passen, wenn man dich erschlüge und Adalbert an deiner Stelle regierte.

»Lächerlich, abwegig!«, rief ich. »Schließlich ist er, nach dir, mein bester Freund. Er war es auch ...«, ich brach ab. »Er war es, der dich zuerst zu Elsas Haus im Wald führte, als du auf der Jagd warst.«

»Nun, und was hatte das auf sich?«

»Nichts, als dass es dieses unsinnige Verlangen in dir entzündete, und dass es dich mit stärkerem Schaudern vor deiner Hässlichkeit erfüllte, weil sie vor deinen Annäherungen zurückschreckte!«

»Du hast jenen Menschen immer gehasst.«

»Nein, wohl aber gefürchtet. Er ist ein ungestümer, ehrgeiziger Priester und hat sich der Kirche gewiss nur angeschlossen, weil er in ihr die einzige Möglichkeit zu weltlichem Vorankommen sah.«

»Ist das nicht bei den meisten Priestern der Fall?«

»Bei manchen. Aber oft gewöhnt die Schönheit der göttlichen Lehre ihnen ihre Torheit ab. Ich fürchte aber, ihm nicht! Ich bin sicher, Karl, dass er dein Feind ist. Ich flehe dich an, sei sehr vorsichtig! Deine Gegner sind zu mächtig, und dein Sturz würde katastrophale Folgen haben. Adalbert ist ein reizender Knabe, aber er kann sich nicht einmal selbst regieren, wieviel weniger noch dieses Lehen. Wenn du also dein Volk liebst ...«

»Liebst?«, spottete ich. »Ich kann nichts als Hass um mich her sehen. Ich sage dir, ich bin verflucht ... Ich brauche Liebe, Frieden – ich brauche alle jene Gaben, die, wie man sagt, von Gott kommen; aber sie werden mir alle verweigert! Gott ist mein Feind!«

Sigismund hob die Arme. »Hüte dich, Karl, das ist Gotteslästerung!«

»Gotteslästerung?« Ich lachte. »Dann wünschte ich, dass Er mich dafür erschlagen würde!« Wie ein wütendes Tier stürmte ich durch den Burghof ins Freie. Die Posten fielen flüsternd vor mir nieder. Sie fürchteten mich – meine grässliche Gestalt, meine mysteriösen Anfälle, ja sogar jene Anwandlungen von einer eigenartigen Barmherzigkeit und Zärtlichkeit, die mich immer in ungünstigen Augenblicken befielen und mich von allen Männern meines Standes absonderten.

Ich kam zu dem kleinen Garten hinter der Burg. Hier umgab mich Frieden. Die grauen Mauern waren von Kletterpflanzen umwunden. Das Gras war samtweich. Blumen blühten in jeder Steinspalte; und eine Wolke von Vögeln flatterte herab, angezogen durch die Erwartung der Leckereien, die ich ihnen täglich brachte. Sie setzten sich furchtlos auf meine Schultern und Hände. Diese, dachte ich bitter, waren die einzigen Geschöpfe, die meine Missgestalt nicht beachteten. Sie liebten mich um meiner Gaben willen. Unter mir, sich an den Burgfelsen klammernd, breitete sich die Stadt aus. Gewundene Straßen zogen sich herauf, ich sah blühende Bäume leuchten, blauer, beißender Holzrauch mischte sich in die dufterfüllte Bergluft. Dahinter die klare Linie der Festungswälle. Auch den silbernen Fluss sah ich und die dunklen, bewaldeten Hügel. Alles dies war mein – die Ortschaften, die Weiler und Bauernhöfe – mein zum Regieren und Beschützen, ein reizvolles Erbe. Aber ich hatte keine Freude daran, obwohl nach Sigismunds Rede ein von der Liebe Gottes erfüllter Mensch im Dienen sein Glück finden könnte. Mein Denken glitt zu dem Bauernmädchen Elsa zurück – unschuldig, lieblich wie das Licht, mit ihren knielangen Zöpfen, mit ihren Augen, blau wie Gebirgsblumen, ihrem

Lachen wie Vogelsang. Ich ballte die Hände. Bisher hatte ich mich den Frauen ferngehalten und mich nur mit Politik und nötigen Kriegshändeln beschäftigt. Nun war mir eine ungeahnt schlimme Wunde geschlagen, da ich mir ja der Hoffnungslosigkeit meiner Träume bewusst war.

Ein leichter Schritt schreckte mich auf. Ich sah Niedhart, den Priester, nahen; und es kam mir der Gedanke, dass dies wohl der einzige Mensch sei, der mir vielleicht zur Erfüllung meiner Wünsche verhelfen könnte. Der Priester lächelte. Er sah immer seltsam ausdruckslos aus, als ob eine Larve über ein feurig lebendiges Gesicht gezogen wäre. Alle ihm Begegnenden empfanden sofort dieses verschleierte Machtverlangen. Er hatte eine schreckliche Kindheit gehabt; und in einem meiner sentimentalen Momente hatte ich ihn aufgenommen, ihm zur Priesterwürde verholfen und ihn zum Erzieher meines jungen Bruders Adalbert gemacht.

Auf Grund meines Gespräches mit Sigismund studierte ich sein Antlitz. Ich glaubte immer gern, dass Niedhart mein dankbarer mir ergebener Freund sei, aber instinktiv wusste ich, dass dies nicht stimmte. Sigismund hatte Recht, dieses Mannes Sinn war auf Macht gerichtet. Wenn er bei mir – dem Herrn des Lehens – zur Macht kommen könnte, käme es seinen Plänen entgegen. Wenn nicht, würde er ohne Bedenken meinen Sturz betreiben. Hier war ein anderer Grund, so redete ich mir ein, in seine Pläne einzudringen. Ich war froh, eine so ausgezeichnete Entschuldigung für etwas zu finden, wofür ich bereits entschlossen war.

Ich wandte mich ihm abrupt zu. »Warum hasst du mich und schmiedest Ränke gegen mich?« fragte ich. »Adalbert wäre doch nicht fähig, Heinrich von Friedfeld auch nur eine Woche in Schach zu halten. Ich habe eine Gabe für das Kriegführen, obwohl ich es hasse. Ich könnte all diese fürstlichen Herrchen zu meinen Füßen haben, wenn ich wollte – du weißt das. Ich habe Frieden und Sicherheit dorthin gebracht, wo solches seit Jahrhunderten nicht bekannt war. Nur in einem gesicherten Staat können die Künste, kann Wissen und Weisheit gedeihen. Das ist mein Ziel. Warum bekämpfst du es?«

Für einen Moment war er fassungslos, dann kam wieder sein leeres Lächeln. »Ich bekämpfe das nicht, sondern spende ihm Beifall. Überdies suche ich dir sogar bei dem allen zu helfen und möchte auch, dass alle deine Wünsche sich erfüllen. Warum sagst du, ich hasse dich? Ich bin dein bester Freund!«

»Nein, nein, ich habe keine Freunde – ausgenommen Sigismund und vielleicht die Vögel.«

»Du bist zu bescheiden, mein Gebieter. Die, welche die Größe deines Herzens kennen, lieben dich wahrlich. Es ist nur deine Missgestalt, die zwischen dir und verehrender Hingabe derer steht, welche in deiner Gestalt eine Geißel Gottes und das Brandmal des Teufels zu sehen meinen. Und diesem«, fuhr er fort, »ist nicht so schwierig abzuhelfen, wie du glaubst.«

Ich lachte. »Ich bin zu jedem wunderwirkenden Schrein gepilgert. Die Heilige Kirche scheint hilflos zu sein, außer mir Ratschläge für Geduld und Tugend zu erteilen.«

»Ich habe dir schon gesagt«, sprach der Priester, seine Stimme verhaltend, »dass es auch andere Kräfte gibt …«

»Ja – solche des Teufels!«

»Nicht unbedingt. Es gibt mächtige Wesen von Erde, Luft, Feuer und Wasser. Die Heilige Kirche kann sie benutzen und sie für ihre eigenen Zwecke binden.« Er bückte sich herab: »Ich kann sie binden …«

Ich starrte ihn an. Wir hatten schon viele solcher Gespräche geführt, aber er war nie so offen gewesen. Wenn auch gefährliche Gerüchte umgingen, dass ich Interesse an schwarzer Magie hatte, waren doch solche Redereien in meinem Zeitalter nichts Seltenes. Ich hatte auch bisher nichts unternommen, als in einigen sonderbaren, von Niedhart geliehenen Büchern zu forschen. Sie übten eine tiefe Faszination auf mich aus, wie *jedes* neue Wissen auf einem unbekannten Gebiet mich fesselte. Ob die Worte des Priesters nun glaubhaft waren oder nicht – wenn es überhaupt eine Chance gäbe, wenn auch noch so entfernt, wäre ich dann nicht ein Narr, sie abzulehnen? Ich schaute sehnsüchtig auf die Stadt und das Tal, wo die Frühlingsfelder künftigen Ernten entgegenreiften. Diese Leute unten waren wie meine Kinder. Ich liebte sie, selbst wenn sie vor mir wegliefen und in abergläubischer Furcht meinen Namen verwünschten. Eine Vision stieg in mir auf – ich sah mich hochgewachsen und angenehm aussehend dastehen – mit einer lieblichen Frau zur Seite und starken, schönen Kindern, um mein Geschlecht zu verewigen. Dann würde ich endlich geliebt werden und Reformen durchsetzen können, die jetzt undurchführbar waren, nicht nur, weil sie ungewöhnlich schienen, sondern hauptsächlich, weil *ich* sie einführen wollte. Wenn ich ein normaler Mann werden konnte, würden diese Leute mir freudig gehorchen, mich – durch dieses Wunder – für einen von Gott Gesegneten halten und mir bereitwillig vertrauen. »Wenn ich also verbotene Kräfte gebrauche«, überlegte ich, »wird es zu einem guten Zweck geschehen, gewiss würde Gott das dann vergeben.« Der Priester stand unbeweglich. Auch er schaute auf das schöne Landschaftsbild, aber ich wusste, dass *sein* Sehnsuchtsverlangen die ganze Welt umfasste. Während ich Macht wünschte, um dem Volk hilfreich zu sein, hatte er mir schon lange verraten, dass sein Ehrgeizgipfel der Stuhl des Heiligen Petrus selbst sei. Gut, möge er ihn haben! Ich begehrte keine große Herrschermacht. Mir schien, es gäbe genug mit den nächstliegenden Nöten zu tun.

Unser Nachdenken wurde durch Hundegebell und das Läuten von Kirchenglocken unterbrochen. Ich lehnte mich über die Mauer. Unten hatten sie die Zugbrücke herabgelassen. Eine

Prozession bewegte sich darüber hinweg. »Mein guter Vetter, der Abt, wandert dort dahin«, bemerkte ich.

»Ich fürchte«, sagte der Priester, »dass er ungehalten über mich ist, obwohl mir nichts Verkehrtes bewusst ist. Er gab mir vor einer Stunde einen schweren Verweis.«

»Er wird so etwas nicht ohne Ursache tun«, antwortete ich trocken, »denn er ist ebenso gerecht wie weise. Ohne seine Obhut glaube ich nicht, dass ich noch am Leben wäre; allerdings weiß ich nicht recht, ob ich ihm für diese Gabe danken oder zürnen sollte.«

Niedhart legte von hinten seine Hand auf meine buckelige Schulter.

»Du weiß ja noch nicht, was das Leben bedeutet«, murmelte er und breitete die Hände aus, um vage eine weite Welt von Licht, Farbe, Freude und Liebe anzudeuten. »Jedoch das Leben erwartet deine Gebote. Es wäre nur ein kleines Experiment, doch wage ich zu hoffen, dass du aus ihm endlich in deiner wahren Gestalt herauskommen wirst. Warum zögerst du? In einer Woche haben wir Vollmond. Es wäre riskant, die nötigen Zeremonien in der Stadt auszuführen, doch ich habe eine verfallene Kapelle am westlichen Waldrand gefunden, wo der Weg nach Rahlstedt führt.«

»Das ist dort, wo – sie – wohnt!«, rief ich aus.

»Eine Meile entfernt.« Er zögerte: »Ich werde sie überreden müssen, auch hinzukommen – wir werden sie brauchen.«

Ich fuhr herum. »Niemals! Das werde ich nie erlauben!«

»Wünschtest du nicht, ihre Liebe zu gewinnen? Gerade dafür ist ihr Kommen wichtig, eure Geschicke werden durch diese Riten miteinander verbunden.« Er lächelte. »Denke daran, sie wird dich schön werden sehen, einen Augenblick lang wird sie gewiss auch eine Vision von deiner Seele erhalten. Sie wird das Geschaute nie vergessen, und ihr Herz wird dir immer gehören – selbst *wenn* das Experiment nicht gelingen sollte – denn sie wird den Menschen hinter der Maske kennen.«

Ich seufzte tief. Für einen Moment war mein Wesen von Entzücken übergossen – der Schmerz vergessen. Geliebt werden – von ihr! Niedhart merkte meine Veränderung.

»Willst du nicht kommen?«, fragte er eindringlich. »Du brauchst dich später nicht mehr mit so etwas zu befassen, falls es dieses Mal nicht gelingen sollte.«

Ich hinkte rastlos auf und ab. Ich fand viele Gründe zugunsten dieses Versuches und nur wenige dagegen. Hauptsächlich die strengen Gebote der Kirche und die Gewissheit eines furchtbaren Schicksals, das uns bedrohte, falls es herauskäme, bedrückten mich. Endlich wandte ich mich um. »Dieses eine Mal werde ich mich anschließen«, sagte ich, »um endlich dahinterzukommen, wie weit deine Behauptungen stimmen. Aber du musst mir schwören, dass Elsa zu keinem Schaden kommen wird und keinerlei Gefahr läuft!«

»Ich schwöre es. Sie wird nicht einmal unseren Zweck wissen. Verstehe bitte, für diese spezielle Zeremonie ist ein jungfräuliches Mädchen erforderlich, durch welches die überirdischen Kräfte wirken. Ich traue ihr die nötigen medialen Fähigkeiten zu. Kürzlich las ich in einigen uralten Büchern vieles über diese Dinge. Außer ihr sind drei Männer notwendig, deshalb wird Adalbert uns begleiten. Fürchte nichts! Würde ich ihn gefährden wollen, den ich wie mich selber liebe? Und überhaupt – ist dieser Preis kein Risiko wert? Weißt du, was ich zu tun vorhabe, wenn dieses Experiment gelingt?« Er sprang auf und warf den Kopf zurück. »Ich will ein mächtiger Menschheitsführer werden – ich will die Welt verändern und ihr Wahrheiten bringen, die bisher unserem Wissen verborgen waren. Ich werde dann auch das Lebenselixier zur Verfügung haben und damit alle Macht, allen Besitz!« Er lachte verzückt auf. »Du brauchst für niemanden etwas zu befürchten, mein Gebieter – wir werden, das versichere ich dir, wohl beschützt sein.«

»Beschützt?«, stammelte ich und starrte den Priester an, wagte aber keine Fragen mehr.

In den folgenden Tagen erlitt ich Qualen der Furcht und Unentschlossenheit. Ich schlief kaum mehr, und wenn – dann waren meine Träume von grässlichen Bildern heimgesucht, von Szenen, in denen ich an magischen Zeremonien teilnahm, so widerlich und scheußlich, dass ich mich entsetzt fragte, ob dies Warnungen waren oder ob meine Seele schon von Gott verlassen sei und ihr ein Vorgeschmack der Hölle gezeigt werde. Ich hatte lebenslang das Gefühl gehabt, von bösen Wesen umgeben zu sein, die plötzlich meinen Körper in rasende Anfälle von Zorn oder Rachedurst stürzten. Aber jetzt schienen sie mich noch viel dichter von jeder Seite einzukreisen. Die Vorstellung jedoch, bald einen geraden Rücken zu bekommen und Elsas Liebe zu gewinnen, war stärker als alle Furchtgedanken. Ich besuchte sie eines Tages bei einem Jagdausflug und hoffte aufs Neue. Aber der Anblick meines hässlichen Gesichtes und missgestalteten Körpers trieb sie wieder ängstlich an die Wand; und sie wies mit dem gleichen Widerwillen wie stets meine Geschenke ab. Ich ging fort – entschlossener als je, mein Vorhaben auszuführen.

Am Tag vor Vollmond ging ich zur Beichte in die Klosterkapelle, jedoch selbst während meiner Gebete fühlte ich jene üblen Wesen hinter mir, die alles in Spott und Frevel umkehrten. Sigismund schien mir innerlich fern zu sein, als er mir später ein Meditationsbuch zeigte, woran er hingebungsvoll schrieb – ebenso einige Manuskripte, an deren schönen Illustrationen einige Mönche arbeiteten. Er schritt heiter gelassen an meiner Seite, und ich beneidete ihn. Er verlangte nicht mehr, als der Abt seiner kleinen Gemeinde zu sein und seinen Gläubigen zu dienen – und war glücklich dabei. Aber ich, wo konnte ich ein Glück finden? Im Garten, wo die Novizen Kräuter pflanzten und die süß duftende Erde harkten, befiel mich ein hoffnungsloses Sehnen nach Frieden und Schönheit. Ich sagte diesem Mann Lebewohl, den ich jetzt tiefer liebte als je zuvor. Es glich einer endgültigen Trennung.

Als ich unter den grauen Wällen, wo Apfelblüten herabhingen und Stare zwitscherten, Sigismunds Hand hielt, dachte ich: »Nur Gott weiß, ob wir uns je wiedersehen, aber *dann* werde ich nicht mehr der Karl sein, den du jetzt kennst – etwas *muss* sich nach dieser Nacht verändern!«

Ich hatte noch nicht mit meinem jungen Bruder über alles gesprochen. Ich hatte mich immer etwas abseits von Adalbert gehalten – in dem Wissen, wie er auf meinen deformierten Körper blickte; denn er hatte die unduldsame Verachtung seines Alters für alle Abnormität und Schwäche. Ich tadelte weder ihn noch andere dafür. Mein eigenes Schaudern vor Hässlichkeit war so mächtig, dass ich ein Gleiches gut bei anderen verstand. Dies milderte allerdings nicht meine Verbitterung und überbrückte auch nicht die zwischen uns bestehende Entfremdung.

Als ich an diesem Tag den Jüngling traf, als er von den Vogelkäfigen kam, mit seinem Lieblingsfalken auf der Faust, wollte ich doch einmal diesen Schutzwall von kühler Höflichkeit durchbrechen. »Adalbert«, sagte ich, »hat Pater Niedhart dir von dem wahren Zweck des Experimentes in dieser Nacht erzählt?«

Mein Bruder senkte verlegen die Augen. Ich blickte neidisch seine hoch gewachsene junge Gestalt an – ritterlich bekleidet mit einem blau goldenen Wams, einer anliegenden, weißen Hose und scharlachroten Schuhen.

Ich betrachtete sein schönes Antlitz mit der klaren Haut und sein kastanienbraunes Haar. Wie einfach musste das Leben für einen solchen Menschen sein, dachte ich. »Ich verstand es so, dass wir einen neuen Versuch machen wollen, dich zu heilen, Karl«, sagte er. »Wenigstens äußerte der gute Pater, dass dies der Hauptzweck sei.«

»So ist es, jedoch – «, ich zögerte, »möchte ich lieber, dass du dich nicht für mich in Gefahr begibst; denn es ist ein Risiko dabei. Vielleicht hat Pater Niedhart es dir nicht ganz erklärt. Er will verbotene Mächte beschwören; und wenn man unserer Zeremonie auf die Spur käme, würden wir allesamt wegen Hexerei verbrannt.« Der Jüngling zuckte leicht, aber dann warf er kühn den Kopf hoch. »Ich fürchte mich nicht. Er kann uns beschützen!« Seine Augen funkelten. »Es wird wunderbar für dich sein, einen geraden Rücken zu bekommen! Außerdem«, er lächelte strahlend, »forderte Pater Niedhart mich auf mitzukommen, weil das ihm helfen würde und weil es mich groß und machtvoll machen könne, was mein innigster Wunsch ist!« Mit schwachem Erröten fügte er hinzu: »Ich würde alles in der Welt für ihn tun.« Die ersten Worte meines Bruders hatten mich tief bewegt, aber bei diesen letzten verdunkelte sich mein Gesicht. Ich war sehr beunruhigt durch diese Freundschaft und den rastlosen Ehrgeiz, den Niedhart dem Knaben einflößte. »Dann kann ich dir nicht mehr abraten«, sagte ich kühl.

In dieser Vollmondnacht ritten Niedhart und ich zusammen zu dem Treffpunkt. Adalbert war schon fort, um Elsa zu der Kapelle abzuholen. Es war Sonnenuntergang, als wir aufbrachen. Der Himmel glühte, als ob eine große Feuersbrunst hinter den dichten schwarzen Tannen flammte. Eine tiefe Erregung wühlte in mir. Ich fühlte fremde Kräfte zur Rechten und Linken mich begleiten. Bald ritten wir im Dunkel, doch dann begannen die oberen Baumzweige in mattem Licht zu schimmern, und schon ließ der Mond seine schrägen Strahlen durch den düsteren Wald gleiten; sie glichen riesigen silbernen Blumenblättern. Wenn wir in Lichtungen kamen, schien der Mond mit uns am Nachthimmel dahinzuziehen. Ich hätte gern geschwiegen, aber Niedhart schwärmte von seinen Plänen. Er hatte Elsas Versprechen zur Mitwirkung erlangt, nachdem er sie überzeugte, dass unser Unternehmen für das Wohl der Bevölkerung und im Namen der Heiligen Kirche geschähe. »Es schmeichelte ihrer Eitelkeit«, sagte er trocken, »sich vom Himmel für eine hohe Bestimmung erkoren zu glauben. Es gibt ihr ein Überlegenheitsgefühl all den anderen Mädchen gegenüber. Nichts ist unmöglich, Graf Karl, wenn man die Eitelkeit der Leute richtig zu nutzen versteht. Sie ist der Prüfstein des Teufels.« – In diesem Augenblick hasste ich ihn. »Ich habe sie auch bestochen«, sagte er lachend, »und versprach ihr eine großartige Mitgift. Ich hoffe, dass du dieses Versprechen für mich einlöst. Es war auch notwendig, mich ihres Schweigens zu versichern, ein Wort könnte uns verderben. Darin liegt unsere einzige Gefahr. Ihre Mutter ist argwöhnisch und hat für Geheimnisse eine Nase wie ein Jagdhund. Aber wir müssen unvermeidlich einige Wagnisse auf uns nehmen.«

Da wäre ich beinahe umgekehrt, dachte aber gleich, dass die anderen die Zeremonie trotzdem ausführen würden, und dass ich wenigstens das Mädchen vor Schaden bewahren könnte. Mein ganzes Misstrauen gegen Niedhart war jetzt wieder aufgewühlt. Endlich erreichten wir die Kapelle, eine Ruine. Der Boden war mit Trümmern bedeckt. Einige der Seitenaltäre und die Sakristei waren noch in leidlichem Zustand. Es war kein Dach vorhanden, und das Ostfenster war nur noch eine Mauerlücke, wohinein ein junger Baum seinen dunklen Wipfel gestoßen hatte. Auf dem Boden, wo der Hauptaltar gestanden hatte, befand sich ein merkwürdiger riesiger Stein, der viel älter war als der christliche Kult, der diese Mauern unwissend um ihn herum errichtet hatte. Der Stein schien ihn besiegt und die Mauern niedergeworfen zu haben. Beim Eintreten gewahrten wir Adalbert. Neben ihm im Mondlicht, das sie in eine schimmernde Aureole hüllte, stand Elsa. Ihr ungeflochtenes Haar fiel über ein langes weißes Gewand. Sie hatte nackte Füße. Ihre Hände waren gefaltet, ihre Augen weit geöffnet – furchtsam, doch voll hoffender Träume.

Als sie mich auftauchen sah, stutzte sie. Auf mein Kommen war sie nicht vorbereitet und geriet gleich in Alarmbereitschaft. Aber Niedhart besänftigte sie. »Der Graf wünscht an diesem Dienst für sein Volk teilzunehmen«, sagte er. »Er und sein Bruder sind hier, um die Heilige Mutter um Erfolg zu bitten.« Durch die zerbrochenen Fenster waren Bäume zu sehen. Sie bebten, als ob unsichtbare Geister ihre Kronen gestreift hätten.

Schweigend standen wir um den uralten Stein herum.

Da wandte Niedhart sich an das Mädchen. »Du musst großen Glauben haben, Elsa, und augenblicklich tun, was du geheißen wirst.«

Er stellte sie gegen die Ostwand und forderte uns auf, ihr rechts und links zur Seite zu treten. Dann trat er auf sie zu und begann ein sonderbares Gemisch von fremdartigen Worten hervorzusprudeln. Auch zog er Striche vor ihren Augen und summte die großen Vokale. Ein Nebel schien uns einzuhüllen und schloss uns von aller Welt ab.

Adalbert hatte nur Augen für Niedhart, ich jedoch war hellwach und empfand einen seltsamen Widerstreit. Instinktiv fühlte ich, dass ich unbedingt völlige Herrschaft über Geist und Körper behalten müsse – sei es auch nur um Elsas willen. Denn ich erkannte jetzt klar, dass der Priester gelogen hatte – wir waren alle in furchtbarer Gefahr! Dennoch war meine Wissbegier immer noch stark. Zum Schutz versuchte ich, mein Denken auf Christus zu richten – aber vergebens.

Elsa stand steif da, das Mondlicht fiel auf ihr Gesicht. Niedhart berührte sie leicht, und sie bewegte sich nicht mehr. Ihre Augen starrten leer und ausdruckslos. »Komm!«, sagte der Priester. Da schob sie sich vor wie ein Automat. »Entkleidet sie!«, befahl er. Als ihr Gewand zu Boden fiel, hätte ich aufschreien können über ihre Schönheit, und meine Leidenschaft verjagte jeden anderen Gedanken. Nichts sollte mich hindern, dieses Mädchen für mich zu gewinnen.

Wir mussten sie auf den Stein legen; und nun zog der Priester um uns alle den »magischen Kreis«. In einer Räucherpfanne zu ihren Füßen schickten rote Kohlen einen starken Geruch in die stille Luft. Niedhart zog grausige und rätselhafte Gegenstände hervor: Einen Totenschädel, einige verknüpfte Knochen, eine ekelhafte Substanz, deren Art ich nur raten konnte, und mehrere unbestimmbare Dinge. Den Totenschädel legte er auf ihre Brust, die Substanz strich er auf ihre Stirn, die anderen Dinge verteilte er auf die Innenseiten ihrer Hände, auf die Füße und den Mund. Eine Salbe rieb er über andere Körperteile ein. Ihr Geruch war unbeschreiblich faulig; und da ich einiges über Hexerei wusste, konnte ich mir vorstellen, woraus sie bestand und schauderte vor Entsetzen.

Das Grauen gewann immer mehr Gewalt über mich, als die hässlichen Riten begannen. Ich hatte bald die merkwürdige Vision, aus zwei Menschen zu bestehen. Der eine stand als ein unbeteiligtes Wesen – rein, mit weiten Augen, ein schützend scharfes Schwert haltend – wachsam abseits. Der andere, ein widerwärtiger, missgestalteter Unhold, wartete gierig, an der unreinen Zeremonie teilzunehmen. Der Konflikt verstärkte sich. Ich empfand deutlich, dass mir jetzt eine endgültige, ungeheure Entscheidung aufgezwungen wurde. Mit welchem dieser beiden würde ich mich am Ende identifizieren?

Der Mond war hinter eine hohe Baumgruppe gewandert, nur in die Raummitte fiel ein langer, leuchtender Strahl, alles andere lag in tiefer Finsternis. Plötzlich – während der Priester in der Beschwörungsekstase hin und her schwankte – fing der Kreis auf dem Boden in mattem Glanz zu glühen an. Scharfzungige Flammen zuckten hervor, ein kalter Wind toste, die Räucherpfanne flackerte in fahl grünen Blitzen auf – und ein unirdisches Flüstern erhob sich um uns.

Niedhart stand zu Häupten des Mädchens, er warf die Arme hoch und ließ immer stärker jene Flut von ächzenden Silben ertönen.

Dann winkte er uns, ihm zu folgen und begann von Westen nach Osten um den Stein herum zu schreiten. Seine Stimme dröhnte über unsere Köpfe: »Satanas, Satanas, Satanas!« Er wechselte zu lateinischen Formeln über: »Ich rufe dich, ich beschwöre dich! Bei der Erde, bei der Luft, bei dem Wasser, bei dem Feuer, bei diesen Symbolen – komm hierher! Fahre hernieder! Wende dich zu uns! Sprich!«

Die Feuerzungen leckten höher. Sie und der phosphoreszierend glühende Körper Elsas waren die einzig sichtbaren Dinge.

Ein Beben lief durch sie hin, ihre Lippen teilten sich. Ein stammelnder Laut rang sich durch ihre Zähne und hörte plötzlich wieder auf.

Niedhart bückte sich über sie, wie um Kraft in sie zu jagen.

»Satanas, Herr!«, schrie er. »Sprich und erhöre uns, die wir dich durch diese Vorkehrungen und Worte beschwören! Heile diesen deinen Diener, befreie ihn von seinem gekrümmten Rücken, gib ihm das Herz dieser Frau! Und mir und diesem Jüngling spende Macht und Ruhm, Stärke und Herrschaftsgewalten und die Geheimnisse der Elemente, über die du gebietest!«

Wieder öffneten sich Elsas Lippen. Qualvolle Töne drangen hervor. Dann endlich erhob sie sich zu sitzender Stellung. Eine Veränderung kam über sie, die in ihre fahlen Gesichtszüge und ihre leeren, starren Augen kroch und mit einem unheimlichen, fremden Leben in sie eindrang.

Ihr Mund verzog sich zu einer boshaften Grimasse, Schaum bedeckte ihre Lippen. Endlich kam, tief aus ihrer Kehle dröhnend, die Stimme: »Ich grüße euch, meine Diener, ich bin hier, ich – das Auge, das Ohr, die Stimme. Was ist euer Begehren?« – Ich fühlte, wie mir die Sinne entglitten und von einer Flut von Finsternis überschüttet wurden, die aus Quellen meines eigenen Wesens aufstieg.

War das die Stimme eines jener Unholde, die wir zur Hilfe beschworen hatten? Eines jener Wesen, die mich so lange gequält, die meinen Körper gemartert und besessen gemacht hatten – so wie sie jetzt das Mädchen, das ich liebte, besaßen? In der Vorstellung sah ich sie – schwarze Teufel mit Hörnern und Schwänzen und feuersprühenden Nüstern. Diese sollten mich heilen! Ich schauderte und stöhnte. Wieder hörte ich die Stimme: »Komm hierher, Karl, Graf von Schwartzbau, äußere deine Wünsche! Fürchte nichts!« Jetzt stand ich und schaute auf dieses entstellte, gespenstische Gesicht Elsas herab, das von den Kraftsymbolen gesiegelt war, die warteten, mir zu dienen. Plötzlich wurde mein Entsetzen aber von einer mächtigen Woge der Illusion überschwemmt: Diese wartenden Kräfte waren ja ein Teil meiner selbst! Indem ich sie anerkannte und akzeptierte, würde ich gewiss ihr Herr und Meister werden! Alle Wünsche könnten Befriedigung finden! Ich könnte stark und hoch gewachsen werden, ich könnte die Liebe dieses Mädchens haben. Das angerufene Wesen könnte mir alles Geträumte verschaffen! Frohlocken erfüllte mich. Ich hob verzückt die Arme und rief mit helltönender Stimme: »Ich verlange Freiheit von der elenden Knechtschaft meines verwachsenen Körpers. Ich verlange, dass diese Frau mich lieben soll. Ich verlange die Fähigkeit, meinem Volk Frieden und Freude zu bringen, so dass ich von ihm geliebt werde! Ich verlange von dir – Teufel oder Gott – dass du mir vor allem das Geheimnis des Glückes gewährst!« So stand ich da – von der Großartigkeit meiner Forderungen erhoben. Um mich herrschte absolute Stille, als ob die ganze Welt den Atem anhielte und wartete. Die Kapelle war von mächtigen unsichtbaren Gestalten erfüllt. Sie drangen auf mich ein und flüsterten mit lautlosen Stimmen. Meine Leidenschaft, mein Ehrgeiz, mein Verlangen nach all den verweigerten Gaben des Lebens, all das hängte sich wie glühende Ketten an meine Glieder und zog mich der letzten Vollendung unseres Unternehmens immer näher entgegen, zog mich zu dem Mädchen auf dem Altar herab.

In diesem Moment gewann Elsas Miene für Momente ihre gewohnte schöne Klarheit zurück, doch das verging gleich wieder.

Näher bückte ich mich. Das fürchterliche Gewicht meines

krummen Rückens drückte mich, jedes Glied schmerzte jetzt mit unerträglicher Pein … Oh, frei zu sein! … Frei … frei … Drängten sich nicht jene Gestalten um uns? Elsas Augen blickten in die meinen – seltsame Augen, sie flackerten und lockten … Es waren *nicht ihre* Augen! Bestürzt, betäubt, riss ich mit äußerster Anstrengung meine Augen von jenem magnetisch starren Blick weg und schaute um mich – in diesen Aufruhr, der mich in der glühenden Finsternis zu verschlingen drohte. Ich bemerkte Niedhart mit hochgeworfenen Armen und einer maskenhaften Ruhe des Triumphes auf dem Gesicht. Ich sah das rasende Gesicht meines Bruders, der auf Elsas Körper starrte; und ein Stich des Entsetzens durchbohrte mein Herz. In jenem Moment wusste ich – jenes hohe Ich, das noch immer abseits alles beobachtete – dass mein eigenes Antlitz von dem gleichen grellen Glühen entstellt war!

Ich blickte sie wieder an – so weiß, so still, mit jenen leeren, lüsternen Augen. Elsa! Und plötzlich wurde ich von Ekel geschüttelt bei dem Gedanken, dass dieses holde Wesen jetzt von jenem grässlichen »Ding« erniedrigt, entweiht und besessen wurde! Wie mit einem Atemzug war mein Verlangen ausgelöscht! Ich bestand nicht mehr aus zwei Menschen, sondern nur noch aus einem – ich identifizierte mich nicht mehr mit jenem hässlichen, von Dämonen geplagten Körper. Ich vergaß mich selber und dachte nur an sie! Wie ich sie noch erretten könnte! Und an meinen jungen Bruder, der mit weit geöffneten Augen leicht schwankte, wie seiner Sinne beraubt, begierig auf das wartend, wofür alles Vorhergegangene nur ein Vorspiel war.

Mein Arm schoss mächtig hinaus! Adalbert wankte rückwärts aus dem Kreis. Der Priester kreischte laut. Was dann geschah, weiß ich kaum. Etwas zerriss mich fast, es weidete mich aus, es zerrte an meinem Gehirn und zermarterte meinen ganzen Körper. Ein Donnergetöse schlug gegen meine Ohren. Ich wurde blind vor Blut, die ganze Welt stürzte auf mich herab! Doch mit einer riesigen Anstrengung fegte ich die Symbole von Elsas Brust und Händen weg. Ich riss meinen Mantel ab und warf ihn über sie. Die Erde schwankte unter meinen Füßen, lärmende Stimmen betäubten mich. Ich kniete neben ihr, hob beide Hände in der dicken, stinkenden Luft und machte das Zeichen des Kreuzes. Mit einem erstickten Flüstern rief ich den Namen CHRISTI an.

Erschreckende Dunkelheit befiel mich von neuem, doch ich sah wie durch einen roten Schleier, wie Niedhart mit schäumendem Mund gegen einen unsichtbaren Feind ankämpfte; und Adalbert rollte mit grellen Schreien auf dem Boden umher. Ich sah auch, wie Elsa tief atmete, ihre Augen schlossen sich endlich, und ihr Kopf sank zur Seite. Da öffneten sich ihre Augen, und ich sah Schrecken vor mir in ihnen auftauchen – aber jetzt war ich froh darüber, denn jene Augen waren doch wieder *ihre eigenen*!

Ich starrte in die Dunkelheit und schluchzte immer wieder in äußerster Hilflosigkeit: »Christus, oh Christus, erbarme dich meiner!«

Da, plötzlich, lag ein kühler Luftzug, mit Tannenduft beladen, auf meiner Stirn. Die sanften Stimmen wispernder Bäume erfüllten jetzt die Kapelle wie eine Segnung. Ich stand langsam auf. Mein Bruder und der Priester waren verschwunden. Ich zog den Mantel bis zu Elsas Kinn hinauf und bedeckte auch ihr helles Haar, wie um sie gegen jedes Übel zu beschirmen. Aber das war jetzt nicht mehr nötig, denn die Kapelle war leer. Elsa war noch wie betäubt und seufzte hin und wieder. Ich überlegte, wie ich sie sicher nach Hause bringen könnte und wünschte, die anderen hätten mich nicht im Stich gelassen.

Aber da drang ein neuer Laut zu mir, der sich mit dem Sausen des Windes vermischte! Er stieg und fiel – ein gebrochener, misstönender Klang, mit einem drohenden Unterton. Er brauste aus der Richtung der Stadt wie ein aufkommender Sturm heran. Jetzt unterschied ich laute Schreie, lärmendes Entrüstungsgekreisch – die Stimme einer tobenden Menschenmenge. Blitzschnell zog ich Elsa vom Altar und floh mit ihr aus der Kapelle, dem Unterholz zu.

Nun war der Tumult fast über uns und erfüllte die Nacht. Als wir die Büsche erreichten, brachen die ersten Männer in die Lichtung durch. Ein wilder Schrei stieg auf, denn als Elsa lief, war der Mantel von ihr gefallen, so dass sie hell sichtbar wurde. »Die Hexe!«, brüllten sie. »Die Hexe! Tod der Hexe!«

Ich schob sie hinter mich und zog den Dolch. »Lauf!«, schrie ich.

Sie flog davon. Ich stürzte zwischen Farnen und Dornsträuchern stolpernd vorwärts, um sie von ihnen abzuschneiden; doch ich war ja in den Schatten des Unterholzes praktisch unsichtbar.

Ein paar Männer griffen mich an; und ich wusste mit schrecklicher Sicherheit, dass Elsa verloren war, denn die Menge hatte sich geteilt, und viele rannten auf ihrer Spur durch den Wald, immer schreiend: »Die Hexe – die Hexe! Tod der Hexe!« Ich kämpfte verzweifelt. Ein Mann fiel. Während ich einen anderen angriff, lief der dritte um Beistand davon. Mein toter Gegner riss mich zu Boden, und wir rollten in einen tiefen Graben. Ich schlug mit dem Kopf gegen einen Baumstumpf und verlor das Bewusstsein. Bald schreckten mich Schreie auf. Doch war ich nicht imstande, mich in dieser Enge von dem hingestreckten Körper des Toten zu befreien.

Durch das Farnkraut hindurch sah ich die Lichtung über mir von dunklen, erregten Gestalten erfüllt, alles war von ihren rauchigen Fackeln erhellt. Die Menge schwärmte aus, und mitten unter ihnen sah ich die weiße Erscheinung Elsas dahinschwanken. Eine Frau zerriss ihr das Gesicht. Sie wurde von der zornigen Meute niedergestoßen. Dann zerrten die Männer sie hoch. »Lasst sie in Ruhe«, brüllten sie, »wir wollen sehen, ob sie sinkt oder schwimmt! Die Hexe, zum Wasser mit der Hexe!«

Da hörte ich ihre Stimme in Todesangst: »Schont mich, lasst mich los! Es ist alles nicht wahr! Oh habt Erbarmen!«

Fast ohnmächtig von dem wütenden Schmerz, konnte ich mich kaum mehr bewegen, und meine heiseren Schreie waren in dem wilden Tumult nicht zu hören. Sie zerrten sie hinweg. Ich sah, wie eine Frau sie an ihrem glänzenden Haar riss, ich sah ihr weißes Gesicht, mit Blut befleckt, zum Himmel erhoben. Um sie herum tobte die Menge wie Unholde – von leidenschaftlicher Mord- und Zerstörungslust getrieben, als ob die bösen Geister, die wir beschworen hatten, jetzt in sie eingezogen waren. Dann verlor ich sie aus den Augen. Nur noch einmal hörte ich Elsas verzweifelten Angstruf, dann versanken alle Stimmen, gleich einem hinsterbenden Orkan.

Erst bei Morgendämmerung gelang es mir, mich zu befreien. Unsicher stand ich im Zwielicht und fragte mich, wo ich jetzt wohl hingehen könnte. Der Schlag gegen den Kopf hatte mich geschwächt, ein Fuß war verstaucht, und quälender Schmerz wühlte in meinen Rippen. Zurück nach Schwartzbau wagte ich mich nicht, denn wahrscheinlich war ich von dem entflohenen Mann erkannt worden; und ich wusste, dass es mir in den Händen meines wild aufgestachelten Volkes nicht besser ergehen würde als Elsa.

Die einzige Hoffnung war, das Kloster zu erreichen und dort »Freistätte« zu fordern (die ein Kloster jedem Verbrecher stellte). Noch zögernd hörte ich wieder von fern den Lärm von rasenden Rufen, die sich mit dem tiefen Gebell großer Hunde mischten. Sie waren bereits auf der tödlichen Suche nach mir!

Ich erfuhr an jenem Tag das hilflose Entsetzen aller gejagten Tiere. Sie hetzten mich die stillen Waldwege hinab, durch Dornenhecken, Bäche und Sümpfe hindurch. Halb ohnmächtig vor Erschöpfung, von Schmerzen gemartert, von Furcht gepeinigt – nicht allein um mich, sondern auch um meinen Bruder – verfolgt von Elsas Bild, wie sie von der Menge einem grausigen, unverdienten Tod zugetrieben wurde, stolperte ich dahin. Ich wurde immer schwächer. Einmal erspähte ich, in einem Graben versteckt, wie meine Verfolger über mir vorbeirasten. Es konnte nur noch eine Weile bis zum Zufluchtsort sein, aber immer war der Weg versperrt. In jener Nacht schlief ich zwischen moosigen Felsen; und gegen Morgen sprang plötzlich, wie ein Albdruck, ein riesiger Spürhund mit offenem Schlund und glühenden Augen aus den Büschen hervor. Ich erkannte einen meiner eigenen Jagdhunde und rief ihn verzweifelt beim Namen. Aber er hatte mich, ebenso wie die anderen Tiere, immer gescheut, also war mein Geruch nicht der eines geliebten Herrn. Ich musste um mein Leben kämpfen. Seine Zähne zerschlitzten meine Wange. Ich stieß mit dem Jagdmesser nach ihm und weiß kaum, wie ich mich endlich gerettet habe. Dann taumelte ich halbtot dahin. Körper und Gesicht waren aufgerissen und bluteten. Ein Auge schmerzte rasend, ich konnte nichts deutlich sehen. Büsche schlugen nach mir, Dorngesträuch wand sich um meine Füße, Bäume versperrten mir den Weg. »Die ganze Natur ist gegen mich«, dachte ich. »Ich habe immer die Wälder und die Tiere geliebt, jetzt sind sie alle meine Feinde geworden!« Ich glaubte wirklich, ich sei von Gott verlassen, und das Ende sei nahe.

Die Erinnerungen an jenen Tag enden in einem wilden Chaos. Aber gegen Abend, als ich einmal klarer durch den blutig schwimmenden Nebel aufblicken konnte, entdeckte ich endlich die Gebäude des Klosters hinter einer Grasfläche aufragen. Ich lag in den Büschen und starrte auf jene ruhigen Mauern. Würden die Mönche mich aufnehmen, der ich für Hexerei angeklagt war? Würde ich die »Freistätte« des Altars rechtzeitig erreichen und dort sicher sein?

Da öffnete sich eine Hintertür, ein Mönch kam heraus und ging langsam den Abhang hinunter, seine Augen vor der sinkenden Sonne beschattend. Sofort schlüpfte ich hinein und gelangte zur Kapelle. Sigismund kniete da mit einigen Mönchen, im Gebet versunken. Mit ausgestreckten Händen stolperte ich vorwärts, fiel vor den Altarstufen auf die Knie und rief laut: »Freistätte! Freistätte!«

Lange Zeit lag ich in einer Zelle zwischen Leben und Tod. Sigismund und einige schweigende Klosterbrüder pflegten mich. Dann erfuhr ich, was sich zugetragen hatte. Adalbert war entkommen, indem er sich in einem hohlen Baum verbarg und auf einem geheimen Weg die Burg erreichte. Niedhart jedoch war gefangen genommen worden. Sigismund berichtete:

»Er wurde der weltlichen Gerichtsbarkeit übergeben und auf dem Scheiterhaufen wegen Zauberei verbrannt. Sie folterten ihn mehrmals, um die Namen seiner Mitschuldigen herauszubekommen. Jedoch zeigte er große Seelenstärke und verriet euch niemals. Ich ermahnte ihn oft zur Reue. Zuletzt hielt ich ihm das Kruzifix vor die Augen und warf es ihm sogar ins Feuer nach. Ich betete innig, dass seine Seele in jenen Flammen gereinigt wurde und vor dem Zorn Gottes und den Schmerzen der Ewig-Verdammten errettet werden möge.« Ich ächzte schwer. »Er war nicht schlechter als ich, wo soll *ich* denn Hoffnung finden? So wie der Hund mein Auge herausriss, werden die Teufel meine Seele aus dem Körper reißen und ins Verderben schleudern!«

Da lächelte Sigismund. »Das haben sie bereits getan, *wenn* man den Leuten glauben soll! Als du verschwandest, ging bald ein Gerücht um, dass der leibhaftige Teufel, mit dir über den Fluss fliegend, gesehen wurde. Das ist sicher gut! Sie können zwar nichts Bestimmtes gegen dich beweisen, und du wurdest auch nicht direkt erkannt, stehst aber unter starkem Verdacht; und du wärest vielleicht sogar hier nicht sicher, wenn sie wüssten, dass du am Leben bist. Adalbert werden sie folgen, aber er ist noch ein Knabe. Man hört reden, dass Heinrich von Friedfelt auf Grund der schlimmen Unruhen schon seine Mannen an unseren Grenzen versammelt.«

»Und ich kann nichts dagegen tun, mein ganzes Lebenswerk wird vernichtet sein!« »Elsa«, stammelte ich endlich, »meine Leidenschaft für sie war die Hauptursache des ganzen Unglücks!« Sigismund bekreuzigte sich. »Sie war unschuldig, doch ein sehr törichtes Kind, denn sie ließ zu ihrer Mutter eine Andeutung von eurem Vorhaben fallen. Diese kam nach Elsas Fortgang zu mir. Ich schärfte ihr strengstes Stillschweigen ein, aber ach, auch sie muss unvorsichtig geredet haben. Arme Elsa, sie bezahlte dafür, jedoch, wie du selbst sagt, deine Leidenschaft war die wahre Ursache … Mein Sohn, was für eine Sünde ludest du auf deine Seele!«

Da weinte ich bitter. »Ich beabsichtigte gegen niemand etwas Böses«, schluchzte ich gebrochen, »und am wenigsten gegen sie! Doch allem, was ich tue, scheint ein Fluch anzuhaften. So viele Menschen haben schlimmere Dinge verübt, aber sie sind entkommen. Ich hingegen entfliehe keiner von meinen Taten und wäre besser tot als lebendig!«

Sigismund schüttelte den Kopf. »Das ist nicht wahr, denn du musst doch daran denken, dass die Seele unsterblich ist und durch die Barmherzigkeit unseres HERRN vor der Verdammnis gerettet werden kann. Er kann dir noch Gelegenheit geben, Buße zu tun!«

Ich schauderte und lauschte den Gesängen der Mönche. Und da hob ich plötzlich die Augen. »Du sprichst die Wahrheit. Mein Entschluss steht nun fest. Ich habe von einem in den Bergen versteckten Kloster der Kartäuser gehört, wo die Disziplin strenger ist als überall. Dort will ich mich mit meiner Sünde verbergen. Vielleicht kann ich durch Bußen, Geißelungen und Kasteiungen des Fleisches noch lernen, dieses mir anhaftende Böse zu vernichten und so endlich Vergebung gewinnen.«

Einige Wochen später stand ich in früher Morgendämmerung an der Klosterpforte, zur Abreise bereit.

Sigismund und ich weinten, als wir uns umarmten, wir würden uns ja wohl nie wieder begegnen. Dann blickte ich zum letzten Mal über das Tal zu meiner kleinen geliebten Stadt hin. Sie lag da, eingefasst von dem glitzernden Fluss und blühenden Obstbäumen und zog sich bis zu meiner Burgheimat hinauf. Diese Stadt war mir von Gott anvertraut worden, und es bekümmerte mich tief, sie verraten zu haben. Ich wagte nicht, nochmals zu Sigismund mit seinen Mönchen zu schauen, sondern beugte mein Haupt und schritt entschlossen den Bergen entgegen.

Was mag wohl mit Karl – eingeschlossen hinter undurchdringlichen Mauern – bei den Trappisten-Mönchen vorgegangen sein, mit ihm, der so begierig in der Welt arbeiten wollte und dessen Träume auf Glück und Fortschritt für sein Volk gerichtet waren? Ich glaube kaum, dass er dort Frieden und inneres Glück gefunden hat. Aber wenigstens verstand ich jetzt die Abneigung, welche ich in meinem jetzigen Leben immer gegen Mittelalter und Mönchstum empfunden hatte, und ebenso mein qualvolles Mitleid für jeden hässlichen oder verunstalteten Menschen. Dies war eine indirekte Rückerinnerung an jenes Leben. Als ich darüber meditierte, wurde es mir klar, dass sehr viele Neigungen und Abneigungen, Angst-Psychosen, Gefühlserregungen und Charaktereigenschaften gewiss *nicht* ihre Ursachen im jetzigen Leben haben, sondern Folgeerscheinungen längst vergangener Geschehnisse sind, die durch karmische Strömungen auf das menschliche Bewusstsein reflektiert werden. War nicht Karls Idealismus der Tatsache zuzuschreiben, dass ein aus seiner Vergangenheit schimmerndes Licht seine Anschauungen beeinflusste und ihn so den gewalttätigen, brutalen Männern seiner Umwelt geistig entfremdete? Bedeutete die Faszination, die jede Magie auf ihn ausübte, nicht einfach das intuitive Wissen, er habe zu bestimmten Zeiten tatsächlich durch Magie die Macht besessen, »Wunder« zu wirken? Allerdings gab es vieles, was mich verwirrte. Nachdem ich damals beschlossen hatte, den bösen Schöpfungen meiner Vergangenheit entgegenzutreten, war es zwar unvermeidlich, dass die früheren starken Wünsche wieder erweckt würden und demzufolge mein Körper den Konflikt ausdrücken und für Wahnsinn oder Besessenheit geöffnet sein musste. Aber warum wurde mir ein so grässlich verunstalteter Körper gegeben, warum solche Einschränkungen, die es mir ja fast unmöglich machten, die edleren Eigenschaften, die sich zu entwickeln schienen, in der Welt auszudrücken? Der Tod Elsas – eines an jenen Verbrechen unschuldigen Mädchens – warf ebenfalls unbeantwortbare Fragen auf. Dieser Märtyrertod war ein Beispiel von jener scheinbaren Widersprüchlichkeit des Schicksals, das so oft Unschuldige bestraft und Schuldige entkommen lässt. Und dann war die seltsame Feindschaft der Tiere gegen Karl. Es heißt allgemein, dass Tiere sogar in niedrigsten Menschen das Gute erspüren können. Karl jedoch war ja gar nicht niedrig oder grausam, und er liebte die Tiere.

Aber natürlich musste es auch hierfür bestimmte Ursachen geben, ebenso wie für Karls verkrüppelten Rücken.

Ich ersehnte Aufklärung, zog mich an einen ruhigen Platz zurück und suchte mein Denken zu beruhigen, um in einer höheren Schwingung einen Kontakt mit meinem »Lehrer« zu erhalten; denn ich bemerkte, dass er immer seltener zu meiner Ebene herabstieg und nur durch ein immer stärkeres Bitten bewogen werden konnte, mir Führung und Unterweisung zu gewähren. Manchmal fühlte ich dann, dass er sich selbst in tiefe Meditationen zurückgezogen hatte, auf sehr hohen Bewusstseinsebenen, die mir nicht erreichbar waren. Aber dieses Mal erhielt ich eine unmittelbare Antwort!

»Kannst du nicht einsehen«, sagte er, »dass jenes Leben in Griechenland dir als eine unumgängliche Folge einen kranken und missgestalteten Körper bescherte? Jeder Mensch erbaut sich ja durch seine Gedanken und Handlungen in einem Leben die Körperhülle, die seinen Geist in der Zukunft beherbergen wird. Wenn er seine Körperorganismen durch Exzesse jeder Art zerstört, wird er mit jenen gleichen, fast verbrauchten Atomen wiederkehren und sie aufs Neue aufbauen und entfalten müssen. So ist ein geschwächter Verstand meist das Resultat von mentaler Trägheit oder missbrauchter Intelligenz im vorigen Leben; und die, welche ihre Körper durch Ausschweifung und Perversität schwächen, reinkarnieren sich meist verunstaltet oder epileptisch, krankheitsbeladen, mit Gehirnschäden, mit Willensschwäche und angeborenen Neigungen zu früheren Lastern, wodurch sich jene bösartigen Kräfte aus der Vergangenheit sogleich wieder aktivieren. Schon Eitelkeit wirkt schädlich auf das neue physische Vehikel. Ein Mensch, der nur für seinen Körper lebt, wird in irgendeiner Form als dessen Sklave wiederkommen. Der Schlemmer kehrt meist mit krankem Verdauungsapparat zurück, aber ebenso jemand, der sich durch falsche Askese ruiniert hat! Du fingst einen solchen zerstörerischen Prozess in Persien an und setztest ihn, wenn auch auf anderen Linien, in Griechenland fort. Diese beiden Leben entzogen deinen Körpern so viel von den reinen Vitalkräften, die zum Aufbau starker neuer Träger nötig sind, dass der arme Karl das Resultat davon war!«

»Aber kam ich denn zwischen Griechenland und Mittelalter nicht mehr zurück? Es war doch ein sehr langer Zwischenraum!«, fragte ich.

»Es wurden mehrere Versuche gemacht, einen Körper aufzubauen, der es, ohne allzu viel Risiko, mit jenen Elementargeistern aufnehmen sollte, die dir ja noch immer im Weg standen. Aber du warst durch jene Erschöpfung der Atome zu sehr belastet. Du inkarniertest dich auch als Römer, aber infolge des Vorausgegangenen war auch er zu schwächlich, um jenen Zwecken zu dienen, und so hast du dich dieses Körpers rasch entledigt! Noch mehrere Male inkarniertest du dich, aber jeder Versuch war ein Fehlschlag. Entweder wurdest du totgeboren oder überlebtest die Geburt nicht lange. Endlich suchtest du den Osten und bekamst dort Eltern, die dir durch das Studium des Hatha-Yoga mehr Beistand geben konnten als westliche Eltern. Du studiertest später selbst jene Yoga-Form; und obwohl die dunklen Kräfte leider wieder zu stark waren und dir in diesem Leben dein Vorsatz nicht gelang, lerntest du doch so viel, um als ›Karl‹ verkörpert zu werden, welcher trotz seiner Schwächen stark genug war, der Vergangenheit kämpfend entgegenzutreten und ihr nicht mehr zu unterliegen!

Hinter allen Erscheinungen des Lebens waltet unbeirrt das große Evolutionsziel der Menschenseele, die also vom URGESETZ DES LEBENS unterstützt und geleitet wird. Alle, denen das Wirken dieses GESETZES noch nicht bekannt ist, glauben, die Welt befände sich in den willkürlichen Händen eines unbegreiflichen Gottes. Wenn du gerade über dieses deutsche Leben sorgfältig meditierst, entdeckst du, dass viele quälende Fragen durch deine dortigen Erfahrungen beantwortet werden. Darum habe ich sie dir in solcher Einzelheit gezeigt.

Nimm zum Beispiel den Fall Elsa, der dich so plagt. Der Hintergrund ist, dass sie während mehrerer Inkarnationen dunkle Magie getrieben hatte; und, noch schlimmer, sie leitete einige religiöse Verfolgungen ein und wurde so die Ursache zum Tod vieler Menschen. Sie hatte zu lernen, was der Tod durch einen zur Wut entfachten Pöbelhaufen bedeutet. Aber sogar dieser Tod kam durch ihren eigenen Fehler zustande. Eitelkeit trieb sie zu törichtem Ausplaudern, welches zur direkten Ursache ihres elenden Endes wurde. Aber ohne ihre üble Vergangenheit wäre sie diesem Graus entkommen, so wie Adalbert zu einer Zuflucht geleitet wurde, und du, weil du noch weitere Lektionen lernen solltest, in einen Graben gestürzt wurdest, bis dein Rettungsweg frei war.«

»Und die Tiere, warum verletzte jener Hund mich so schrecklich, warum hassten sie mich so?«

»Blicke zurück, hast du nicht dem Tierreich in Atlantis furchtbaren Schaden zugefügt? Du kannst noch nicht alles, was du und ähnliche Leute früher verübten, erfahren. Du könntest es kaum überleben, und die Erinnerung ist auch noch nicht nötig. Aber du setztest dieses Böse später, wenn auch in schwächerem

Grad, fort. Du warst grausam und brutal. Du tötetest aus Jagdlust oder bloßer Gleichgültigkeit. Deshalb standen immer die Schwingungen von Missklang, Furcht, Hass oder Vernichtung zwischen dir und jenem Reich, bis du endlich den Entschluss fasstest, das Verhältnis zu deinen jüngeren Brüdern zu heilen und deine menschlichen Verpflichtungen auf dich nahmst, ihnen dienend in der Evolution beizustehen. Alle Wesen der Natur – sichtbar oder unsichtbar – die ein Mensch schädigend aus ihrer rechten Bahn zerrt, muss er zuletzt wieder mit sich aussöhnen. Bis dahin werden sie ihm feindlich gesinnt sein – nicht vorsätzlich, sondern einfach, weil er sich in Widerstreit gegen sie stellte und ihren ursprünglichen Rhythmus zerstörte. Der Verbrennungstod von Niedhart war die direkte Folge seines persönlichen Missbrauchs des Feuer-Elementes und der Salamander in seiner Vergangenheit.

Daraus kannst du ersehen, dass die im Mittelalter vorherrschende Idee von der Reinigung des Sünders durch Feuer und Wasser einen vagen Wahrheitskern hat. Ein gewisser Teil der »Uralten Weisheit« war aus ferner Vergangenheit auch – wenngleich in sehr entstellter Form – in jenes Zeitalter durchgesickert. Natürlich müsste es den ›Herren des Karmas‹ überlassen bleiben, zu entscheiden, *wann* der Mensch in einem Zustand ist, um aus solchen Reinigungsleiden am meisten zu gewinnen. Jedoch die mittelalterliche Kirche maßte sich das Recht an, denen, die nach ihrer Ansicht bestimmter Sünden wegen zu verdammen waren, eine ganz irrige, grausame Läuterung aufzuzwingen. Infolgedessen zogen alle, die bei dem Verhängen eines so schrecklichen Todes mitwirkten, genau das gleiche Geschick auf sich; denn Er, zu dem sie sich verehrend bekannten, hatte gesagt: »Mit welcherlei Maß ihr messet, wird euch gemessen werden!«

Manche dieser Inquisitoren und anderer kirchlicher Würdenträger waren mit den Kräften des ›Linken Pfades‹ verbündet und befriedigten beim Foltern ihrer Opfer einfach ihre sadistischen und perversen Neigungen. Aber viele waren rechtschaffene

Männer, die durch die unwissende Mentalität ihres Zeitalters böse verblendet wurden.

Viele dieser letzteren reinkarnieren sich jetzt und suchen Aufklärung in früher verworfenen wissenschaftlichen Gebieten. Unter ihnen sind solche Forscher, die ihr Leben einsetzen, um zum Nutzen ihrer Zeitgenossen mit elektrischen Strömen und geheimnisvollen Strahlen zu experimentieren, die einmal zur Heilung menschlicher Leiden dienen sollen. Diese Menschen bemühen sich – von einem inneren Drängen getrieben – manche ihrer alten Schulden zu begleichen, indem sie lernen, heilend mit dem Feuer-Element zu arbeiten, statt zerstörend. Viele davon werden karmisch aufgerufen, als Opfer bei den Experimenten schwere Verletzungen zu erdulden, so dass ihre Körper schließlich von demselben Element vernichtet werden, das sie einst irregeleitet auf andere lenkten. Aber natürlich gibt es auch viele andere, die nicht genügend entwickelt sind, um ein so *direktes*, schmerzliches Wiedergutmachen zu unternehmen. Sie leiden dann nur an den Folgen von falsch angewandter elektrischer Energie oder werden – wie in heutigen Kriegen – durch explosive Formen der Feuer-Energie verletzt oder getötet. Ebenso viele müssen ihre früheren Taten sühnen, indem sie die zerstörende Macht von Luft, Wasser und Erde bei Naturkatastrophen zu spüren bekommen. In unserer Zeit bemühen sich fortgeschrittene Seelen sehr, die Versöhnung mit den Elementarreichen zustande zu bringen.

So erfüllt sich das GESETZ in allen Dingen – vollkommen und ohne Ausweichmöglichkeiten. Nichts geschieht zufällig! Könnte der Mensch in die Vergangenheit blicken, so würde er auch die eigentlichen Ursachen für auffallende Fehlurteile in der menschlichen Gerichtsbarkeit begreifen.«

»Aber das scheint gerade die schlimmste Ungerechtigkeit zu sein«, warf ich ein, »dass man den Menschen im Dunkeln, ohne Erinnerung an das Frühere, dahinstolpern lässt. Könnte er sich die Vergangenheit und die darin begangenen Fehler zurückrufen, würde er sie nie mehr wiederholen. Wer wäre wohl noch grausam, gewalttätig oder unersättlich ehrgeizig, wenn er sich an das Karma erinnern könnte, was ihm all dies früher eingebracht hatte? Mit bewusster Erinnerung an die karmischen Folgen würde der Mensch doch wohl gleich an Tugend und Weisheit fortschreiten.«

Da lächelte der »Lehrer«. »Er könnte es vielleicht für eine Weile, aber es geschähe nur aus Furcht. Daher würde sein Fortschritt nur so lange anhalten; bis der leidenschaftliche Trieb zur Wiederholung des Fehlers ihn wieder überwältigte. Dann wäre alles vergessen, oder er würde sich einbilden, diesmal den Folgen entgehen zu können. Nein – geistiger Fortschritt entsteht nicht aus Furcht vor dem GESETZ, sondern nur durch einen Herzenswandel. Solange ein Mensch noch Sklave seiner Gefühlserregungen ist, wird er immer wieder jene Torheit begehen, weil ihn etwas antreibt, was stärker als er selber ist. Hast *du* denn niemals in *diesem* Leben den gleichen Fehler mehrfach gemacht? Hast du dir jede Lektion aus deinen Lebenserfahrungen gleich zu Herzen genommen und richtig angewendet? Ich glaube es nicht! Es ist unnötig, einen Menschen mit der Erinnerungslast all der Ereignisse zu beladen, durch die er ehemals seine jetzigen Fähigkeiten gewann, ebenso wenig wie er jede Stunde seines Schulunterrichtes oder all die kindlichen Episoden, an denen ihm Anstandsregeln beigebracht wurden, im Bewusstsein behalten soll. Es würde niemandem gut tun, beständig in einer solchen Rumpelkammer zu leben. In Wirklichkeit aber wird *nichts* vergessen. Das ›Unterbewusstsein‹ des Menschen ist jene Rumpelkammer von abgelegten Erinnerungen, während sein Überbewusstsein die gesamte Summe der Erfahrungen im Extrakt bewahrt und dadurch den Schlüssel zu echter Nutzanwendung besitzt. Handlungen sind schließlich nur Ursachen; und nur das Ergebnis dieser Ursachen – der Mensch in seinem jetzigen Zustand – zählt wirklich!

Wenn übrigens – wie du selbst nach dem Kontakt mit deinem

atlantischen Leben empfandest – der Durchschnittsmensch sich all die früheren Irrtümer, Tragödien, Verluste und Vergehen zurückrufen könnte, würde er seine Gegenwart damit verbringen, darüber nachzubrüten und bald untauglich werden, sich mit den Problemen zu befassen, zu deren Lösung er aufs Neue zur Erde kam. Bedenke auch, ein Mensch, wenn er noch so unentwickelt wie die Mehrheit ist, nimmt immer die Denk- und Gefühlsfärbung seines Zeitalters an, die ihn prägt; und die Fakten der Vergangenheit würden ihn hindern, mit den gegenwärtig ganz anderen Verhältnissen fertig zu werden. Es hat immer wieder Einzelne gegeben, die in der Lage waren, Kontakte mit früheren Inkarnationen herzustellen, ohne aber dabei genug Gleichgewicht und Unterscheidung zu besitzen, um die gefährliche Wirkung dieses Wissens auf ihr Bewusstsein zu ertragen. Manche haben dabei viel Zeit ihres jetzigen wertvollen Lebens damit verschwendet, gedanklich bei früheren ›Glanzperioden‹ zu verweilen, sie wollten so gegenwärtige Mängel kompensieren, anstatt ihnen abzuhelfen.

Kehren wir zu Karl zurück. Sein Leben war fast schlimmer, als er ertragen konnte. Die Vergangenheit wachzurufen, hätte ihn erdrückt und wohl in den Wahnsinn getrieben; denn damals wäre niemand imstande gewesen, ihm die Bedeutung solcher Erinnerungen zu erklären. Doch die Vergangenheit *war* – in seinem Inneren – vorhanden, das genügte! Du hast gesehen, dass die Eindrücke deiner letzten gesehenen Leben sich mit zunehmender Häufigkeit und Stärke auf die folgenden Verkörperungen auswirkten. Dies stammte daher, dass dein Höheres Selbst – der wahre Gott in dir, welcher *weiß* – fähig wurde, etwas aus seinem unsterblichen Gedächtnis auf seine irdischen Werkzeuge zu übertragen. Es ist das, was die Menschen Gewissen nennen. Aber dessen Stimme bleibt im Getümmel der Sinne so lange ungehört, bis das Körperinstrument genügend verfeinert und beherrscht ist. So bleibt in manchen die Gewissensstimme noch unhörbar, aber in anderen ist sie wie ein

Klarinettenton, dem der Erdenmensch nicht mehr ungehorsam sein kann. Je mehr der Mensch sich entwickelt, umso enger wird diese Verbindung zwischen dem irdischen und dem Höheren Selbst und umso klarer können frühere Erfahrungen fruchtbar mit jetzigen ähnlichen Ereignissen koordiniert werden. Die angeschlagenen Töne treffen nunmehr auf latente gleiche Schwingungen und rühren so ein indirektes Erinnern auf. Wenn auf diese Weise ›Gestern‹ und ›Heute‹ eng verknüpft werden, wirkt dieser Zustand wie ein Magnet, der gewisse Atome aus der Vergangenheit heranzieht; und diese bringen automatisch Schulden aus jener speziellen Vergangenheit ans Tageslicht, die Bezahlung fordern. Hier liegt ein anderer Grund, warum es den Menschen normalerweise nicht gestattet ist, ihre früheren Leben nach Belieben heraufzubeschwören. Es ist zu gefahrvoll, denn es kann leicht Karma auf sie herabziehen, wofür sie noch nicht stark genug sind, und es wäre unheilvoll, sich schon jetzt damit zu befassen.

Im Fall von Karl aktivierte dieser engere Kontakt zwischen höherem und niederem Selbst unvermeidlich jene mächtigen Kräfte der schwarzen Magie, die noch unerlöst in seiner Aura lagen. Jede intensive Anstrengung in einer Richtung erweckt sofort einen entsprechenden Widerstand. Jede Handlung verursacht eine Gegenwirkung, und zwar auf allen Ebenen. Der Mensch auf der physischen Welt wird erst dann aufhören, unter diesen beständigen Rückstößen zu leiden, wenn er das Geheimnis des Ausgleichs der Gegensatzpaare begreift und sie durch spirituelle Lebensführung unwirksam macht. Dieser Konflikt zeigte sich deutlich in Karl, mit seinen wechselnden Besessenheiten *und* Bemühungen um Fortschritt und alles Gute. Durch die magnetischen Strömungen der Vergangenheit traf er Niedhart, der in Atlantis mit ihm gearbeitet hatte – einen, der auch schon auf dem Pfad der Rückkehr rang, aber zurückgefallen war.

Es ist jedoch bedeutungsvoll, dass Karl dieses Mal – während er die Kräfte des ›Linken Pfades‹ anrief – die Inspirationen der inneren Stimme annahm und das Böse von einem Augenblick zum anderen von sich wies! So gewann er den Sieg, aber er hatte jene Anrufung mit viel Seelen- und Körperqual und einem Verlust des bereits gewonnenen Bodens zu büßen.

»Was geschah in jenem Kloster?«, fragte ich. »Was für ein Ende hatte er?«

»Er führte ein büßerisches Leben von harter Strenge. Er kämpfte schwer mit jenen Wesen, die ihn bisher besessen hatten und die natürlich durch seinen Rückfall in die Magie wieder gestärkt wurden. Es war eine unerwünschte Verschwendung von Lebenszeit, denn wäre er geduldig gewesen, ohne den Versuch, die Ereignisse durch verbotene Mittel zu beschleunigen, würde er schließlich die Liebe und Loyalität seines Volkes gewonnen haben. Es erwarteten ihn hierfür Gelegenheiten in naher Zukunft. Durch seine in Ägypten erworbenen Gaben in der Strategie hätte er bald Heinrich von Friedfeld endgültig besiegen können, die Bewunderung seiner Soldaten geerntet und erfolgreich für Glück und Sicherheit seiner Untertanen sorgen können. Außerdem brach kurz nach seiner Flucht die Pest aus, von Hungersnot gefolgt. Durch kluge Vorsorge und eine Kenntnis der Heilkunde, die aus einem anderen Leben stammte, wäre Karl imstande gewesen, seinem Volk große Wohltaten zu erweisen. So aber baute er lediglich einen neuen Komplex von Schwierigkeiten für sein nächstes Leben auf und schuf sich ein mentales Rüstzeug voll irriger Vorstellungen, Ängste und hysterischer Reuequalen. In jenen langen Jahren unter den Trappisten beeinflusste er – krankhaft über seinen Sünden brütend – die Atome seiner höheren Körper so ungünstig, dass er in der folgenden Inkarnation von jenem abnormalen Schuldgefühl besessen zurückkehrte, das so charakteristisch für die Kirchenmänner jener Zeit war. In *seinem* Fall wurde es noch durch eine übersteigerte Furcht vor allem Sexuellen verstärkt, weil er hauptsächlich aus Leidenschaft für eine Frau in die Irre gefallen war.

Infolgedessen war deine Natur im nächsten Leben unausgeglichen und von Konflikten zerrissen. Du wurdest deshalb in einem Land und einer Zeit reinkarniert, wo du am besten jenen schmerzlichen Dualismus auflösen konntest, denn es wurden dir Erlebnisse gegeben, die dir zu einer vernünftigeren Haltung verhelfen sollten.«

6. ITALIEN

Mein Lehrer fuhr fort: »Du wurdest zur Zeit der Renaissance in Florenz geboren. Dein innerer Wunsch, nach dem Aufenthalt im dunklen Mittelalter wieder Fühlung mit den schönsten Eigenschaften der griechischen Antike zu nehmen, zog Atome in deine Aura, die jenem erleuchteten Zeitalter entsprachen. Du wurdest darum in einer Zeit geboren, wo vieles von der griechischen Weisheit wiederentdeckt wurde und man innerlich versuchte, sich weltanschaulich jenen fast schon vergessenen Idealen anzugleichen. Da du durch die aus deinem Klosterleben stammenden widerstreitenden Einflüsse geschwächt warst, hattest du ein launenhaft schwankendes Temperament – mit wenig bestimmter Richtung und mit Hang zu starken Extremen. Eine Hälfte von dir, die der wieder inkarnierten Griechin entsprach, war leidenschaftlich und sinnenfroh, verehrte Schönheit in jeder Form und sehnte sich nach all den künstlerischen Wundern, mit denen Italien gesegnet war; denn bei jeder neuen Entdeckung wachten schlafende Erinnerungen in dir auf. So wirkten die Skulpturen und die Lehren der Philosophen tief auf dich ein, weil sie ja unbewusst wiedererkannte Symbole von einer relativen Vollkommenheit waren, die du damals verloren hattest. So erregten diese wundervollen Bilder und Dichtungen in dir das Sehnen nach einem unbestimmten transzendenten Ideal, welches deine griechische Inkarnation teilweise erfüllt hatte. Dies war *eine* Seite deiner Natur.

Aber, wie so oft bei denen, die in früheren Verkörperungen Mönche oder Priester waren, existierte auch eine andere Seite. Ausgetrocknet durch die starre, unfruchtbare Klosterdisziplin, schrecktest du vor weltlichen Dingen zurück und betrachtetest Schönheit, ebenso wie Sinnesfreuden, als Fallstricke des ›Bösen‹ und fühltest dich auch fortwährend von der grausigen Vorstellung des Fegefeuers verfolgt. Es gibt in der heutigen Welt viele solcher Typen. In einem Augenblick von Leidenschaft und im nächsten von Reue zerrissen, ist es ihr Verhängnis, denen, die sie lieben – durch ihre heftige Ablehnung normal menschlicher Beziehungen, nach denen sie aber glühend verlangen – Bestürzung zu bereiten und immer Opfer ihres Temperamentes zu sein. Fanatisch und gewalttätig, feinfühlend und idealistisch, verstehen sie ihre unglückliche Natur nicht. Sie begreifen auch nicht, dass sie nur durch das Streben, die Dinge zu sehen, wie sie sind, jemals hoffen können, diese erschütternde Disharmonie ihres Wesens aufzulösen, indem sie sich zu klarer Analyse erziehen und die physischen Lebensvorgänge weder idealisieren noch herabziehen.

Viel hängt von den Einflüssen ab, die in ihren Lebensumständen überwiegen. Du, zum Beispiel, warst der illegitime Sohn eines kleinen Edelmannes und eines Bauernmädchens – eine genau berechnete Verbindung, um dir von der gütigen, frommen Mutter her ein gefestigtes, unkompliziertes Wesenselement zu liefern, kombiniert mit einer ausgezeichneten Erziehung, die dir in deines Vaters Haus, wo du aufgezogen wurdest, zuteil ward. Der Mensch erhält immer die Eltern, welche er verdient und benötigt! Manchmal sind Eltern und Kinder Feinde aus einer vergangenen Zeit und werden mit der Absicht zusammengeführt, sich zu disziplinieren, indem sie ihre Schwierigkeiten und alten Streitursachen durch familiäre Dienste zu klären versuchen. Das bedeutet natürlich oft ein unglückliches Heim, weil Reibung, Bitterkeit, Eifersucht und Auflehnung die Begleitumstände sind. Könnte allen Menschen schon der Grund für solche Konflikte gezeigt werden, wäre viel Unglück vermeidbar; denn alle Beteiligten würden wissen: Solange nicht Liebe, Sympathie und Verständnis die zerstörerischen Elemente in ihrer Natur umwandeln, werden solche Zustände sie in einem Leben nach dem anderen verfolgen. Das häusliche Leben ist der Hauptprüfstein vieler Seelen und der schwierigste; denn durch das so nahe Zusammenleben vermischen sich die physischen, astralen und mentalen Atome der Familienmitglieder so eng, dass Reibungen schwerer zu vermeiden sind als in anderen Beziehungen. In deinem Fall hattest du mit deiner Mutter Maddalena ein starkes Liebesband von früher her, und ihr Einfluss auf dich war bedeutend. Sie liebte dich hingebungsvoll. Bis zum Ende ihres Lebens wandtest du dich in Schwierigkeiten, Sorgen, Siegen und Niederlagen immer an sie. Sie war für dich ein Symbol der Beständigkeit, welches du dringend benötigtest. Sie war wie die Natur selbst – wie der tiefe Friede der Erde, der Schatten der Bäume, der Sang des Wassers, der Atem der Blumen. Sie hatte die Ruhe und Standhaftigkeit einer Demeter oder Maria. Sie befriedigte beide Seiten deiner Natur – die heidnische und die christliche. Sie hatte keine vorgefassten Meinungen über das Leben, sondern nahm es an, wie es auf sie zukam. Ohne scharfsinnig oder listig zu sein, besaß sie jene tiefe Weisheit, die aus großer Liebe ersteht. Du hattest eine frohe, friedvolle Kindheit, denn dein Vater hörte nie auf, deine Mutter zu lieben. Er hielt sie in Ehren und befragte sie in allem über deine Erziehung und Zukunft. Bei deiner Geburt war dein Horoskop aufgezeichnet worden, aus dem hervorging, dass deine Natur dich für ein Familienleben und alle Beziehungen zu Frauen ungeeignet machte. Darum entschied dein Vater sich für eine kirchliche Laufbahn, weil sie dir die beste Möglichkeit zum Vorwärtskommen geben konnte. Zuerst entsprach dies auch deinem Wunsch, da du von Kindheit an – obwohl nach dem normalen Leben begierig – dich dennoch davor fürchtetest. Aber nach einer Prüfungszeit wurde es ersichtlich, dass keine Berufung dafür in dir war; denn obwohl die Kirche in jenen Tagen wohl eher eine politische als eine religiöse Institution war, rebelliertest du plötzlich. Da gab dein Vater, weil er ein Verwandter der Medicis war, dich an den Hof von Lorenzo dem Prächtigen.

Er prägte deiner aufnahmebereiten Jugend sein Weltbild auf. Du verehrtest ihn und warst von Glanz, Großzügigkeit und Gelehrsamkeit am Hof fasziniert. Für eine Weile waren alle mönchischen Skrupel durch den Strom von Kunst und Schönheit weggefegt, von dem du dich mit entzückter Hingabe forttragen ließest, obwohl zuweilen noch Stunden heftiger Selbstanklagen und Vorwürfe gegen das ausschweifende Leben um dich herum aufkamen. Aber diese schwanden immer schnell in der Flut von Lachen, Liebe, Musik und Tanz, die dich kreiseln ließ wie ein goldenes Blatt im Schaum eines Wasserstrudels.

Es war im Palast von Lorenzo dem Prächtigen, wo du ein schönes junges Mädchen trafst und sie heiratetest. Mit dem für Menschen deines damaligen Zustandes typischen Unterscheidungsmangel wähltest du eine Frau, die ganz ungeeignet war, dir verstehend zu helfen – charmant, leichtfertig, wenig intelligent und selbst zu neurotischen Unausgeglichenheiten neigend. Kein Wunder, dass deine Ehe von Anfang an mit Unstimmigkeiten belastet war. Du warst sehr verliebt, aber bald fingst du aufs Neue an, unter jenen gefährlichen Rückwirkungen zu leiden, zu denen Ex-Mönche immer neigen. Etwas in dir widerstrebte dem ausgelassenen Leben, für das Beatrice dir oft als Symbol erschien. Ein Ideal, das du nicht klar unterscheiden konntest, verfolgte dich. So wusstest du nur, dass nichts dich befriedigte. Bald glaubtest du, wegen jener Zügellosigkeiten irgendwie schuldig zu sein und fingst infolgedessen an, dich zu geißeln. So wurde der Konflikt zwischen den opponierenden Elementen in deiner Natur, statt durch die Liebe deines Weibes aufgelöst zu werden, nur verstärkt. Da du heftig und maßlos in allen Dingen warst, veranlasste dich diese mit Askese verbundene Liebesleidenschaft, deine unverstandenen Ängste auf Beatrice zu projizieren und machte dich glühend eifersüchtig. Obwohl du Beatrice oft wochenlang deiner Gegenwart beraubtest – während du dich in Reue-Orgien wegen eingebildeter Sünden ergingst – erwartetest du doch von ihr, dir treu ergeben zu bleiben und ihre ursprünglichen Gefühle von Liebe und Respekt für dich zu bewahren. Sie jedoch, gelangweilt und erschreckt von deinen unsinnig finsteren Stimmungen, hatte sich während einer deiner langen Abwesenheiten in einen jungen Mann verliebt. Er war weit besser geeignet, sie glücklich zu machen, als du, zumal er auch ein engeres Liebesband mit ihr aus der Vergangenheit hatte. Die lockere Moralauffassung des Zeitalters ließ unter den gegebenen Umständen einen Liebhaber zu. So wurde ein Geheimzeichen verabredet; und immer, wenn du fortgingst, besuchte er sie. Aber einmal fiel eine Botschaft von ihm in deine Hände. Du wurdest von eifersüchtigem Zorn erfasst. Alles latente Böse in deiner Natur wurde aufgerüttelt. Hass, Stolz und Grausamkeit brandeten wieder machtvoll aus der Vergangenheit auf. Es sind stets die emotionalen Erregungen des Menschen, wodurch die Mächte des ›Linken Pfades‹ ihn leicht beherrschen können. So warst du durch deinen verhängnisvollen Mangel an Gleichgewicht eine leichte Beute dieser Besessenheit und für eine Weile fast dem Wahnsinn verfallen. Du verheimlichtest deiner Frau die Kenntnis von ihrer Untreue, unterwarfest sie aber mit kalter Grausamkeit einer seelischen Tortur, um sie zu demütigen. Du teiltest ihr deine Abreise mit, nur um sofort zurückzukehren. Du fordertest Liebesbeweise, während sie auf ihren Geliebten gehofft hatte; und die ganze Zeit machtest du Pläne, was du ihm alles antun wolltest. Dabei littest du die ganze Zeit wie ein Mann in der Hölle. Du wartetest, bis du den beiden eine Falle stellen konntest. Dann tratest du durch eine Geheimtür in Beatrices Zimmer ein und warfst ihm einen Dolch in die Hand, mit der Aufforderung, um sein Leben zu kämpfen. Es war ein ungleicher Kampf; denn er war jung und in Waffen ungeübt. Du spieltest mit ihm und verhöhntest ihn und die Frau, welche ihn liebte und gezwungen war, hilflos zuzuschauen.

Zuletzt schlugst du zu – nicht um ihn zu töten, sondern nur um ihn zum Krüppel zu machen. Er fiel blutend zu ihren Füßen nieder; und sie, anstatt weinend ohnmächtig zu werden, begann wild zu lachen! Sie hatte den Verstand verloren. Bei diesem fürchterlichen Laut verließ dich deine Tollheit, und Entsetzen trat an deren Stelle. Du ließest den Verwundeten von Dienern forttragen und hinter den Stadtmauern ablegen, wurdest aber gleich von panischen Gewissensqualen überwältigt. Jetzt wurde dir das ganze Unheil klar, was deine Tat auf Beatrice herabgeschleudert hatte, und du flohest Rat suchend zu deiner Mutter. Sie war schon lange sterbenskrank; du jedoch dachtest nur an dein eigenes Unglück und schontest sie nicht. Erst später erkanntest du, dass dein wilder Überfall ihr Ende beschleunigt hatte. Aber ihre Worte sollten dich immer begleiten. Erleuchtet durch ihre Liebe und das erhellende Herannahen des Todes, spendete sie dir die Früchte all der schlichten, tiefen Weisheit, die das Leben sie gelehrt hatte.

Sie zeigte dir streng, wo jetzt deine Pflichten lagen und gebot dir, sofort zurückzugehen, um Beatrice in Obhut zu nehmen. Ebenso müsste der junge Mann geholt und gesund gepflegt werden. Das war nach ihrem festen Glauben deine Rettungschance. Weder deine Gegenargumente noch Proteste brachten sie von dieser Entscheidung ab. Du weigertest dich. ›Er ist mein Feind, ich hasse ihn‹, riefst du. ›Warum sollte ich für jemanden sorgen, der seine verdiente Strafe bekam? Es geschah durch *seine* Schuld, dass Beatrice wahnsinnig wurde!‹

Aber allmählich erweckten ihre Worte wieder jene andere Seite deiner Natur, die durch Leidenschaft und Hass überschattet war. Es gelang ihr schließlich, dich zur Einsicht zu bringen, dass du ebenso viel Schuld an der Tragödie trugst wie die beiden. Sie brachte dich dazu, einen feierlichen Eid zu schwören, niemals diese beiden, die jetzt von dir abhängig waren, im Stich zu lassen. Du sahst deine Mutter nicht mehr wieder, aber ihr Geist stand dir in jenen dunklen Wochen zur Seite, als der Jüngling um sein Leben rang und Beatrice wie ein schreiendes Gespenst aus einem Zimmer ins andere lief. Dein erster Plan war es, Beatrice lebenslang mit Pflegerinnen und Behaglichkeit zu versehen und den Jüngling mit einer Leibrente in einem Bauerngut einzuquartieren. Du selbst aber wolltest entfliehen – entweder zur Buße in ein Kloster, denn zu der Zeit stecktest du in heftigen Gewissensqualen, oder in ein fernes Land, wo nichts dich an die Tragödie erinnern konnte. Die innerlich drängende Mahnung deiner Mutter veranlasste dich jedoch bald zum Aufgeben dieser Pläne. Konntest du denn die arme, hilflose Beatrice fremden Menschen überlassen? Und gab es für diesen Neroccio, einen wandernden Studenten ohne Verwandte oder Freunde, eine Hoffnung, je wieder richtig lebensfähig zu werden? Er war, obwohl ein wenig erholt, so schwer verletzt, dass er nach ärztlicher Ansicht kaum noch länger als ein Jahr leben würde. Konntest du dich hier entziehen? Angesichts dieser und vieler anderer Probleme, die du durch deine rücksichtslose Tat auf dich geladen hattest, musstest du mit deiner rührenden Selbstbemitleidung Schluss machen und dein Leben fest in die Hand nehmen. Niemand konnte dir mehr mit einem Rat beistehen. Die Ratschläge deiner früheren Freunde – leichtsinnige, frivole junge Leute – waren nutzlos, du warst allein! Und in jenen Momenten standest du wiederum den dunklen Regionen deiner Natur gegenüber. Nichts war da, dich zu leiten, außer dem schwankenden Licht deiner eigenen Seele.

Während langer Stunden, in denen du dich, martervoll brütend, zur Rechenschaft zogst, fasste langsam die Saat der mütterlichen Weisheit in deinem Gemüt Wurzel, genährt von den verborgenen Erinnerungsströmen an die bitteren Lektionen aus deiner fernen Vergangenheit.

Die Mutter hatte gesagt: ›Ich fühle immer deutlich, dass Bußübungen nicht genug sind, mein Sohn. Wir sollten unbedingt versuchen, die von uns geschlagenen Wunden selbst zu heilen und das, was wir zerbrachen, selbst zu reparieren.‹ Diese Worte rührten eine Seite deines Herzens an, die wie auf eine wundervolle, alt vertraute Schwingung darauf antwortete. Du konntest dich dieser Mahnung nicht entziehen! Es wäre dir sehr schwer gefallen, ein Gelübde, wie sie es von dir empfangen hatte, zu brechen! Noch hasstest du Neroccio, noch schrecktest du vor dem wilden Wesen Beatrices zurück. Aber jetzt hatten bereits Reue und Scham das Übergewicht. Es war kein Entfliehen mehr möglich. Verzweifelt, ohne Hoffnung, gelangtest du zu dem Entschluss, dass Beatrices Wohl deine persönliche Sorge sein müsse und Neroccio, der durch deine Hand geschlagen war, musstest du bis zum Ende alles geben, was in deiner Macht stand. Du kämpftest mit Anwandlungen von schwarzem Zorn und Aufruhr – aber allmählich kam eine gewisse Ruhe über dich, doch auf Kosten deiner Empfindungsfähigkeit. Du bautest um dein Verletztsein, um deine innere Furcht, um dein immerwährendes Schuldgefühl, eine schützende Hülle auf, ohne die du kaum jene dunkle, schwere Zeit heil überstanden hättest.

Dann, als ob das Leben selbst entschlossen war, zu prüfen, wie tief deine Entschlüsse wären, nahmst du nun wahr, dass Beatrice ein Kind trug, von dem du nicht wusstest, ob es dir oder Neroccio gehörte. Zuerst war der Schock so mächtig, dass du glaubtest, ihn nicht mehr in deiner Nähe ertragen zu können. Du hattest dir immer ein Kind gewünscht, doch dies war nun wahrlich die ironischste Geste, die das Schicksal sich ausdenken konnte. Du wurdest vielleicht durch die Erkenntnis gerettet, dass die Situation nicht ohne Komik war. Wahrhaft, dein Lachen klang bitter, dennoch war diese Einstellung ein sicheres Zeichen deines Fortschritte; denn über sich selbst und alles, was einen betrifft, zu lachen, setzt voraus, dass der Mensch angefangen hat, einen echten Sinn für Relationen zu erwerben.

Du sagtest Neroccio noch nichts davon, in der Befürchtung, dass er die Situation nicht gleich in demselben Licht wie du betrachten und – von einer neuen Komplikation überwältigt – noch mehr geschwächt werden könnte; denn seine innere Haltung zu dir bildete ein Problem, welches zu lösen deine ganze Geduld und Sorgfalt erforderte.

Die Schwierigkeiten eurer Haushaltung während jener Monate kannst du dir wohl vorstellen. Zuweilen fühltest du dich fast unfähig, auf dieser steinigen Straße weiterzuwandern, verharrtest aber dabei, in dem Wissen, dass dir keine andere Möglichkeit blieb. Zum ersten Mal arbeitetest du mit dem GROSSEN GESETZ zusammen – trotz gelegentlichen Aufbegehrens. Nachdem das Kind geboren war, ließest du es in den Raum bringen, wo Neroccio in deinen Büchern las – immer noch mürrisch und misstrauisch. Jedoch fing er schon zu ›schmelzen‹ an, unter der Güte und Sorgfalt, die du ihm, deinem festen Vorsatz getreu, verschwenderisch erwiesest – diesem Menschen, der dein Rivale in diesem Leben und dein Gegner in manchen anderen gewesen war.«

Ich erlebte diese Szene eindrücklich mit. Wieder einmal sah ich mich mit einer fremden, doch eng mit mir verwachsenen Persönlichkeit identifiziert. Es wurde dämmerig im Raum. Durch die weit geöffneten Fenster, unter denen der junge Mann jetzt auf einer Couch lag, hoben zwei Zypressen ihre schwarzen Äste gegen einen blass leuchtenden Himmel.

Ich blieb stehen – unschlüssig, wie ich am besten diese Sache anfangen könnte. Aber das Baby draußen entschied die Frage – es ließ ein klägliches Weinen hören. Neroccio fuhr auf. »Was war das?«, fragte er.

»Ein Gottesgeschenk für – uns beide, Neroccio«, sagte ich ironisch.

Ich ging zu ihm hin und lächelte auf ihn herab. »Das Leben hat mich oft in so phantastische Situationen versetzt, dass ich – bei meiner Ehre – anfange, das fast erheiternd zu finden.«

»Ich aber nicht«, murmelte der junge Mann.

»Ich weiß – es ist zu hart – in deinem Alter wäre es mir nicht anders ergangen, jedoch, wenn wir älter werden … nun, ich schweife ab. Neroccio, wir haben einander gehasst, aus verständlichen Gründen, aber ich hoffe, dass das Schlimmste vorüber ist und wir diesen Groll bald ganz begraben können. Eines glaube mir – du hast mich nie so gehasst, wie ich mich selber hasste. Doch auch dieses Gefühl hat sich ziemlich gelegt. Hass hat noch nie jemandem zum Vorteil gereicht. Das Schicksal brachte uns beide auf sonderbare Weise zusammen. Nun hat es – nicht ohne Humor – beschlossen, uns durch ein neues Gewinde zu verbinden.« Dann wurde ich ernst. »Und da wir so unlöslich verkettet sind, sollten wir versuchen, die Dinge einer mit des anderen Augen anzuschauen und einen erlösenden Lichtblick darin zu entdecken.«

Ich rief nach der Kinderfrau. Sie trug das Baby in den Armen. An Neroccio herantretend, hielt sie es ihm hin und zog das Tuch zurück.

Neroccio beugte sich darüber; und sein Blick flog zu meinem aufmerksamen Gesicht, das jedoch ein ironisches Lächeln zeigte.

»Was … Was …?«, stammelte er und wies mit zitternder Hand auf das Kind.

»Es wurde gestern von Beatrice geboren.«

»Aber …« Neroccio starrte mich an, der Sprache beraubt.

Ich schüttelte den Kopf. »Ich weiß nicht, ob es dein Kind oder das meine ist.«

Der Jüngling rang seine Hände und blickte das Kind entsetzt an. »Ich sehe hier keinen Grund zur Fröhlichkeit«, flüsterte er endlich.

»Nun«, erwiderte ich, »ich bin zu dem Schluss gekommen,

dass der einzige Weg, geistig gesund im Leben zu bleiben, der ist, in allem einen Grund zur Heiterkeit zu entdecken. Ich finde, auch du musst zugeben, dass diese Situation einigermaßen belustigend ist.« Da er sich nicht veränderte, wurde ich wieder ernst. »Sei nicht so entsetzt! Etwas Gutes ist schon dabei herausgekommen, Beatrice ist wie in einen Glückshimmel gehoben. Du solltest sie sehen – wir konnten ihr das Kind kaum wegnehmen. Es glänzt ein neues, verständigeres Licht in ihren Augen – jenes fürchterliche Entsetzen ist daraus verschwunden. Ich glaube, dass es ihre Rettung sein wird.«

Neroccio stutzte. Langsam wanderte sein Blick bestürzt im Bibliotheksraum umher. »Dann – werde ich wohl gehen müssen«, sagte er müde.

»Das wird nicht nötig sein, denn mir scheint, dass sie sich nie wieder an das Geschehnis erinnern wird. Wir taten gut, dich von ihr fern zu halten; sie hat dich nie erwähnt, und mich hält sie für ihren Vater. Allerdings, sollte ihr voller Verstand zurückkehren … doch ich glaube, dass alle jene unglücklichen Ereignisse aus ihrem Gemüt ausgelöscht bleiben werden und sie ein neues Leben und ein neues Glück in ihrem Sohn finden wird.«

»Kann das möglich sein?«, staunte Neroccio.

»Warum nicht? Alle Dinge enden in Vergessenheit, sogar die, für die wir unser halbes Leben verdorben haben.«

Ich schaute auf das Gesichtchen des Kindes herab und von ihm auf den brütenden Neroccio. »Ich fange wahrhaftig zu bezweifeln an«, sagte ich endlich, »ob irgendetwas auf Erden die Aufregung wert ist, welche wir darum machen.«

Ich zitierte laut jene letzten Worte, die ich vernommen hatte.

»Ein ziemlich zynischer und negativer Ausspruch als Abschluss eines Lebens«, bemerkte ich.

»Gewiss«, erwiderte mein »Lehrer«, »aber wenigstens deutet er auf eine bessere Einschätzung der Relativität aller Werte hin als zuvor. Sagte ich dir nicht, dass das Schwierigste die Unterscheidungskraft ist? In jenem Leben konntest du noch nicht entdecken, was von wahrem, ewigem Wert ist, wonach die Menschen um jeden Preis ringen sollten, und was für Scheingüter sie für wahres Glück aufgeben müssen. Zynismus ist das Ergebnis von ernüchternden Enttäuschungen und deshalb nur eine Haltestelle des strebenden Menschen auf dem Höhenweg zu den Bergen der Wahrheit. Er muss rechtzeitig auch den Zynismus abwerfen, da er zerstörerisch wirkt. In deinem nächsten Leben wendetest du das Wissen an, das du durch die Erfahrungen dieser italienischen Inkarnation gewonnen hattest – aber nicht sofort, denn du hattest keineswegs schon deine leidenschaftliche Natur besiegt und auch noch nicht die Überreste jener alten feindlichen Kräfte vernichtet, die dich einst vollständig beherrschten. Das Leben, das dir jetzt gezeigt werden soll, ging deiner jetzigen Verkörperung unmittelbar voraus, deine Bande mit ihm sind stark. Obwohl relativ ereignisarm, kennzeichnete es doch eine überaus bedeutsame Epoche in deiner Evolution, denn in ihr fingest du an, das geistige Wissen, was dir einst zu Eigen war, auf einer höheren Oktave wiederzugewinnen und bahntest dir so den Weg für deine gegenwärtige Entwicklung. Als Kind erinnertest du dich an Manches aus jenem Leben – denke nur zurück und suche dadurch wieder mit ihm Fühlung zu nehmen.«

7. ENGLAND

Die von meinem »Lehrer« erwähnten Erinnerungen bestanden aus merkwürdigen Träumen in meiner Kindheit, in denen ich immer einen Mann in der Tracht des achtzehnten Jahrhunderts sah, mit einer ganzen Kette von Einzelepisoden. Aber am meisten interessierte mich der Umstand, dass weder jene »Traum«-Erlebnisse noch die damit verknüpften Gefühle aus dem unbewussten Denken eines kleinen Mädchens stammen konnten, denn sie waren grundsätzlich die eines erwachsenen Mannes! Die Träume beeinflussten auch mein Tagesbewusstsein, denn ich führte in jener Zeit ein ganz heimliches Leben für mich allein. Dabei stellte ich mir immer vor, *ich* sei jener Mann und schuf eine Welt von historischen Phantasien um mich herum. Auch jetzt habe ich noch solche »Träume«; und ein psychisch begabter Freund sah einmal, wie ich mich unter seinen Augen in einen Mann aus jener Zeit verwandelte. Er sagte auch, es sei eine deutliche Ähnlichkeit zwischen seinem Gesicht und dem meinen vorhanden. Ein anderer Okkultist sah einen Mann in der Kleidung aus der Zeitperiode Georgs II. über die Lehne meines Stuhles gebeugt und erfuhr von ihm, dass er im vorigen Leben ein Freund von mir gewesen sei.

Die Mitteilungen meines »Lehrers« bestätigten mir alles. Ich fragte ihn, warum ich mich noch so eng mit diesem englischen Edelmann des achtzehnten Jahrhunderts identifizierte, und ob das wünschenswert sei.

Er erklärte mir: Weil dieses Leben zeitlich nahe an meine jetzige Inkarnation grenze und ich jetzt damit beschäftigt sei, so viel wie möglich von gewissen Schulden abzuarbeiten, die ich mir damals auflud, wäre diese Identifikation nahe liegend. Außerdem hätte die Astralschale der dortigen Persönlichkeit sich noch nicht aufgelöst und triebe auf der Astralebene umher, wo ich sie gelegentlich nachts bei der Einwirkung auf gewisse Ströme der »öffentlichen Meinung« benutzte. Er gab mir auch einige Hinweise über solche Schalen oder Hüllen und erklärte mir, dass sie manchmal ziemlich lange auf den unteren Astralregionen verbleiben können, um gegebenenfalls von ihren ursprünglichen Besitzern neubelebt und gebraucht zu werden – vorausgesetzt, diese erwarben genügend okkultes Wissen. Leider sind es nicht immer die wahren Eigentümer, welche eine solche Astralhülle benutzen; und ungeschulte Hellseher oder spiritistische Medien halten oft wegen mangelnder Kenntnisse solche von Naturgeistern oder experimentierenden Okkultisten belebten Hüllen für wirkliche menschliche Wesen. Er sagte mir noch vieles über solche Täuschungsgefahren auf den unteren Astralbereichen, in welche psychisch veranlagte Leute zu ihrem Schaden unbefugt eindringen. Da auch ich auf diese Weise zuweilen meine Astralhülle des 18. Jahrhunderts benutzte, wurde es mir leichter, diese Erinnerungen ins Wachbewusstsein herüberzubringen. So fand ich es nicht sehr schwierig, einige der Hauptereignisse im Leben dieses Mannes zusammenzusetzen, den ich nach seinem Vornamen Charles nenne.

Oberflächlich gesehen, war es kein besonders interessantes oder romantisches Leben. Es sei denn, dass auch die Geschehnisse im Leben unserer *physischen* Ahnen uns wegen ihrer seltsam fremden geschichtlichen Umwelt immer mit einer farbigen Verzauberung ausgestattet erscheinen, die meist dem Zeitalter fehlt, in dem man gerade zu leben hat.

Dieses Leben war beladen mit den üblichen Freuden, Leiden und Verlusten, die den Menschen gemeinsam eigen sind.

Wieder machte ich viele der gleichen Fehler wie zuvor, doch

mit einer anderen Einstellung, weil sie von jenen alten Erfahrungen, die ich jetzt endlich berücksichtigte, durchdrungen war.

Ich stürzte mich wieder in eine vorschnelle Heirat, von romantischen Ideen und einer Mischung von Eitelkeit und Leidenschaft hingerissen. Die hübsche, rührende Elisabeth hatte ein trostloses Zuhause. Wir flohen und heirateten in Gretna, verfolgt von den Flüchen ihres Vaters, eines fanatischen, unausgeglichenen Mannes, welcher ihr nie ihre Heirat mit jemandem verzieh, den er für einen verdammten, gottlosen Wüstling hielt. Ich war aber damals nichts dergleichen. Da ich in meinem letzten Leben meinen Wohlstand großzügig und klug verwaltet hatte, waren mir diesmal durch Erbschaft gute Einkünfte zugefallen, wodurch ich nach jenen etwas verstiegenen und verschwenderischen Maßstäben leben konnte, die von jungen Männern meines Standes erwartet wurden. Ich befolgte – ziemlich unoriginell – zum Teil die Konventionen meiner Zeit. Nichts hätte mich vielleicht diesen ausgefahrenen Gleisen richtig entreißen können, außer einige harte, unabwendbare Schicksalsschläge. Charles sollte ja die bildsame irdische Hülle sein, worin mein höheres Selbst endlich ausreichend wirken konnte, um das innere LICHT scheinen zu lassen. Dieser Vorgang konnte nur durch Leiden entstehen.

Der erste Schlag war der Tod meines angebeteten Kindes, der zweite die Untreue meiner Gattin.

Beides sollte eine bedeutende Rolle in jenem Befreiungsprozess spielen, für den ich geboren wurde. Während in meinem vorigen Leben die erschütternden Schläge meist nur wenig Eindruck hinterließen, außer, mich bitterer zu machen, übte jetzt jedes Ereignis einen richtungsweisenden Einfluss auf meine Entwicklung aus.

Ich ritt eine Landstraße hinunter. Der süße Duft des Vorfrühlings erfüllte die Luft. Über den fahlblauen Märzhimmel segelten weiße Wolken. Die gemaserten Eichenstämme wurden von dem kalten Sonnenlicht gestreift, die Knospen der Haselstauden glänzten in mattem Purpur. Die Waldtäler standen in Blüte mit Primeln und Anemonen und hallten vom Gesang der Drosseln, Finken, Amseln und Rotkehlchen wider. Der breite Fahrweg war noch halb von einem kürzlichen Landregen überflutet. Er wand sich durch die Wälder und dann bergauf bis zu der Anhöhe, die den Himmel offen ließ. Vier Wege kreuzten sich auf ihrem Gipfel. Der eine lief gerade wie ein Ordensband zwischen offenen Feldern in die Grafschaft Kent. Ich liebte diese Landschaft und kannte wie ein vertrauter Freund jeden Baum, jede Hecke. Ich hielt stets beim Heimkommen aus der Stadt auf diesem Berggipfel an, um mich an dem angenehmen Gefühl dieses Besitzes zu sonnen. Aber heute war mir alles gleichgültig. Meine Hand ballte sich in der Tasche um jenen Brief von Elisabeth, der mich aus London zurückgeholt hatte.

Ich war so aufgebracht darüber, dass sie mir sogar das Entzücken an der Natur verdorben hatte. Welches Recht hatte sie – oder irgendjemand – mich so zu treffen, meinem Leben allen Glanz zu entreißen? Ich zerrte zornig an den Zügeln, und das Pferd wandte sich von selbst nach links. Ich saß aufrecht und achtete auf nichts, mein Gemüt war noch erstarrt. Ich konnte es nicht fassen, dass sie mich verlassen hatte, entflohen mit einem Fremden – sie, dieses liebliche, fügsame Geschöpf, das ich aus einem grausamen Leben voll Brutalität und Erniedrigung befreit hatte, dem ich einen ehrenhaften Namen, materielle Güter und auch meine Liebe gegeben hatte. Letzteres hatte ich mir immer wiederholt seit dem Ausritt aus London, bis ich fast überzeugt war, ich hätte sie so geliebt, wie es nur wenigen Frauen zuteil wurde; und sie mir also ein unglaubliches Unrecht angetan hätte. Wie konnte sie es wagen, dieses seltene Geschenk nicht zu achten und mir unter den spottenden Augen der Umwelt Schande zu bereiten!

Ich krümmte mich bei dem Gedanken, wie die Leute gelacht haben müssen. Erst jetzt hatten mehrere Freunde mir von dem Klatsch erzählt, der schon lange hinter meinem Rücken im Gang war. Ich knirschte mit den Zähnen – nun, sie würden nicht mehr lange Nahrung für Spott und Hohn finden. Alle Schritte waren schon eingeleitet, die meine Ehre rächen sollten. Es konnte nur ein Ende geben!

Mein Pferd blieb plötzlich stehen und fing an, Gras zu weiden. Ich bemerkte, dass es mich – nach einer alten Gewohnheit – zur Hinterpforte der Kirche gebracht hatte. So stieg ich ab und schritt durch den Kirchhof bis zu einer Ecke, wo eine junge Zypresse sich wie ein dunkler Leuchter über einem kleinen Grab erhob, das jetzt unter vielen Frühlingsblumen verborgen war. Hier hielt ich inne und starrte wie blind auf den Platz herab, wo die Überreste des Wesens, das ich so unaussprechlich geliebt hatte, ruhten. Selbst nach fünf Jahren war der Verlust so frisch, so entsetzlich wie an jenem Tag, an dem mein Sohn starb. Hier war Elisabeth vergessen. Alle Beschämungen der vergangenen Woche schwanden vor *diesen* Erinnerungen, die jedes Mal an diesem kleinen Flecken Erde in mir aufstiegen. Ich hatte den Knaben fast abgöttisch geliebt. Vom ersten Moment an hatte ich empfunden, dass durch das Kind endlich mein eigener Lebenszweck erfüllt sei. Ich wollte nie von ihm getrennt sein und wurde sogar auf seine Mutter und die Kinderfrauen eifersüchtig. Ich gab meine Freunde und Beschäftigungen fast ganz auf, schloss mich in meinem Landhaus ein, spielte nur mit dem Kind oder spann Pläne für seine spätere Laufbahn, welche die wunderbarste auf der ganzen Welt werden sollte. Meine eigenen vereitelten Träume und ehrgeizigen Ziele übertrug ich auf meinen Sohn, in dem ich ein ganz neues Leben anfing. Ich vernachlässigte auch Elisabeth in dieser verzehrenden Leidenschaft. Durch die Ironie des Schicksals geschah der Unfall, der mich des Knaben beraubte, indirekt durch sie! Elisabeths Vater hatte in unserer ersten Ehezeit unaufhörlich versucht, sie zur Rückkehr in sein Haus zu zwingen; und gelegentlich stürzte er sich auch in den späteren Jahren plötzlich auf uns und stieß drohende Beschimpfungen aus. Schließlich verlor ich die Geduld und ließ ihm den Aufenthalt auf meinem Grund und Boden verweigern. Aber an jenem verhängnisvollen sechsten Geburtstag meines Sohnes war Elisabeth mit ihm ausgeritten – er auf seinem neuen Pony. Da brach plötzlich Nathaniel aus den Büschen hervor, mit einem vogelscheuchenähnlichen Mantel. Er schwenkte wild die Arme und bedrohte seine Tochter mit den Feuern der Hölle. Das Pony scheute vor der überraschenden Erscheinung und warf den Knaben ab. Er wurde aufgehoben – tot durch Genickbruch.

Mir erschien mein eigenes Leben wie beendet. Zuerst hatte ich Selbstmord erwogen, aber aus Mitleid für meine Frau und auf Grund einer mir unerklärbaren starken Hemmung den Gedanken aufgegeben.

Aber ich hatte meinen Gram in eine harte Schale scheinbarer Gleichgültigkeit verschlossen und nach Vergessen gestrebt, indem ich mich in der Hauptstadt in wilde Zerstreuungen aller Art stürzte – in sinnlose Orgien mit Frauen, Spiel und Trunk. Wenn dies nichts nutzte, verschwand ich wochenlang und unternahm lange, abenteuerliche Ritte durch die Gegend, forderte in wahnsinnigen Bravourstücken das Schicksal heraus, beschwor den Tod durch Kampf mit Elementen, Sturm und Meer und der eisigen Umarmung schneebedeckter Einöden; oder ich suchte die Schlupfwinkel von Straßenräubern auf. Aber ich kehrte stets unbeschadet zurück, und meine Erinnerung an jene kleine ritterliche Gestalt, jene wachen, lachenden braunen Augen, jenen feinen, lebendigen Geist blieb so ungetrübt und eindringlich wie zuvor. Das Verstreichen der Jahre veränderte oder milderte sie nicht. Als ich nun dort in dem rauhen Märzwind stand, wurde mir meine Verlassenheit tief offenbar. Bis jetzt hatte doch wenigstens Elisabeth mich freudig erwartet. Sie war reizend anzuschauen – immer freundlich und gut gelaunt. Vielleicht war sie unbedeutend und manchmal langweilig, aber doch jemand, der mich liebte und mich sorgfältig mit allem Nötigen versah, und den auch ich in gelösterer Stimmung lieben konnte. Aber nun war auch sie gegangen. Das Leben hatte mich der letzten Möglichkeit eines ruhigen, beständigen Glückes beraubt, das ich mir, trotz alles Ungestüms, immer gewünscht hatte. Alles war nun zu Ende.

Überwältigt von diesem Impuls, kniete ich nieder und presste mein Gesicht an die kalte Erde unter den Primeln. Ihr frischer feuchter Duft umhüllte mich, lähmende Mattigkeit befiel mein Gemüt. Ich wollte nur noch hier liegen und in die Erde sinken.

Wahrhaftig, das Leben hatte mir nichts mehr gelassen. Der Knabe lag unerreichbar in der Erde, und Elisabeth verspottete mich vielleicht oder hatte mich bereits vergessen.

Ich erhob mich schwer, stieg in den Sattel und wendete mein Pferd in die Richtung von Windstalls. Ach, was war überhaupt wichtig? Das Leben war ein Hasardspiel, das man einfach mitzumachen gezwungen war. Und wer war Gott, den die Menschen anbeteten und verehrten? Vielleicht war es gut, dass der Knabe gestorben war. Auch er würde gewiss hohe Träume und Ideale gehabt haben, die ihm nicht erfüllt worden wären. Auch er würde nur zu bald entdeckt haben, wie die Früchte des Lebens zu bitterer Asche in seinem Mund wurden. Auch er hätte vielleicht in eine Familie geheiratet, die ein Fluch für ihn war.

»Nun, sie soll jetzt für alles bezahlen«, murmelte ich zornig. »Ich habe mich dieses schwächlichen Mitleids entledigt – Auge um Auge, ist mein Motiv!«

Der Mann, der bei meiner Ankunft in Windstalls aus den Ställen kam, um mein Pferd in Empfang zu nehmen, schien mich verschmitzt von der Seite anzublicken. Gewiss lachten jetzt auch die Diener über mich. In dem Moment war ich halb entschlossen, sie alle miteinander zu entlassen.

»Ist alles in Ordnung?«, fragte ich scharf, als ich mich niederbückte, um das aufgeregte Gehabe einer Hundemeute zu beruhigen, die jetzt herangestürzt kam.

Der Mann schüttelte den Kopf und wies auf ein Gartenhäuschen, das auf der anderen Seite des Zierteiches zwischen den Bäumen zu sehen war.

»Sie ist wieder dort drin«, bemerkte er geheimnisvoll. »Wir holten Nahrungsmittel und legten sie draußen hin, wagten aber nicht, hineinzugehen – sie kreischte von Teufeln und ähnlichem Zeug, so ließen wir sie in Ruhe.«

Ich ließ meine aufgestauten Gefühle in Schimpfreden über die Feigheit des Mannes aus. »Sie kann ja tot sein, ihr Lumpenpack, erfüllt ihr so eure Pflichten? Ich werde selbst nach ihr sehen, und ihr holt Nahrung und bringt sie augenblicklich hin!« Es war eine Viertelmeile bis zu der Hütte, wo Elisabeths Mutter lebte. Ich konnte sie nicht näher bei mir haben, denn ihre Gewohnheiten waren unrein. Wenn sie betrunken war, wurden oft zwei Männer zu ihrer Bändigung nötig. Beim Betreten des muffigen Raumes war ich derart von Mitleid über den schmutzigen Zustand, in den sie gesunken war, ergriffen, dass ich mein eigenes Unglück vergaß. Ich rief sie beim Namen und eine rauhe Stimme hieß mich warten. Der schale Geruch von Spirituosen und anderen üblen Dingen widerte mich an, meine verwöhnte Natur prallte vor solcher Berührung zurück. Arme Adela, dachte ich, was für ein Ende war dies! Sie war eine schöne junge Erbin gewesen, umworben und verwöhnt, ehe sie Nathaniel Chalmers begegnete. Jetzt war alles fort – Geld, Schönheit, Ansehen, ja sogar ein Teil ihres Verstandes.

Ich konnte nie hier eintreten, ohne mich jener Tragödie zu erinnern.

Nathaniel, ein Mann von äußerst starrer, strenggläubiger Moral, war in das Leben des Mädchens eingebrochen wie eine glühende Flamme. Er brandmarkte ihre leichtherzigen Gewohnheiten und sogar ihren Reichtum als vom Teufel kommend. Warum sie ihn geliebt hatte, was sie an diesem hysterischen Fanatiker fand, war unbegreiflich. Aber sie hatte alles für ihn aufgegeben und folgte ihm hinaus in die rauhe Welt. Sie ging mit ihm von Dorf zu Dorf, während er die Leute ermahnte, zu bereuen und so vor dem Zorn Gottes zu fliehen.

Nie hatte ich erfahren, was Adela dazu gebracht hatte, ihrer schrecklichen Trunksucht zum Opfer zu fallen und wusste nur, dass Nathaniel sich fest vorgenommen hatte, diesen Teufel auszutreiben, der nach seinem Glauben über sein geliebtes Weib Macht besaß; denn für Nathaniel war die Welt mit den räuberischen Scharen des »Bösen« bevölkert. So glühend war sein Verlangen, sie zu »retten«, dass er dafür jede Härte ansetzte. Und sie, in ihrer Liebe, war rührend eifrig bereit gewesen, sich allem zu unterziehen, obwohl seine Bußen nur ihren Körper schwächten und ihren Willen untergruben. Aber es wurde rasch schlimmer mit ihr. Zuletzt bildete Nathaniel sich auch noch ein, sie wäre untreu und warf sie in übersteigerter Wut aus dem Haus. Mehrere Jahre war sie im Land umhergewandert – stehlend, betrügend, Leib und Seele jedem verkaufend, der ihr das rasend begehrte Getränk verschaffte. So war sie endlich halbtot in Windstalls angekommen und verlangte stracks meine Mildtätigkeit.

Die Diele im oberen Raum knarrte unheimlich, ich hörte sie die engen Stiegen herabsteigen. Sie war in letzter Zeit so aufgeschwemmt, dass sie kaum zur Tür hereinkonnte. Nun stand sie auf der Schwelle und starrte mich wirr an. Ihr graues Haar fiel in Strähnen auf das schlaffe, fleckige Gesicht. Sie hatte sich offenbar noch nicht ganz von einer Trinkorgie erholt. Trotz meines Abscheus war ich in einer wunderlichen Weise mit dieser Frau verbunden. Sie besaß nämlich eine Menschlichkeit und Toleranz, wie sie schwer zu finden war. Ihre ungeschminkte Sprache und ihr ordinärer, aber zutreffender Witz wirkten erfrischend nach den affektierten Damen aus der vornehmen Welt, die ebenfalls, nur auf andere Art, frivol waren. Ihr vervagabundiertes, tragisches Leben schien ihr ein seltsam richtiges

Wertgefühl beigebracht zu haben, was jene anderen Frauen nie erwerben konnten und sie so ziemlich langweilig machte.

Es bestand auch eine Art von telepathischer Verbindung zwischen uns, so dass wir uns jetzt – Auge in Auge – ohne Worte verstanden.

»So, du weißt also …«, murmelte sie alsbald. »Nun, richtig genommen, warst du es ja, der sie dazu trieb.«

Ich atmete rasch. »Ich? Du Närrin! Wenn jemand daran schuld ist, dann warst du es! Du kennst dich ja in solchen Sachen aus, auch wie man Kupplerin spielt, dafür garantiere ich!«

Sie kicherte heiser. »Dachtest du, Elisabeth könnte lange etwas für sich behalten? Natürlich erzählte sie mir alles; und die Szenen dabei! Sie weinte immer und sagte, sie müsse ihn aufgeben und tun, was anständig sei. Ha, Ha! Es steckt eine Ader von meinem armen Nat in Elisabeth. Sie schwatzte von Ehegelübden und von deinem ruinierten Leben, wenn sie dich verließe – als ob die törichte kleine Person deine einzige Frau gewesen wäre! Aber ich …«, in ihre trüben Augen kroch ein schlauer Ausdruck, »ich wusste alles. Ich wusste, was geschehen würde, wenn sie nicht ihrer Neigung folgen könnte. Sie ist von der Menschensorte, die dabei langsam hinstirbt. Denn, merke dir, sie ist richtig verliebt und ein bisschen verrückt dabei. Natürlich hast du es nicht beachtet, aber es lag schon eine Weile in ihren Augen, in ihrer Haltung.« Sie lachte wieder. »Sie hat dich nie so geliebt wie den anderen – außer am Anfang. Seitdem ist sie immer nur dankbar und zärtlich gewesen, wie ein Hund. Ja, wirklich, es war dein Fehler, du erschrecktest sie. Die erste Nacht, Charles! Ach, du kannst ruhig zusammenzucken. Hast du nie eingesehen, dass sie nicht für deine Art von Leidenschaften geschaffen war? Aber auch nicht für meine! Du und ich sind vom gleichen Holz, mein reizender Charles, obwohl du diese Ähnlichkeit nicht gern zugeben wirst. Du hast heißes Blut genug, aber nicht sie, nicht meine Elisabeth!« Sie blickte mich mit triefenden Augen an, ihre Stimme wurde sonderbar monoton. Ich kannte diese Zustände, in denen sie einer alten Sybille glich. »Du hast Recht, ich half ihr wirklich«, sagte sie, »weil ich sie glücklich sehen wollte. Bei ihr ist das möglich, wegen ihrer einfachen Natur. Weder du noch ich sind zum Glück geschaffen. Wir verlangen zu viel«, – ihr Kopf sackte herab.

»Ich weiß«, fuhr sie fort, »wir Menschen suchen alle nach etwas, was uns einen Lebensinhalt bedeutet. Du ebenfalls – unter deiner kalten, stolzen Miene! Es ist wahrscheinlich Liebe, was wir brauchen, oder überhaupt etwas, was größer, wunderbarer als wir selber ist, dem wir dienen – ach, was wir verehren können und was uns glücklich macht. Manche haben das kennen gelernt. Ich fand es in Nat, aber es war wohl nicht groß genug. Oder *ich* war es nicht – wer weiß? Nun fand Elisabeth es in Basil. Aber du«, ihre Stimme wurde grimmig, »du möchtest ihr das rauben, weil du *dein* Liebesobjekt verlorst, als dein Knabe getötet wurde!«

Bei der Erwähnung meines Sohnes von diesen Lippen brach meine Beherrschung zusammen. Meine ganze Bitterkeit gegen diese Frau und ihre Brut, durch die mir nur Übles geschehen war, flammte auf. Vor meinem unheildrohenden Blick schreckte sie zurück. Trotz ihres trunken rührseligen Dämmerzustandes wurde sie jetzt auf meinen Zornesausbruch hin zu einem erneut klaren Wissen über meine Absichten geweckt. Ja, sie hatte Recht, ich konnte ebenso glühend hassen wie lieben; und unter dem Anstrich von kühler, zynischer Gleichgültigkeit, die ich mir anerzogen hatte, konnte ich unerträglich leiden. »Elisabeth«, sagte ich mit eiskalter Stimme, »wird ihren Irrtum einsehen und zu ihrer Pflicht zurückkehren – das heißt, wenn ich ihr nachher wiederzukommen erlaube.«

Adela richtete sich schwer auf. »Nachher? Was hast du im Sinn, Charles? Was für eine Teufelei planst du?« Ihre Stimme wurde drängend vor Furcht. »Charles, Charles, du wirst sie doch nicht gegen ihren Willen zurückschleppen? Du wirst doch nicht Basil etwas Schlimmes antun?«

»Ich habe meine Anordnungen getroffen«, erwiderte ich. »Dieser Basil wird seine Lektion zu lernen haben.«

Sie zerrte an meinem Ärmel. »Du wirst ihn nicht töten, Charles?«

»Warum nicht? Hat er mich nicht vor aller Welt in Schande gestürzt?«

Sie zog sich an meinem Ärmel zu mir herüber und zwang mich so nahe zu ihr hin, dass ihr verdorbener Atem mich streifte. »Rum«, dachte ich, »wo sie den wohl her hat? Ich verbot doch meinen Männern …« Da ließ ihre Stimme mich aufhorchen. »Du wirst die beiden gehen lassen müssen. Du verstehst nicht, was du ihr antun würdest – aber du musst – du musst es lernen!

Schaue mich nicht so mit deinen kalten Augen an! Oh, ihr seid alle gleich, ihr Männer – hart, selbstgerecht, nur auf eure Manien bedacht! Du willst ihr das antun, was Nat mir antat. Aber sie ist schwächer, du wirst ihre Seele töten! Was für ein Recht hast du, zwei Leben zu zerstören? Für deine Ehre? Ha, ha, welch passender Anlass, um großartig darüber zu reden – du mit deinen feinen Ladies und deinen Schlampen. Du, der du Elisabeth nur aus einer romantischen Laune nahmst und dir dabei wie ein edler, ritterlicher Bursche vorkamst. Ehre! Heuchler seid ihr alle, die ihr eure selbstsüchtigen Eitelkeiten mit feinen Namen ausschmückt, während wir – wir …«

Sie ließ mich los und sank weinend auf den Tisch. Einen Augenblick starrte ich sie an – zu sehr angewidert, um sprechen zu können, dann stürmte ich davon. Die mir auf dem Heimweg begegnenden Diener wandten sich hastig ab, zweifellos erschreckt durch mein starres, weißes Gesicht, meine gepressten Lippen und lodernden Augen.

Adeles Worte gingen mir unaufhörlich im Kopf herum. Das Schlimme war, dass eine Wahrheit in ihnen lag, welche von etwas – tief in mir – anerkannt und begrüßt wurde, trotz meiner zornigen Proteste.

Ich mühte mich, diese Stimme zu ignorieren. Elisabeth – alles war ihre Schuld, von Anfang an. Hatte sie mich nicht, als einen unwissenden Jüngling, verlockt? Ich sah sie wieder vor mir, wie ich sie zuerst erblickt hatte, so lieblich, anziehend, romantisch aussehend, weinend auf einer Wiese kauernd, mit einer Strieme von ihres Vaters Rohrstock auf der Schulter. Nun, vielleicht hatte die Hexe Adela nicht so Unrecht gehabt, ich war mehr in meine eingebildete Ritterlichkeit verliebt gewesen als in sie. Aber es lag doch an meiner Jugend. Adela, Nathaniel, Elisabeth – diese Sippschaft hatte mich meines Friedens beraubt. Hatten sie nicht auch meinen Sohn ermordet? Aber jetzt sollte Schluss damit sein! Nun, da ich sie als die Feinde kannte, würde ich mich von ihnen befreien. Adela mochte in die Gosse zurückgehen, und Elisabeth konnte ihr ruhig folgen; und was Nathaniel betraf, so würde ich bei baldigster Gelegenheit das Gelübde ausführen, das ich über dem toten Knaben gesprochen hatte und ihn hundertfältig für all das Böse bezahlen lassen.

Bei diesen bitteren Gedanken fand ich mich plötzlich ohne Absicht in Elisabeths Zimmer wieder. Nun stand ich mitten unter ihren vertrauten Kleidungsstücken, sah all die reizenden kleinen Dinge, die von ihr erzählten.

Die Kommode war offen, so wie Elisabeth sie bei ihrer Flucht verlassen haben musste, mit leeren Fächern und einer Unordnung, die auf ein fieberhaftes Packen deutete. Ich sah einen geblümten Musselin-Überhang, ihre meisten Schuhe standen herum, winzig und rührend, von ihrer Besitzerin verlassen. Unter einem Hut mit farbigen Blumen stellte ich mir ihr lachendes Gesicht vor. Als ich so in ihrem Raum stand, mit dem Zauber ihrer Gegenwart um mich her, war mir klar, dass ich sie auf meine Art wirklich geliebt hatte – was Adela auch sagte!

Die Situation nicht länger ertragend, ging ich zu meinen Gemächern hinüber. Als erstes fesselten mich meine Degen, auf einer Truhe liegend. Ich nahm einen auf, und als meine Hand sich um den Griff schloss, durchzuckte mich ein Frohlocken. Ich bog die Waffe und prüfte den Stahl. In dieser Kunst war ich ein Meister und galt als gefürchteter Gegner.

Und dieser ungehobelte, unerfahrene Bursche aus einem schwach kultivierten Landesteil hatte gewagt, mich herauszufordern! Ich führte rasche Stöße wie gegen einen unsichtbaren Feind und dachte an Adelas Schrei: »Du wirst ihn doch nicht töten?« Ich hatte nur vorgehabt, ihn schwer zu verwunden, aber warum ihn eigentlich nicht töten? Plötzlich schoss aus ungekannten Tiefen meines Wesens eine Flut von Hass empor, so giftig, dass mein ganzer Körper zuckte! Ich packte wild den Griff des Rapiers. »Ihn töten?«, schrie ich laut. »Ich will mehr tun, ich werde ihn für sein ganzes Leben verstümmeln, ihn foltern! Ich werde ihn lehren, mein Weib zu stehlen!«

Plötzlich erschrak ich vor dem Dröhnen meiner eigenen Stimme. Der Degen fiel mir aus der Hand, und ich starrte mit schauderndem Entsetzen darauf. *Was war über mich gekommen?* Wurde ich wahnsinnig? Rühmte ich mich nicht stets meiner großartigen Selbstbeherrschung – und schrie jetzt laut nach Blut und Verstümmeln? Erschüttert sank ich auf das Bett und rang mühsam, meine Selbstkontrolle zurückzugewinnen. Dann versuchte ich zu begreifen, was geschehen war. Wie konnte ich mich auch nur für einen Augenblick einer so hassvollen und würdelosen Absicht hingeben? Woher rührte jene Tollheit, jener Wutausbruch – mir seltsam vertraut und doch gleichzeitig so fremd? Plötzlich lachte ich bitter. »Also Charles«, sagte ich, »nun höre endlich auf mit deiner Selbsttäuschung! Adela, die betrunkene Törin, ist oft der Wahrheit näher als die meisten Menschen.« Lange genug hatte ich mich selbst betrogen, aber jetzt, nach meinem grässlichen Verhalten vor einem Augenblick, gab es kein Ausweichen mehr. Hatte ich nicht während meines ganzen Lebens ein gewisses Etwas in mir gekannt, etwas, das wie ein angekettetes wildes Tier sorgfältig im Zaum gehalten werden musste? Von Kindheit an war ich vor jedem Gefühlsausbruch zurückgeschreckt und hatte mich immer in Schach gehalten. Heimlich schulte ich mich in einer strengen Selbstdisziplin, die mich sogar vertrauten Freunden gegenüber stets kühl und gelassen erscheinen ließ. Ich wusste schon damals, dass dieses angekettete »Tier« bei jeder Lockerung seiner Zügel ausbrechen konnte. Nur während kurzer Zeit – nachdem der Knabe gestorben war – hatte es sich zu meinem Herrscher aufschwingen können, und da war mir alles gleichgültig! Aber die Scham hatte mich zu den Konventionen meiner Zeit zurückgetrieben. Der Ehrenkodex der Gesellschaft, zu der ich gehörte, verbunden mit jener immer in mir schwelenden, sonderbar erschreckenden Furcht, wie vor drohender Vernichtung, hatte mich gerettet. Aber *dieser* Rückfall war schlimmer, als ich je für möglich hielt – so barbarisch, dass er mir immer unglaublicher vorkam. Ich sprang auf, öffnete das Fenster und sog tief die frische Luft ein. »Gott«, murmelte ich, »bin ich denn wahrhaftig so niedrig?«

Am nächsten Morgen kam ein reitender Bote, um mir zu melden, dass das Duell vereinbart sei, und dass Basil Tremayne Pistolen gewählt habe. Darüber war ich froh, da ich jene Rapiers nicht mehr berühren wollte.

Die nächsten Tage verbrachte ich zwischen meinen Pferden und Hunden auf dem Gut, um alles Erdenkliche in Ordnung zu bringen. Das Duell und seine eventuellen Folgen verbannte ich noch aus meinem Gemüt. Ich war von jener merkwürdigen Entgleisung mehr erschüttert, als ich es zugab; denn sie schien eine tiefere, innere Bedeutung zu haben, die mir unerklärbar blieb. Eines Abends saß ich mit meinen Hunden am Kamin und überlegte, ob es wohl besser sei, nach dem alten Dummkopf von Pfarrer zu schicken, um eine Partie Karten mit ihm zu spielen, als wieder einen Abend allein zu verbringen. Da öffnete sich plötzlich die Tür, und Elisabeth kam zu mir hereingeflattert. Ich starrte sie überrascht an und war mir – beim

Anblick dieses reizenden Geschöpfes, so für Leichtigkeit und Lachen geschaffen – eines seltsamen Verlustgefühls bewusst. Aber ich ließ nichts merken, sondern machte ihr eine gespielte Verbeugung.

»Willkommen daheim, Madame«, sagte ich, »du hast es also bereut? Du bist zurückgekommen, um mir zu erzählen, dass du deinen Irrtum einsahst? Dies ist ein bisschen spät, muss ich sagen!«

Aber anstatt sich von meinen Spötteleien einschüchtern zu lassen wie früher, bot sie mir die Stirn, mit mehr Temperament, als je in ihr zu vermuten war. »Ich kehre niemals zurück. Ich habe endlich mein Glück gefunden und bin nur hergekommen, um dich anzuflehen, Charles, Basil von dieser entsetzlichen Verpflichtung zu befreien, die du ihm aufludest!«

»Ho, dein feiner Basil fürchtet sich also, mir Genugtuung zu geben und hat dich als Vermittler geschickt! Einen ritterlichen Liebhaber hast du dir ausgesucht, meine Liebe!«

»Das ist eine Lüge! Er würde mir das nie verzeihen, wenn er es wüsste. Aber ich« – ihre Stimme schwankte – »ich kann den Gedanken an diese Schießerei nicht ertragen, diese Todesangst, ich werde wahnsinnig ... ich kann diesem Warten nicht standhalten – bis ich endlich erfahre, was du ihm angetan hast!«

»Welch schöne Seelenregungen! Sie machen dir Ehre. Und um mich wirst du keine Angst haben, nehme ich an?« Sie blickte mich an. »Um dich?«, flüsterte sie. »Du ...«, dann brach sie weinend ab.

Ich ergriff die Gelegenheit, sie mit der bitteren Ironie zu reizen, gegen die sie sich nicht wehren konnte, denn ihr einfaches, gerades Gemüt konnte dieses Spiel nicht mitspielen. Wir verbrachten keine angenehme Stunde miteinander. Gegenseitige Beschuldigungen sind nie würdevoll, und ich war ja immer so auf meine Würde bedacht. Sie zeigte überhaupt keine Würde, offenbarte aber andere Eigenschaften, und zwar auf unvermutete Weise. Die sanfte, freundliche Elisabeth war endlich lebendig! Sogar ihre Schönheit erhielt eine vitalere Note. Je hitziger ihre Sprache wurde, desto mehr bewunderte ich sie wegen ihres Temperaments.

Ich spielte mit ihr. Es war ein grausamer Sport, der aber die Geburt von etwas Neuem, Wunderbarem in ihr zur Folge hatte. Zuletzt sprang sie vom Stuhl auf. Sie rief herausfordernd, in großer Erregung, mitten in ihren Tränen: »Du hast mich niemals geliebt – trotz all deines Redens! Ich bin das verwöhnte Spielzeug deiner müßigen Stunden gewesen – ja, und deine Haushälterin, die Mutter deines Sohnes, aber nie mehr als das! Das ist nicht Liebe! Ach, ich wusste, dass du mich in deinem Herzen oft verachtet hast. Du hast nie mir, sondern anderen Frauen deine tieferen Gedanken mitgeteilt. Du hast dich ja auch nie bemüht, mich wissender und klüger zu machen, du brauchtest mich nicht in dieser Weise. Aber ich, ich habe immer gewünscht, dem Mann, den ich liebte, alles zu bedeuten, und Basil …« Ihre Stimme brach bei dem Namen und zitterte. »Basil«, fuhr sie fort, »liebt mich auch um meiner Seele willen, er erbittet meinen Rat, wir denken in den gleichen Richtungen, wir sind wirklich wie eins. Ich kann ihn nicht verlieren, denn dann wäre alles verloren … alles …« Zusammenbrechend fiel sie auf die Knie und flehte mich wieder an, das Leben ihres Liebhabers zu schonen. Ich entließ sie endlich mit rauhen Worten, lauschte aber ihrem Schluchzen mit einer ärgerlichen Reue nach. Wie sie wohl hergekommen war? Ob ihre Kutsche wartete, um sie zu Basil zu bringen? Oder ob sie die Nacht bei ihrer Mutter verbringen würde? Ich würde sie ungern in dieser Räuberhöhle wissen, aber ich konnte sie ja jetzt nicht mehr bitten, in Windstalls zu schlafen. Auch warnte mich ein unbehagliches Gefühl, dass sie mich verächtlich abweisen könnte.

Ich lachte – das war ja eine neue Situation, mich vor Elisabeth in Furcht zu sehen!

In jener Nacht saß ich am Feuer und hielt den Spanielwelpen

Cäsar auf den Knien. Es war tröstend, diesen weichen, warmen Körper zu fühlen, der sich voll Hingabe an mich schmiegte. »Pferde und Hunde«, dachte ich müde, »sind, richtig genommen, die einzigen Geschöpfe, denen ein Mann mit Sicherheit trauen kann.« Aber das Problem mit Elisabeth war nicht leicht zu beseitigen. Ich war kein Mann des selbstquälerischen Grübelns, ich hielt mehr von den Händen als vom Denken und verachtete Leute, die viel lasen und träumten. Jedoch vor dem Nachdenken in dieser Nacht gab es kein Entweichen. Adelas Worte kamen mir wieder in den Sinn, bestätigt durch Elisabeths eigene Reden. Als die Stunden dahinschlichen, fing ich an, unsere vergangenen Jahre in objektiveren Perspektiven zu sehen. Adela hatte ja mit ihrer teuflischen Klarsichtigkeit Recht gehabt. Ich hatte meinen Sohn über alle Vernunft geliebt und durch dieses ungestüme Aufgehen in ihm Elisabeth verloren. Sie hatte ja während der Monate meiner Abwesenheit, wo ich krampfhaft Vergessen suchte, Basil Tremyne zum ersten Mal getroffen. Bei dem Gedanken daran erwachte ein Mitleid für sie. Sie muss in jenen fünf Jahren sehr gelitten haben! An Qualen des Gewissens wie der Liebe. Bei dieser immer lebendiger werdenden Vorstellung verstärkte sich mein Mitleid. Durfte ich ihr nun die höllische Pein eines *weiteren* schweren Verlustes zufügen? Was würde ich auch gewinnen, wenn ich sie durch den Tod ihres Liebhabers in neuen Gram stürzte? Rückwärts und vorwärts schweiften meine Überlegungen und Entschlüsse. Oft gewann Eitelkeit die Oberhand, mein verletzter Stolz konnte dann die Situation nicht ertragen und schrie nach Rache. All meine Traditionen versicherten mich meiner richtigen Haltung, aber immer wieder zwang mich das »Etwas« in mir, tiefer in mein Inneres zu schauen, obwohl ich gern meine Augen abgewandt hätte, gegen eine Überzeugung, die tiefer lag als alle Standesbräuche.

Als ich endlich – übermüdet – für eine Weile einschlummerte, bemerkte ich den Knaben an meinem Knie stehen, er lächelte mich mit seinen großen braunen Augen an und vertrat flehentlich die Sache seiner Mutter. Ich solle sie doch schonen, sie frei lassen und glücklich machen! Ich erwachte ruckhaft, rief laut den Namen des Knaben und griff wild nach dem Platz, wo er ganz sicher gestanden hatte. Dieser »Traum« entschied die Sache wohl endgültig. Vielleicht war mein Entschluss aber dadurch nur besiegelt worden! Auf jeden Fall sah ich mich nun einem Problem gegenüber, zu dem ich meinen ganzen Scharfsinn brauchte. Mich vor dem Duell zu drücken, ging nicht an, denn noch war ich nicht mutig genug, um dem Hohnlächeln, der Verachtung, dem gesellschaftlichen Boykott stand zu halten. Dennoch war ich entschlossen, den jungen Mann nicht zu verletzen, und Elisabeth musste von allem Gram der Ungewissheit erlöst werden!

Als endlich das kalte Licht der Morgendämmerung hereinschien, stand mein Entschluss fest. Es gab nur einen Ausweg, ich wusste ihn jetzt.

Am Morgen wollte ich zur Stadt reiten, um meine Anwälte zu besuchen und alle Anordnungen zu treffen. Aber vorher machte ich noch eine Runde um mein schönes Besitztum. Ich liebte diese Stätte. Jetzt, da ich sie verließ – wahrscheinlich für immer – erkannte ich tief, was sie mir bedeutete, und hoffte, dass Elisabeth dafür so sorgen möge wie ich.

Am Ende dieses Rittes wendete ich mich im Sattel, um mit einem abschiednehmenden Blick bei dem stattlichen Haus zu verweilen und dem dunklen Hintergrund der schönen alten Bäume. Eine Regenböe sprühte gegen mein Gesicht. Der Himmel war von riesigen Wolken überzogen. Wie schwarz waren jetzt die Tannen und Eiben! Über den Teich schwammen zwei Schwäne. Alles war schwer vom Regen verschleiert. Es war ein schönes, in eine Talmulde eingebettetes Anwesen – Rasenplätze, Gärten, weiße Tauben über den Dächern, Truthähne auf den Terrassen, Pferde und Hunde in den Ställen. Aber jetzt erschien mir alles gegenstandslos, als ob ein Schatten, eine tiefe Melancholie über seine lebendige Wirklichkeit gefallen wäre.

Als mein Blick zu Adelas Hütte wanderte, sah ich sie gerade hineingehen. Sie trug eine Haube, die Reifröcke schwangen um ihre ungeschickte Figur und gaben ihr das Aussehen einer watschelnden Ente.

»Nun, sie wird imstande sein, sich bald als Trost zu Tode zu trinken«, dachte ich, als ich mein Pferd aus den Parktoren lenkte.

Am Kirchhof hielt ich inne, an meines Sohnes Grab. Meine Stimmung unterschied sich so gründlich von der, die mich einige Tage vorher hier beherrscht hatte, dass ich mir unwirklich vorkam, wie in einem Traum. »Verlangtest *du* von mir, dies zu tun?«, fragte ich den, dessen Körper unter den Primeln lag. »Kamst du wirklich in der Nacht zu mir? Aber du konntest ja nicht – du bist tot – wie ich es bald sein werde. Es gibt nichts nachher. Was man sich darüber erzählt, sind nur Priestermärchen für kleine Kinder. Und selbst wenn ich irren sollte, spielt das keine große Rolle. Entweder kehrst du zu mir zurück, was meiner Vorstellung vom Himmel entspräche, oder es wird sowieso alles zu Ende sein. Auf jeden Fall bedeutet mein Vorhaben das Entfliehen aus allem heraus, was mir in diesen fünf Jahren, seit du mich allein ließest, wie eine Hölle erschien.«

Es war nicht leicht, den Brief an Elisabeth zu entwerfen.

Ich mochte ihr nicht sagen, was ich eigentlich beabsichtigte, wollte jedoch ihr Herz beruhigen und vor den Stunden der angstvollen Erwartung bewahren. Am Schluss wurde ein ziemlich ungeschicktes Schreiben daraus, aber mein Versprechen, Basil nicht zu verletzen, war deutlich genug. So trat ich Basil am frühen Morgen in einem abgelegenen Feld, mit einer Pistole in der Hand, entgegen. Ich hatte ein seltsam leichtes Gefühl um den Kopf und eine Magenleere, die ich dem natürlichen Schaudern vor dem Tod zuschrieb. Doch gleichzeitig war ich auch von einer befreienden Heiterkeit erfüllt, die nie gewichen war, seit mein bedeutsamer Entschluss gefasst war. Ich glich jemandem, der aus finsteren Wolken in klares Sonnenlicht getreten ist. Zum ersten Mal fürchtete ich mich tatsächlich vor nichts mehr, nicht einmal vor mir selbst. Meine Freunde bemerkten diese Veränderung und sprachen miteinander darüber.

Die Sonne glänzte wie blasses Silber hinter den Zweigen. Reif lag auf dem Gras, eine Drossel sang, und ihre Töne stiegen wie Kristalltropfen in die kalte, reine Luft hinauf.

Ich sah Basil an. »So jung«, dachte ich, »aber seine Kleidung ist grässlich.« Ich blickte zum Himmel und lächelte ein wenig. »Ich hoffe nur«, sagte ich endlich, »dass meine arme Elisabeth ihn nicht eines Tages langweilig finden wird.«

In diesem Augenblick gab Sir Harry Bellairs das Signal.

Die Lindenbäume vor meinem Fenster spendeten grünen, duftenden Schatten und waren voller Bienengesumm. Ein Zweig war abgeschnitten, damit ich durch diese Lücke auf *meine* Welt schauen konnte – auf eine Ecke der Terrasse, auf hellblühende Blumenrabatten, auf den einem polierten Edelstein gleichenden Teich mit Schwänen. Und drüben lag das ausgebreitete Parkland, wohin ich nie wieder reiten konnte.

Die Sonne zeichnete zarte Blattmuster auf meine Decke. Cäsar, der Spaniel, lag mir zu Füßen. Auf meine Kissen gestützt, blickte ich in das Sonnenlicht.

Wie langweilig, wie unerträglich war dieses Leben! Ich hatte doch an jenem Morgen des Duells sterben wollen, jenes heroische, romantische Ende hätte mir gestattet werden sollen!

Jedoch die Schicksalsmächte, die in ihrem Walten über menschliche Angelegenheiten zuweilen ironisch zu sein scheinen, hatten beschlossen, dass Basils Schuss, anstatt tödlich zu sein, mich nur so schwer verwundete, dass ich viele Wochen lang zwischen Leben und Tod schwebte und mich dann erholte, um erst viel später den Folgen der Verletzung zu erliegen. Ich wäre damals so gern gestorben, aber stattdessen – als ob die

Sinnwidrigkeit des Weiterlebens nicht genügte – sah ich nach Wiedergewinnung meines Bewusstseins das bleiche Antlitz Elisabeths über mir.

Als ich noch zu schwach war, um viel nachzudenken, vermutete ich nur, dass sie aus mitleidiger Teilnahme kurz zurückgekehrt sei – aber sie ging nicht wieder fort. Erst später erfuhr ich von der Verheerung, die jene seltsamen Schicksalsmächte mit meinem geplanten Opfer angestellt hatten. Durch den Bericht meiner Freunde über mein Verhalten und das, was sie meinem Brief entnommen hatte, war Elisabeth bald hinter die volle Wahrheit gekommen. Darauf hatten sie und Basil – von Gewissenspein und einem (wie es mir schien) hysterischen Mitleid zerrissen – beschlossen, sich für immer zu trennen. Elisabeth kehrte pflichtgemäß an meine Seite zurück, und Basil schiffte sich nach den Kolonien ein, um dort durch harte Arbeit alles zu vergessen.

So sollte also keiner von uns glücklich sein; denn es wurde mir klar, dass Elisabeth durch ihre Wiederkehr quasi alles verdorben hatte. Sie hatte gelobt, mir zu dienen, und das tat sie wirklich, aber mit solch glühendem Eifer und so wenig Humor, dass dieses Leben eine Last für uns wurde. Wäre sie bei ihrem Basil geblieben, dann wäre sie in meinem Gedächtnis als das mutige, reizende Geschöpf verblieben, das mich an jenem denkwürdigen Tag mit ihrer Zunge besiegt und mir meine Mängel enthüllt hatte. Mit dem Verstreichen der Jahre wäre die ursprüngliche Elisabeth in einem poetischen Nebel von rührenden Gefühlen aufgegangen, verwandelt in ein verehrungswürdiges Wesen, dessen Fehlen ich bedauerte. Aber es war bald die wirkliche Elisabeth, die das Haus wieder mit ihrem alltäglichen Plaudern und Lachen erfüllte. Hätte sie mit einem »gebrochenen Herzen« gerungen, so könnte ich sie noch aus Mitleid geliebt haben, aber ich fand dieses leichte Vergessen – sogar meines Nebenbuhlers – schwer verzeihlich. Dadurch zeigte sie sich ja zu oberflächlich, um sich auch durch eine Tragödie lange ihren leichten Sinn verdunkeln zu lassen. Basil tat gut, sich von ihr zu trennen, denn Elisabeth verkehrte – nach meinem damaligen Empfinden – rasch alle unsere Leiden zur Farce.

Der königliche Hofarzt teilte mir einige Zeit nach dem Duell mit, nach seiner Meinung sei meine alte Wunde krebsig geworden. Lange weigerte ich mich beharrlich, ihm zu glauben. Ich erklärte, alle Mediziner seien unwissende, umhertappende Narren, die blind experimentierten. Es sei nichts bei mir vorhanden, nur eine nicht verheilte Kleinigkeit, aber sie würde bald in Ordnung kommen. Was den Krebs beträfe, so sei es bequem, Leiden, von denen sie wenig wüssten, solche interessanten Namen zu geben. Aber ich sei nicht durch ihre hochtrabenden Reden zu täuschen. Um mir meine gute Verfassung zu beweisen – außer diesem dummen Schmerz, der immer dann wiederkehrte, wenn man ihn schon längst für geheilt gehalten hatte – nahm ich mein altes Leben wieder auf. Ich wurde bei White's und Boodle's gesehen, um mit unsinnigen Einsätzen zu spielen, ich zwang mich, zu Pferderennen und Gesellschaften zu gehen und an jedem extravaganten Vergnügen teilzunehmen, während ich aber im Stillen grimmig diesen Feind bekämpfte, der mich immer wieder angriff und wohl schon die Festung meines Körpers besetzt hielt. Ich war immer auf meine prächtige Gesundheit stolz gewesen und wollte mich keineswegs leicht ergeben. Einige Monate hatte ich mich so verzweifelt gewehrt, bis ich eines Abends in der Oper zusammenbrach und in einer holprigen Kutsche nach Hause gebracht werden musste. Von jenem Tag an, vor über einem Jahr, war es immer schlimmer mit mir geworden; und nun verbrachte ich meine ganze Zeit im Bett, mit geringer Hoffnung, es wieder verlassen zu können. So lag ich da, von dicken Kissen gestützt und mit finsteren Falten auf der Stirn. Schon länger als eine Stunde war niemand mehr zu mir gekommen. Es war unerhört! Ich zog die Klingelschnur und wartete mit gepressten Lippen. Wo war Elisabeth? Niemals war sie mir ohne Erklärung so lange fern geblieben. Ein Schmetterling flatterte zu den Lindenblüten, die auf meine Decke geweht waren. Ich beobachtete ihn träge, dann schwebte er wieder ins Sonnenlicht. Ich schloss die Augen und stöhnte; noch immer war niemand der Glocke gefolgt. Nun zog ich so gewaltsam an der Schnur, dass sie abriss. Da verfluchte ich sie, die Mädchen, meine Frau und die ganze Welt mit großer Kraft.

Ich konnte mich ja immer auf Elisabeths Dienstleistungen verlassen und war an den Anblick ihrer sanften Gestalt gewöhnt, wenn sie neben mir saß und nähte. Auch benutzte ich sie als Prügelknabe, wann immer mich eine üble Laune ritt; denn die untätige Hilflosigkeit hatte meine Gemütsruhe nicht verbessert. Nun empfand ich diese Vernachlässigung wie eine Beleidigung. Hatte ein Mann wie ich es nicht schwer genug, krank und hilflos zu sein, zerrissen von den bösen Schmerzen eines Krebsleidens, auch ohne noch stundenlang von den Leuten seines Haushaltes im Stich gelassen zu werden? So steigerte ich mich in Wut hinein, als endlich ein Mädchen erschien. »Wo ist deine Herrin?«, stieß ich hervor. Sie schaute erschreckt drein. »Sie – ist unpässlich, Sir, sie wurde in der Halle ohnmächtig. Sie erholte sich nur für kurz und gebot uns, Ihnen nichts davon zu sagen, dann verlor sie wieder die Besinnung.«

»Unpässlich?«, spottete ich. »Ach was, es ist zweifellos ein hysterischer Anfall …«

»Ich fürchte, dass sie ernstlich krank ist«, murmelte das Mädchen. »Mrs. Langly hat nach dem Doktor geschickt.«

»Bei Gott, sie maßt sich zu viel an! Bin ich nicht mehr Herr in diesem Haus, dass sie ihn ohne mein Einverständnis rufen lässt?«

Jemand rief von unten, das Mädchen wandte sich nervös zur Tür.

»Geh nur ruhig«, grollte ich, »und bitte deine Herrin, zu mir zu kommen, wenn sie sich wieder erholt hat!«

Ich sank erschöpft zurück und presste meine Hand dahin,

wo der Schmerz jetzt mit stählernen Krallen an mir riss. Er überfiel meinen wehrlosen Organismus oft mit jener immer durchdringenderen Qual, die durch keine Medizin, keinen Aderlass zu lindern war.

Eine Stunde verging, längst war die Zeit meiner Mahlzeit vorüber. Ich lauschte auf die Geräusche des Hauses – eilige Fußtritte, gedämpfte Stimmen. Einmal bellte ein Hund, und der Spaniel auf meinem Lager antwortete. Es war mir, als ob ich bereits tot sei, abgeschnitten von der Welt lebendiger Menschen. Nun schlug ich drohend mit meinem Stock auf den Fußboden, aber noch immer kam niemand.

Elisabeth krank? Ich fühlte mich beleidigt. So ein törichtes Frauenzimmer, nicht besser Acht auf sich zu geben! Aber das sah ihr ähnlich – so unberechenbar war sie oft, bei allen guten Absichten. Rastlosigkeit durchdrang mich, Ungeduld und Wissbegier wurden unerträglich. Und obwohl ich wusste, dass ich meine Unvorsichtigkeit teuer bezahlen müsste, erhob ich mich zuletzt mühsam aus dem Bett.

Ich schlüpfte in einen Morgenrock, warf instinktiv noch einen Blick in den Spiegel, striegelte mein Haar und machte mich auf zum Zimmer meines Weibes. Endlich erreichte ich es, obwohl die Entfernung entschieden länger geworden zu sein schien als früher.

Niemand hörte mich, niemand sah mich eintreten. Sie waren um ihr Bett versammelt – flüsternde Dienerinnen, der Arzt, sein Assistent mit einer Schüssel voll blutdurchtränkter Kleidungsstücke. Mrs. Langly, die Haushälterin, saß mit einem Hund ängstlich hinter ihnen.

Der Hund sah mich zuerst und stürmte zu mir hin. Als ich ihn niederdrückte, trat der Arzt gerade zurück. »Ich fürchte«, fing er an, als er mich sah. Er kam mit zitternden Händen heran. »Mein teurer Sir, dies ist ein schreckliches, kummervolles Unglück, bei meiner Seele! Aber, wer sagte es Ihnen? Sie sollten hier nicht sein – ich hatte keine Ahnung …«

Aber ich beachtete ihn nicht, denn ich schaute über seiner Schulter das Antlitz Elisabeths regungslos in den Kissen liegen.

Das Haus erschien mir sehr still – nun, da Elisabeths Schwatzen für immer verstummt war. Ich war überrascht, bald zu entdecken, wie unentbehrlich sie sich gemacht hatte und wie stark ich sie vermisste. Es war ihr doch gelungen, eine Art von ruhigem, gedämpftem Glück in mein gequältes Dasein zu bringen. Ich hatte niemals ihre wertvollen Eigenschaften – ihre Besorgtheit um mich und andere, ihre Geduld, ihre freundliche Natur – so sehr geschätzt wie jetzt.

Nun war ich entsetzlich verlassen, denn es waren mir nur wenige Freunde um Windstalls herum geblieben; und wenn mein Leiden mich niederwarf, hatte ich mich immer stolz und elend in mich selbst zurückgezogen.

Ich hatte stets ein solches Entsetzen vor böser Krankheit gehabt, dass nach meiner Ansicht auch alle diese Feld-, Wald- und Wiesenfreunde in London meiner schon gänzlich überdrüssig sein müssten, wenn sie nicht meine Existenz bereits vergessen hatten.

Aber hier allein zu liegen, ohne Beschäftigung und mit keiner Aussicht als auf einen schleichenden Tod, der vielleicht noch in weiter Ferne lag, das war unausdenkbar! Nichts als diese leeren Tage, Wochen und Jahre für einen so geschlagenen Mann wie mich! Ich war grundsätzlich ein Mann der Tat, und Männer und Frauen waren meine Lehrmeister gewesen. Aber jetzt war mir auch noch alles entrissen worden, was bisher mein Dasein etwas erhellt hatte; denn Elisabeths Freundinnen hatten mir immer über allen interessanten Schnickschnack in der Stadt berichtet, und das war noch ein Hauch von Leben für mich gewesen. Nun war ich gezwungen, mich suchend nach anderen Richtungen zu wenden!

In der Bibliothek gab es viele Bücher voll interessanter, fremdartiger Inhalte, welche mein Großvater, ein gelehrter Mann, hinterlassen hatte. Sie sollten *nun* diesem damals noch ungeborenen Enkelsohn in seiner größten Not ein kostbares Vermächtnis von Trost und Weisheit werden! Ich begann aus reiner Verzweiflung zu lesen. Zuerst ermüdete mein ungeübtes Gehirn bald, aber allmählich erwachte ein tiefes Interesse in mir. Allmählich fing es mir zu dämmern an, dass ich bis jetzt durch das Leben gestolpert war wie jemand, der sich der *wirklichen* Welt gegenüber blind und taub gestellt hat. Ich wusste sehr wenig von jenen großen geistigen Bewegungen, die von denkerischem, künstlerischem und wissenschaftlichem Leben überflossen, aber dem Durchschnittsmenschen mit seinen kleinen Abenteuern gleichgültig blieben. Erzürnt über diese Entdeckung meiner großen Mängel, beschloss ich, auf der Stelle diesem Mangel abzuhelfen, welchen ich für einen Edelmann als sehr ungehörig empfand! Einem Fieber gleich, überfiel mich jetzt das Drängen nach Entdeckungen, nach geistigen Erkenntnissen, so, als ob die Tore vor meinem wahren Selbst plötzlich aufgestoßen würden. Bald war mein Bett mit alten und neuen Folianten überhäuft. Ich watete durch Hume und Locke, ich kämpfte mit Kant, ich studierte begeistert die mittelalterlichen Mystiker, auch Jakob Böhme, den Theosophen, und Paracelsus, um mich dann wieder zu Aristoteles und Platon zurückzuschwingen. Francis Bacon faszinierte mich mächtig, Browne gab mir nicht so viel medizinisches Wissen wie erhofft. Ab und zu traf ich auf Widersprüche, aber das kümmerte mich nicht. Ich war entschlossen, die Wahrheit zu entdecken und wusste genau, dass sie in diesem Wirrwarr von Gegensätzen verborgen sein *müsse*. Immer wieder kehrte ich zu Platon zurück; und manchmal flammten während meines stillen Liegens Traumbilder von seiner »Akademie« vor meinen geistigen Augen auf, von jenen Männern, die so weise und friedfertig alles erörterten; und ich bedauerte schmerzlich, nicht dort gelebt und an jener Gemeinschaft teilgenommen zu haben! Mein ganzes Leben wurde durch diese Bücher grundlegend verändert. Früher war ich jeden Tag mit Schaudern vor den bevorstehenden langen, schleppenden Stunden erwacht. Aber jetzt verloren auch die schlaflosen Nächte viel von ihrem Schrecken. Dann beobachtete ich begierig das Heraufdämmern des Tageslichtes, gespannt, wie viel Zeit der Schmerz mir vergönnen würde, um diese interessante These oder jene Gedankenkette durchzuarbeiten.

Es war so, als ob all die ungeheure Energie, die ich vorher in Alltäglichkeiten oder Gefühlserregungen verzettelt hatte, jetzt, wo sie keinen Brennpunkt mehr in meinem geschwächten Körper fand, durch die Schmerzen und die Auflösung des Fleisches befreit würde, so dass sie sich den ungreifbaren, ewigen Dingen zuwenden konnte.

Ich fing auch selber zu schreiben an. Mir kam die Idee, dass all dieses Wissen und all diese Betrachtungen – wenn ein wirkliches Urwissen in ihren existierte – gesichtet und miteinander koordiniert werden könnten, so dass schließlich die ewigen Grundwahrheiten auftauchten. Ich wurde von dieser Aufgabe so begeistert, dass der Gedanke an mein oft erbetenes Ende mir jetzt unerträglich wurde. Mein Dasein war nun ein Wettlauf mit dem Tod. Stundenlang, zuweilen tagelang schien der Tod zu gewinnen. Da wurde ich vor Qual hilflos, ein Klumpen gemarterten Fleisches, und geordneten Denkens unfähig. Jedoch die Zwischenzeiten der Erleichterung wurden um so kostbarer. Einmal sagte ich zu dem Spaniel, der mir Gesellschaft leistete, wenn er nichts Besseres vorhatte:

»Siehst du ein, Cäsar, wie viel Gutes dieser Basil mir zufügte? Ohne ihn hätte ich bis zum Lebensende nicht erfahren, dass das Universum etwas Bedeutenderes birgt als Charles Carrington und seine kleine Tragödie! Wenn ich nur Basils Aufenthalt wüsste, so würde ich ihm aufrichtig danken! Himmel – und ich verlangte zu sterben! Wäre mir dies damals gelungen, so wäre ich ja halbfertig hinübergegangen – eine verdammt unangenehme Vorstellung für jemanden, dem unausgeglichene, disharmonische Dinge so widerlich sind! Bisher bestand meine Natur nur aus lauter Boden, ohne einen Gipfel. Aber jetzt riskiere ich, so viele Gipfel zu gewinnen, dass der Gedanke mich taumeln lässt. Vielleicht werde ich auch noch die Methode lernen, alle Teile des Weltgeschehens von ganz unten bis ganz oben harmonisch vereint zu erkennen. Es ist mir jetzt durchaus wahrscheinlich, dass man nach dem Tod – und auch später noch – weiterlebt. Das Zeugnis viel höher stehender Menschen als ich weist klar darauf hin; und auf keinen Fall wünsche ich, dieses Leben als ein zu unreifes, unfertiges Erzeugnis zu verlassen!«

Da wurde ich eines Tages, als die Bäume golden wurden und starke, schwermütig singende Winde um das Haus brausten, von meinen Büchern aufgeschreckt. Es kam von dem fernen Klang dröhnender Stimmen, von einem Geschrei wie von einer zornigen Volksmenge. Es war ein Laut, der aus einem scheinbar unbekannten Grund mir immer eisiges Entsetzen einjagte.

Ich wandte mich irritiert zum Fenster.

»Was kann das sein?«, murmelte ich nervös und zog die Klingelschnur.

Da sich nicht gleich jemand meldete, wandte ich mich wieder meinen Büchern zu und war bald so in Nachdenken versunken, dass ich kaum bemerkte, als ein Diener hereinkam. Da blickte ich auf.

»Nun, was soll dieser Aufruhr draußen? Wetteifern wir mit den Franzosen? Soll ich vielleicht an einem Laternenpfahl aufgehängt werden?«

»Es sind die Dorfbewohner«, erwiderte er. »Sie sind hinter einem Mann her, der bei uns Zuflucht gesucht hat. Sie sind wie tollwütig und bringen ihn bestimmt um, wenn sie ihn erwischen. Er verbirgt sich in der Küche, Mrs. Langly ließ ihn hinein. Er sagt, Sie würden ihn kennen, Sir, und fleht um Ihren Schutz. Sein Name ist Nathaniel Chalmers.«

Ich ließ mein Buch mit einer Verwünschung fallen und starrte den Mann an.

»Nathaniel Chalmers ...«

Tief atmend sagte ich: »Du sagst, sie sind hinter ihm her und wollen ihn töten? Und er ist ausgerechnet hierher gekommen?« Ich lachte leise: »Nach all den Jahren – und *da* sagen die Leute, es gäbe keinen Gott, der Gebete erhört!«

Ich saß mit gebeugtem Kopf. Leibhaftig sah ich wieder jenen kleinen schönen Körper, auf einer Bahre aus Weidenruten liegend. Tränen flossen über die Gesichter der beiden Männer, die ihn forttrugen; und Elisabeth lag halb ohnmächtig auf dem Weg. Aber ich hatte nicht geweint. Stattdessen flehte ich zu irgendeiner Macht, die den Flüchen der Menschen lauschen mag: »Gib mir eine Chance, mich an ihm zu rächen! Gib sein Leben in meine Hände, um sein Blut für dieses Blut zu nehmen!«

Jetzt, nach vielen Jahren, wurde jenes wilde Flehen beantwortet. »Sie werden ihn umbringen?«

»Sie werden ihn in Stücke reißen. Es gehört nicht viel dazu, ihn zu erledigen. Er ist ja fast nur noch eine Vogelscheuche.«

»Aber was hat er denn begangen?«

»Er hat immer auf sie eingepredigt, aber nicht so, wie sie es mögen. Er redet auch fanatisch von *Freiheit*; und sie sagen, er sei in Frankreich gewesen. Ihre Leute, Sir, wollen aber diese Sorte von Freiheit nicht!«

»Warum sollten sie auch? Ich habe sie nie knapp gehalten.«

Ich schloss die Augen. »Ihn in Stücke reißen?«, flüsterte ich. Zerrissen werden – ich wusste von meiner Krankheit, was das war, aber von einer Volksmenge ... krallende Hände, zitterndes Fleisch, Todesschreie? Ich kannte sie ebenfalls, jene Schreie, wusste aber nicht, woher. Jener Blutrausch eines aufgehetzten Pöbelhaufens war mir furchtbar vertraut. Es überrieselte mich kalt.

Nun, dies war Strafe genug, um jeden rachsüchtigen Mann

zu befriedigen! Rache, Vergeltung – aber wofür? Seltsam, ich konnte jenen wilden alten Zorn nicht mehr heraufholen. Was hatte Nathaniel verbrochen? Was konnte irgendjemand verbrechen, das so schlimm war, um solche Qualen zu erleiden? Schon allein mit einer solchen blutdürstigen Menge auf den Fersen ums Leben zu rennen, war fürchterlich genug …

Und plötzlich stieg ein großes Erbarmen in mir auf und ertränkte allen Zorn – allen Hass. »Geh! Befiehl meinen Reitknechten, diese Halunken in ihre Gassen zurückzutreiben! Sage ihnen, wenn sie jemals einem menschlichen Wesen ein Haar krümmen, werde ich sie mit Haut und Haaren aus ihren Pacht- und Häuslerstellen jagen! Gott sei Dank, dass ich ihr Grundherr bin und mir das möglich ist! Gib ihm eine gute Mahlzeit und ein gutes Bett und sage ihm, ich würde mich freuen, ihn bei mir zu sehen, wenn er genügend ausgeruht hat!«

Nathaniel … Wie hatte ich ihn gehasst, immer mit diesem Hass gelebt! Nun plötzlich war er ausgelöscht. Und ich war glücklich darüber. Nathaniel musste jetzt alt sein – und krank! Vielleicht hoffte er schon lange, Adela wiederzusehen – er liebte sie ja, war nur ein bisschen verdreht. Wer weiß, warum? Gewiss weiß er nicht, dass sie beide tot sind – armer Bursche, man kommt immer zu spät! Nun, er soll mir Gesellschaft leisten. Er war ja kein Dummkopf, trotz seiner Verrücktheit. Wir werden gewiss manche anregende Diskussionen über Religion führen können. Das war ja immer seine Linie – wie sonderbar, dass es jetzt auch die meine ist! Ich werde ihm erklären: »Ich glaube fest, dass wir immer aufs Neue geboren werden – dies ist der einzige, äußerst vernünftige Grund für all die törichten Ungerechtigkeiten des Schicksals!«

Wie schwülstig würde er daherreden! Aber wenn er nicht zu laut schwadronierte, konnte es unterhaltend werden. Dort stand Adelas Häuschen, vielleicht mochte er darin wohnen – wenn er überhaupt bei mir bleiben wollte; denn er war stolz.

Jedoch konnte er sich ja auch verändert haben, so wie wir uns alle besänftigen – wenn auch die meisten Leute zu eitel sind, um das zuzugeben. Ich werde ihn gewiss überreden können, die Gelegenheit zu Ruhe und Behaglichkeit am Ende seiner Tage anzunehmen.

Wie nahe war ich in mancher Beziehung noch diesem Charles, doch auch wie seltsam ihm entfremdet! Es lag ein Abgrund zwischen seiner Denkart und der meinen. Dennoch: Wenn ich an das Kind dachte, das ich in meinem jetzigen Leben gewesen war, konnte ich in ihm einen wiedergeborenen kleinen Charles erkennen. Jene Schwächen, mit denen er hinübergegangen war, erschienen wieder – deutlich sichtbar. Aber vieles von dem, was in ihm nur als hoffnungsvolle Möglichkeiten geruht hatte, wirkte sich dieses Mal sofort als bestimmtes Charakteristikum aus. Auf jeden Fall waren keine *weiteren* langen Inkarnationen voll Leiden und Irrtümer nötig gewesen, um mich zu der echten Erkenntnis zu führen, welche Ziele mir bestimmt waren. Der Krebs war benötigt worden, um Charles aus einem ziellosen, verbitterten Müßiggänger zu einem Weisheitssucher zu machen. Plötzlich blitzte ein Bild aus jenem Höhlentempel von Ägypten in mir auf, und ich erinnerte mich jenes grässlichen, krabbenähnlichen Wesens, das auf mich zugekrochen kam. Damals schon hatte ich eingesehen, dass ich es einmal in mich aufnehmen müsste, ohne zu wissen, dass jener Tag sich in Wirklichkeit als ein Segen, anstelle eines Fluches herausstellen würde. Wie wahr hatte mein »Lehrer« gesprochen: »Es gibt nichts Böses außer dem, was der Mensch durch seinen Mangel an Verständnis erschafft.« Und ein noch Größerer verkündete, dass: »Denen, die Gott lieben, alle Dinge zum Besten dienen müssen.« Nun, ich hatte Gott nicht bewusst geliebt, aber vielleicht war das Forschen nach Wahrheit und Weisheit eine Form von jener Liebe.

Mein »Lehrer« hatte mir einmal Aufschlüsse über die karmischen Ursachen gewisser Krankheiten und über die Beziehung zwischen Krankheiten und Geschichtsepochen gegeben; und er erklärte den Grund für die Zunahme der Krebsleiden in diesem Zeitalter, indem er auf deren Zusammenhang mit der Ausübung einer gewissen schwarzen Magie in einer fernen Vergangenheit hinwies. Er sagte auch, dass gewisse Entwicklungsschritte aus Sicherheitsgründen für die Mehrheit der Erdenbewohner nicht zugelassen würden, solange nicht diese spezielle Form von vergifteter Astral- und Mentalmaterie großenteils ausgemerzt wäre. Diese Sache würde jedoch in unserer Zeit mit großem Einsatz in Angriff genommen. Manche höher entwickelte Egos entschlössen sich sogar freiwillig dazu, solche Materie in ihre eigenen Körper zur Umwandlung aufzunehmen und sich so für die Allgemeinheit und deren Wohl zu opfern.

In meinem Fall war kein so hohes Motiv vorhanden gewesen. Das Elemental war mein eigenes; und solange ich mich ihm nicht richtig gestellt und es einem Höhepunkt zugetrieben hatte, wäre es in jedem neuen Körper eine schwere Behinderung und unaufhörliche Quelle von Schwäche und Gefahr geblieben. Beim Zurückschauen erkannte ich, dass auch dieser persönliche Sühneakt nur segensreich für mich gewesen war, denn durch die Folgen meiner Leiden hatte ich genug Weisheit gewonnen, um auch den unglücklichen Nathaniel zu verstehen und ihm vergebend zu helfen.

Mein »Lehrer« bestätigte das. »Du gabst ihm sogar eine echte Neigung zur esoterischen Philosophie und befreitest ihn von vielen Vorurteilen, die ihn in seinem nächsten Leben aufs Neue verstrickt hätten, wären sie nicht vor seinem Hinscheiden ausgeräumt worden. Ein großer Erfolg!«

»Geht man denn in dem neuen Leben von genau derselben Stelle aus weiter, wo man das vorige verließ?«, fragte ich etwas überrascht.

»Ja, es gibt keine Lücken in der Entwicklung – abgesehen

von dem Zeitraum, der jedes Mal als die Kindheit verstreichen muss – ehe also die neue Person das Alter erreicht hat, die früher erworbenen Fähigkeiten auszuleben. Wäre dies besser bekannt, würden die alten Leute eine ganz andere Haltung annehmen und nicht so viel Zeit mit dem Rückblicken auf vorige Lebensepochen verschwenden. Alte Leute sollten vielmehr aus ihren Erfahrungen ein sinnvolles Fazit ziehen und, so ausgestattet, sich hoffnungsfroh ihrer Zukunft zuwenden. Du und Nathaniel tatet dies und profitiertet ganz bedeutend aus diesen letzten Jahren, in denen ihr, durch die Umstände gezwungen, in eure wahre, innere Natur einstiegt.«

»War er nicht ein Feind aus meiner Vergangenheit?«, fragte ich.

»Ja, und auch Adela, wenn auch in milderer Form. Sie hatten sich dir beide in der atlantischen Magie zugesellt und bemühten sich in diesem Leben ebenfalls, gegen die beschworenen Elementale anzukämpfen, von denen sie besessen waren. Adela trieben sie in Trunksucht und Verbrechen und Nathaniel in einen so gleichgewichtslosen Zustand, dass er praktisch geistesgestört war. *Du* musstest zur passenden Zeit deine Schulden an sie bezahlen; und dein höheres Selbst ergriff die Gelegenheit und prägte dir ein, dich ihnen hilfreich zu erweisen – was du tatest.«

»Aber«, fragte ich, »wie konnte ein solches atlantisches Elemental diesen Menschen in solche religiöse Manie treiben? Das erscheint etwas widersinnig.«

»Nathaniel versuchte aufrichtig, gegen das Böse zu kämpfen. Aber oft wird nach einem Leben voller Ausschreitungen eine neue Person erscheinen, die – noch mit den Brandmalen jener Vergangenheit gezeichnet – in glühender Anstrengung, das Gleichgewicht herzustellen, zum entgegengesetzten Extrem hinschwingt, so wie auch du es in Italien tatest. Solche Menschen werden dann leidenschaftliche Reformer. Ungestüme Sozialisten sind beispielsweise oft Leute, die in einem früheren

Leben rücksichtslos arbeitende Klassen unterdrückten. Und jetzt sind sie – mit noch wenig Unterscheidungskraft – in ihrer Entschlossenheit, den Armen zu helfen, ebenso rücksichtslos bereit, jeden zu zermalmen, der ihnen nicht genug beipflichtet. *Religiöse* Fanatiker können Reaktionserscheinungen aus einer Reihe von gottlosen, unmoralischen Leben sein. Sie fühlen sich jetzt stark angetrieben, um andere Leute energisch zu bewegen, nicht in die gleichen Fehler zu verfallen. Aber dies ist nicht immer der Fall. Fanatismus kann auch das Ergebnis von Eitelkeit und Unwissenheit sein – den Wurzeln von so viel grausamer Gewalttätigkeit. Und weil solche Fanatiker ihrer Religion mehr Schaden antun als deren Gegner, nutzen die ›dunklen Mächte‹ ihre Schwächen erfolgreich für ihre Ziele aus. Der mächtige Adept, durch welchen der Christus-Geist Seine Weisheit offenbarte, sah Hoffnung für alle Menschen, außer für solche scheinheiligen Eiferer. Er wusste: Ein Mensch, der gewaltsam bestimmte Fehler in anderen verdammt, ist gewöhnlich noch nicht weit von ähnlichen Schwächen entfernt. Indem er sie geißelt, treibt er sich selber von etwas fort, das ihn noch heimlich anzieht. Es kann leicht geschehen, dass ein solcher Mensch in seinem nächsten Leben gerade diesen Lastern nochmals zum Opfer fällt und dadurch Verständnis und mitleidige Liebe entwickelt. Indem er selbst ein Geächteter wird, kann er helfend Hand in Hand mit den Sündern gehen. Deshalb dürfen nie Menschen verurteilt werden, da man nicht wissen kann, welches schwierige Karma sie vielleicht mutig abzuarbeiten beschlossen haben, und auch nicht, was für Mächte in den Tiefen ihrer eigenen Natur gegen sie kämpfen, wohin kein menschliches Auge dringt. In der physischen Welt ist nur ein kleiner Teil von dem sichtbar, was ein Mensch ist und zu werden erstrebt. Darum wird ein immer tieferes Verständnis benötigt, um diese Menschenkinder zu leiten. Sogar die modernen Psychotherapeuten erkennen das zum Teil und suchen das Tor der Freiheit durch die große alte Formel ›Mensch, erkenne dich selbst!‹ zu öffnen. Aber viel mehr ist erforderlich. In der Zukunft, wenn Erzieher und Heiler fähig werden, das höhere Hellsehen zu entwickeln und so den wahren Zustand ihrer Mitmenschen wahrzunehmen, werden sich alle jetzt benutzten Methoden beim Behandeln der Kranken und Geistesgestörten wie auch der Menschen mit verbrecherischen Neigungen umfassend verändern. Wesentlich dabei ist, dass Karma und Reinkarnation allgemein angenommen und studiert wird. Wenn dieses kosmische GESETZ eines Tages auch im Abendland von Kindheit an gelehrt und in allen Lebensumständen praktisch angewendet wird, werden die Menschen nicht mehr blind leiden und gegen den anscheinend grausamen Zwang aufbegehren, in einem Universum zu leben, das von blindem Zufall oder von einem launenhaften ›Gott‹ regiert wird. Schaue auf dein letztes Leben und den Tod deines Sohnes! Wie viele Eltern haben bei einem solchen Verlust schon ebenfalls Gott verwünscht. Aber nicht zwei solcher Katastrophen haben genau die gleiche Ursache, wenn auch immer das unabänderliche URGESETZ dahintersteht. Er war einer von deiner ›Gruppe‹. Diesmal war deine Zuneigung tief genug, aber es war eine falsche Art von Liebe – besitzgierig, so unausgeglichen, dass sie fast sündhaft schien. Du hättest dem Knaben niemals ein eigenes, ihm gemäßes Leben gestattet, ihm niemals eine Gelegenheit zu individueller Entwicklung gegeben. Denen, die dich in dieser Prüfung beobachteten, war bald erkenntlich, dass du – wie manche Eltern – entschlossen warst, selbst aufs Neue durch dein Kind zu leben. Da er es nicht verdiente, durch solche liebevolle Tyrannei zu leiden, und da du außerdem immer noch so untauglich warst für die Freuden und Verantwortlichkeiten eines so kostbaren Kontaktes, wurde er fortgenommen – barmherzig für ihn – und für dich.«

»Das war also mein dritter Liebesfehlschlag durch eigene Schuld«, sagte ich.

»Ja, es ist eine der härtesten Prüfungen, sie fordert dem

Menschen sein Äußerstes ab. Dieses Liebesproblem wird wiederkehren, bis du es selbst gelöst hast; denn niemandem wird erlaubt, sich um seine Probleme zu drücken. Schon beim Zurückschauen auf diese wenigen gezeigten Leben musst du erkennen, wie dem Menschen das gleiche Problem immer wieder vorgelegt wird. Durch ein bloßes Zerbrechen der Fesseln fliehen zu wollen, ist kein wirkliches Entrinnen. Es ist nur ein Übertragen der Schuld auf ein anderes Leben, wo es wahrscheinlich durch Hinzukommen anderer Umstände noch schwieriger sein wird. Eine solche Verpflichtung ist – als Resultat der freien Willensausübung des Menschen – in das unwandelbare Gesetz seines Wesens eingegangen. Kein Mensch kann sich selber entfliehen, wie du es in Ägypten entdecktest, auch wenn er zu fernsten Reichen entwiche. Je rascher er sich seinem Karma stellt, indem er die ewige Wahrheit von der EINHEIT anerkennt, desto besser für ihn. In deinem Leben des 18. Jahrhunderts stelltest du dich vielen alten Problemen und löstest sie. Du vergabst deiner irrenden Gattin, schontest ihren Liebhaber und hattest Mitleid mit deinen alten Feinden Adela und Nathaniel. Das war ein entschiedener Fortschritt. *Dieses* Mal bist du mit der festen Absicht wiedergekehrt, so viel wie möglich von *anderen* drängenden Schulden zu erledigen, die du dir einmal ebenfalls durch Vernachlässigung oder Unwissenheit aufludest. Du wusstest, dass du auf dem ersehnten Weg nicht weiterkommen würdest, ehe dies alles vollendet war. Du hast dich deshalb in eine dafür gut geeignete Umgebung inkarniert. Deine Beziehung zu Elisabeth zum Beispiel blieb damals unvollendet. Darum wurdest du jetzt mit ihr in die gleiche Familie geboren; und du hast für sie – in ihrer neuen Gestalt – immer einen inneren Zwang zum Dienen und Beschützen empfunden. Ihr versagtet damals beide in eurer Beziehung. Aber du warst der ärgere Missetäter, denn ihr Fallen war großenteils deiner grausamen Vernachlässigung zuzuschreiben. Deshalb wurdest du dies Mal aufgerufen, das größere Opfer zu bringen. Obwohl du in Augenblicken der Auflehnung manchmal geglaubt hast, dass dieser Dienst einer umfassenderen inneren Entwicklung, größeren Erfahrungen und der stets ersehnten Freiheit im Weg stünde, hielt dich damals die Liebe daran fest und wandelte die Pflichterfüllung in ein freiwilliges, freudiges Opfer um. Denn das, was du immer für eine Schranke hieltest, ist gerade der Schlüssel zu dem Tor, das du so gern aufschließen möchtest. Hättest du nicht so eifrig gestrebt, diese Beziehung in Ordnung zu bringen und Harmonie aus früheren Spannungen zu erschaffen, wären dir jetzt nicht die Kontakte mit uns gewährt worden. Es sind fast immer die wenig beachteten Vorfälle und Probleme des Alltagslebens, die von den ›Lehrern‹ benutzt werden, um die Aspiranten des Pfades der Weisheit zu prüfen. Der, welcher nicht weise mit kleinen Dingen verfährt, ist noch nicht für die schwereren Anstrengungen tauglich, die man von ihm fordert, wenn er ein ›Angenommener Schüler‹ wird. Manchmal werden ihm absichtlich Schwierigkeiten in den Weg gelegt, um seine Stärke zu prüfen und zu beobachten, ob er seinem Ziel so entschlossen zustrebt, dass nichts sein Vorhaben erschüttern oder seine Füße zum Straucheln bringen kann. Du solltest dich erinnern, wie du im *jetzigen* Leben jahrelang deine Meditationsübungen ohne sichtbare Erfolge fortsetztest – und auch, wie schwer es war, Information über den höheren Okkultismus zu erhalten, so dass du gezwungen warst, von innen her danach zu suchen. Du musstest dich äußerlich ohne Beistand, oft ohne Freunde, durchringen. Dies alles war Schulung und Vorbereitung für das, was sich seither ereignet hat. Die Schwierigkeit ist meist diese: Der Mensch ist so verwirrt von den Verstrickungen der physischen Ereignisse, dass er leicht eine gänzlich falsche Skala von Werten aufstellt.

Er gleicht jemandem, der vor einem ungeheuren Webstuhl an einem Teppich mitarbeitet. Da er so nahe an seiner Arbeit sitzt und so davon in Anspruch genommen ist, das Schiffchen über seinen eigenen winzigen Fleck zu schieben, kann er nicht die Schönheit und Bedeutung des vollständigen Musters wahrnehmen. Eine Hauptschwierigkeit ist, dass ihr durch irrige Vorstellungen über Raum und Zeit gefesselt seid. Doch schon heutige wissenschaftliche Entdeckungen sollten euch klar machen, dass Zeit und Raum für den praktisch zu bestehen aufhören, der seinen Blick erweitert und – die verwirrenden Einzelheiten hinter sich lassend – das herrliche GANZE überschaut. Gegenwärtig besitzt auch du nur einen teilweisen Überblick, wegen der großen Beschränkungen deines Reifezustandes; und darum siehst du Inkarnationen, Persönlichkeiten und Ereignisse noch als getrennte Bruchstücke, die wenig Verbindung miteinander haben. Es gibt jedoch nirgendwo einen Bruch, eine Unterbrechung in diesen ewigen Zusammenhängen des LEBENS. Es gibt nur *ein* Leben, *ein* Bewusstsein, *eine* erhabene göttliche Manifestation. Dieses wahrhaft zu erkennen – nicht abstrakt, sondern so, dass es deinen gesamten Gesichtskreis bestimmt, alle deine Tätigkeiten durchdringt, jeden Gedanken inspiriert, jede Handlung diktiert – das ist dein ZIEL. Solange dir das alles nicht vollständig gelingt, wirst du immer weiter durch die mächtige Illusion der Getrenntheit beschränkt sein und auf das ›Rad der Wiedergeburt‹ gebunden bleiben.«

EPILOG

Ich saß allein am Fuß eines großen Holzkreuzes, das den Gipfel eines hohen Berges in Mitteleuropa krönte. Um mich her war nichts als Felsgeröll, mit torfigem Rasen durchsetzt, der von Thymian duftete und mit leuchtenden Alpenblumen geschmückt war. Unten breitete sich das schmale Tal aus, das ich an diesem Morgen verlassen hatte, es wand sich in weite Fernen hinein. Der weiße Gießbach darin schimmerte wie ein glänzendes Seil und verband all die Dörfer, welche als verschwommene Umrisse – durch Sonnenblitze auf Glasscheiben oder durch die Kirchtürme – erkenntlich waren. Zuletzt verlor sich das Tal in den blauen Nebeln. Da lag die große Stadt, welche für diese einsamen Bergbewohner die äußere Welt darstellte, von der sie durch eine Kette von Felsenhöhen abgesperrt waren. Sie glitzerten ins Sonnenlicht getaucht – eine phantastische Barriere, feenhaft und unwirklich.

Vor mir – so nahe, dass man meinen könnte, es sei leicht, über das Tal zu jenen schneebeladenen Flanken hinüberzuspringen – erstreckten sich vier riesenhafte Gletscher. Sie hoben sich blendend weiß gegen das reine Blau des Sommerhimmels ab und wirkten so majestätisch, abgeschieden und still, als wollten sie alle ameisengleichen Tätigkeiten der Menschen auf ihre wahren Proportionen zurückführen.

Ich war von einer sehr langen und mühsamen Kletterei in der großen Hitze tief erschöpft und lag nun mit müßig umhertreibenden Gedanken ruhig da. Es stand außer Frage, dass ich zu einem besonderen Zweck hier war. Ich wusste auch aus Erfahrung, dass er sich im richtigen Moment enthüllen würde – wenn nur meine Sinne wachsam blieben und mein Geist ständig bereit wäre, wie ein wohl erzogener Hund beim leichtesten Zeichen loszulaufen. Nichts weiter wurde in solch einem Augenblick von mir erwartet. Die vorbereitende physische Anstrengung war gemacht, und die Ereignisse waren nun abzuwarten …

Aber ich hatte intensive Vorahnungen und wurde an die Atmosphäre in dem Bungalow am Meer erinnert – vor jenen seltsamen Offenbarungen, die eine so wichtige Epoche in meinem Leben und dem meiner Freunde eingeleitet hatten. Jetzt war ich, wie damals, in einsame Regionen versetzt. Auch diesmal war ich mir der Gegenwart von ungewöhnlich vielen machtvollen Devas bewusst – es waren Wesen, die als Herrscher der Elemente von mächtigen Graden gelten konnten. Jedoch in dieser höher gelegenen Welt regierten vorwiegend Feuer und Luft; *dort* hatten wir seinerzeit mehr den Einfluss der Erdkräfte gefühlt; und die Stimme des Meeres und seiner Geister war die dominierende Note unserer Tage und Nächte gewesen. *Hier* ragte dieser Berggipfel auf, von dem aus man seine kleine Welt in klareren Perspektiven überblicken konnte – dort war der Sichtbarkeitsbereich begrenzter gewesen. Hier war die Region des Geistes – dort die der Gefühle.

Meine Gedanken wanderten zu jenen Wochen hin, als unsere Gruppe jenes ferne Zeitalter zurückgerufen hatte, wo das Wasser regiert und die atlantische Kultur in ihrem Zenit gestanden hatte. Wie viel war seitdem geschehen! Nach jenem Erwecken der Vergangenheit waren wir alle, jeder auf seine Weise, aufgerufen worden, uns mit ihr zu befassen, nicht gemeinsam, sondern getrennt, da wir ja in Atlantis den Weg der Trennung gewählt hatten und eben erst anfingen, die Macht, welche in der EINHEIT liegt – eines anderen Wortes für LIEBE – zu erkennen.

Wir waren auf Grund unserer verschiedenen Typen gleich genötigt worden, unsere eigenen Arbeitswege zu gehen. Natürlich trafen wir uns immer bei passender Gelegenheit. Denn so voll Missklang und Groll unsere gemeinsame Vergangenheit auch gewesen war, veränderte sich unsere Beziehung doch jetzt rasch, und das Wissen um das Frühere bewirkte nun, uns mit immer stärkeren Banden von Kameradschaft und Zuneigung zusammenzuschweißen. Unsere Begegnungen wurden oft ziemlich schwierig. Jeder hatte offenbar sein eigenes Karma abzuarbeiten und – seiner Aufgabenstellung entsprechend– sich verschiedenen Prüfungen und Schulungen zu unterziehen. Andererseits war unser Karma bemerkenswert ähnlich. Es hatte für uns alle die Perioden von erzwungener Einsamkeit, von vielen Enttäuschungen und finanziellen Verlusten gegeben; ebenso von Bezahlung alter Schulden durch Dienste an etlichen Personen, eine Reihe von Krankheiten und starke seelische Anspannungen.

Da wir uns alle in jener Zeit zu einem neuen Entwicklungszyklus aufmachten, war dies alles die unvermeidliche Vorbereitung für kommende neue Fortschritte.

Während ich mit dem Schreiben meines Buches beschäftigt war und dabei ungeahnte Hilfe und Schulung erfuhr, wurde ich so an die Berührung mit jenen geistigen Kräften gewöhnt, die zu meinem Beistand kamen, dass es mir nie einfiel, es könnten auch andere Umstände eintreten. Aber bald kam die Zeit, in der ich gewarnt wurde, es läge eine lange Periode vor mir, wo ich viel Karma allein abarbeiten und die bisher erworbenen Kräfte ohne solchen Beistand anwenden müsse, ehe ein weiterer Schritt möglich wäre. Fast unmerklich begannen die feinstofflichen Wesen sich zurückzuziehen, bis ich schließlich alleine stand, obwohl ich ja wusste, dass dies in Wirklichkeit nicht der Fall war. Aber ich war doch der bewussten Gemeinschaft mit meinen Führern beraubt und deshalb wieder auf meine eigenen Hilfsquellen zurückgeworfen worden.

Mein »Lehrer« hatte gesagt: »Wir haben bisher die Anstrengung gemacht, zur Verbindung mit dir in deine Atmosphäre herabzusteigen. Aber nun musst du lernen, mental zu unserer

Ebene aufzusteigen und uns dort zu berühren.« Unverständlich erschien es mir damals, dass mein Buch unvollendet blieb. Trotz aller Bemühungen gelang es mir nicht, das Werk, welches ich mit so viel Eifer und Überzeugung angefangen hatte, zu vollenden.

Die Zwischenzeit war also von Kämpfen, Enttäuschungen und Schwierigkeiten erfüllt. Das Warten war mir wahrhaft lang vorgekommen; und manchmal verzweifelte ich fast daran, jemals wieder jene wunderbare Vereinigung zu erleben, die mit keiner – auch der vollkommensten menschlichen Kameradschaft nicht – zu vergleichen war. Aber ich musste lernen, dass dies immer geschieht, bis der Mensch die von den Zuständen der unteren Ebenen auferlegten Beschränkungen besiegt hat und begreift, wie er im GESETZ leben und sich ihm anpassen soll. Eine Wasserwoge steigt bis zu ihrem Kamm und bricht dann in weitem Sprühregen auseinander, worauf alles in die Wassertiefen zurückfällt. Ebenso stürmt der Mensch zu einer intensiven Anstrengung empor; und wenn jene Energie verstreut ist, zieht er sich in die ruhigen Tiefen seines Inneren zurück, wo er neue Kraft ansammelt. Diese Jahre waren eine Zeit des Experimentierens, wo ich lernen musste, das gewonnene Wissen mit dem LEBEN in Einklang zu bringen. Psychische Gaben zu erlangen, ist bei entsprechender Anlage und reinem Leben relativ leicht. Aber sie mit Unterscheidungskraft zu nutzen, sie den Zeitbedingungen anzupassen, den Weizen von jener Spreu zu sondern, die sich bei einem solchen Reifeprozess ebenfalls ansammelt – das ist etwas ganz anderes!

Der Anfänger – unerfahren und oft verwirrt durch all die neuen verwickelten Zustände – muss sehr behutsam voranschreiten, wenn er nicht schon bald in ernste Schwierigkeiten geraten will. Dies lernte ich aus bitterer Erfahrung. Am Anfang meiner psychischen Entwicklung zum Beispiel kamen gelegentlich völlig falsche Botschaften durch, deren Unwert ich nur durch die Beurteilung ihrer Ergebnisse entschlüsseln konnte.

Man darf nie vergessen, wie leicht einen das eigene Unterbewusstsein beeinflussen kann, bis man sich sicherer auf die Schwingungen des Überbewusstseins abgestimmt hat, welches die Weisungen hoher Lehrer aufnimmt und dann ohne zu irren zwischen beiden unterscheiden kann.

Hier liegen viele Gefahren, da das Unterbewusstsein die Gesamtsumme jener unerwünschten Elemente enthält, die aus den Erlebnissen früherer Inkarnationen übrig blieben und noch nicht verarbeitet und der Essenz des wahren Selbst zugeführt worden sind. Wenn der Mensch bewusst seinen Platz im Großen PLAN eingenommen hat und wirklich versucht, mit dem Willen GOTTES zusammenzuarbeiten, wird diese Vergangenheit durch sein Streben zu höheren Schwingungsebenen ausgelöst. Sie kann tatsächlich die Gestalt eines »Hüters der Schwelle« annehmen, wie er mir in Ägypten erschien, oder einfach die Masse jener primitiven Triebe darstellen, die den durchschnittlichen Menschen mehr unterjochen, als ihm bewusst wird. Gewisse Zentren im Körper, die früheren Entwicklungslinien zugeordnet waren, sind speziell mit diesem Unterbewusstsein verknüpft; und durch diese können die »dunklen Kräfte« den Menschen beeinflussen. Daher der Wert im Bemühen jener Psychologen, die heute das »Unterbewusste« zu verstehen und seine verborgenen Probleme ans Tageslicht zu bringen versuchen; denn solange ein Mensch sich nicht selber begreift, ist keine positive Veränderung möglich. Solange er nicht seine gesamte Ausrichtung ändert, sollte er sich keineswegs auf irgendwelche »okkulte Fähigkeiten« verlassen, die eventuell entstehen, da sie unvermeidlich von diesem unterschwelligen Ich gefärbt und entstellt sein werden, das er weder zügeln noch beherrschen kann.

Deshalb hörten in meiner eigenen Entwicklung die Mitteilungen durch »Psychisches Schreiben« bald auf, da dies eine Methode ist, die einer Einwirkung der »dunklen Mächte« leichter unterliegt als jede andere. Eine gewisse negative Haltung ist hierzu allerdings eine Voraussetzung; und schon eine solche Haltung kommt einer Einladung an diese Mächte gleich, einen Versuch zum Fußfassen in des Schülers Bewusstsein zu unternehmen, was, wenn es ihnen einmal gelänge, eine ununterbrochene Bedrohung für seinen Fortschritt bedeuten würde. In dem Augenblick, wo ein Mensch eine echte Anstrengung unternimmt, sich für den Dienst der ERHABENEN bereitzustellen, zieht er automatisch die Aufmerksamkeit derer an, deren ganzes Streben darauf abzielt, sie schachmatt zu setzen. Mein Lehrer hatte gesagt: »Wenn positive Kraft von oben verströmt wird, die einen Energiewirbel um den Schüler zieht und seine Verbindung mit höheren Ebenen fördert, so entsteht natürlich ein Vakuum, wenn jene Energie zu strömen aufhört. Wenn der Schüler das nicht weiß und sich also nicht schützen kann, wird es den negativen Mächten möglich, sich in dem entstandenen Vakuum einzunisten und von dort aus zu wirken. Sie können sogar – für hellsichtige Menschen, welche die Richtigkeit ihrer Vision *nicht* an Hand der dazugehörigen Schwingungen nachprüfen können – die Erscheinung eines »Lehrers« annehmen. Die Schwingungsfrequenz kann allerdings nicht nachgeahmt werden, sie ist die individuelle Note des Betreffenden. So wie jeder Mensch einen wartenden »Lehrer« auf dem »Rechten Pfad« hat, verband er sich auch fast immer durch seine irrende Vergangenheit einmal mit einem Versucher von der dunklen Seite, der natürlich jede Anstrengung unternimmt, um ihn von seinem hohen Ziel abzulenken, seine Zuversicht zu erschüttern und ihn auf andere Wege zu locken. Aus diesem Grund ist es für Aspiranten gefährlich, einen »Lehrer« anzurufen. Meist wird auf Grund solcher Anrufungen – die größtenteils auf Unwissenheit und Eitelkeit beruhen – ein »Lehrer« erscheinen, aber er kann sehr leicht ein Feind in Verkleidung sein, voll schmeichelnder Versprechungen; und wehe dem Menschen, der töricht genug ist, einem solchen zu lauschen!

Darum ist die Fähigkeit der Unterscheidung von Schwingungsfrequenzen von vorrangiger Bedeutung. Um hier jedoch eine Zuverlässigkeit zu erringen, muss er einen Körpertypus entwickeln, der wie ein Resonanzboden wirkt und wirklich jene diffizilen hohen Ausstrahlungen erkennen kann, welche die »Wellenlängen« DERER sind, die mit ihm Fühlung aufnehmen wollen. Dieses Erkennen der Schwingungen eines »Lehrers« gehört als Sicherung zu jeder geistigen Arbeit und kann nur entstehen, wenn der Strebende auch eine starke, zuverlässige Beherrschung des Denkens – mit der Fähigkeit, es nach Wunsch zu lenken – erreicht hat. Es kann lange dauern, bevor ein Mensch solcher kostbarer Kontakte gewiss sein kann, obwohl ein inneres Ahnen mit der Praxis zunimmt. Jede Phase einer solchen Entwicklung muss also im Licht der Erfahrung geprüft, erprobt und beurteilt werden. Gesunder Menschenverstand, seelisches Gleichgewicht und vor allem eine sehr tiefe Empfänglichkeit für sein »Gewissen« sind hervorragende Führer durch den Sumpf der Schwierigkeiten, den ein solcher Mensch während jeder psychischen Entwicklung durchwandern muss. Nichts, was gegen sein Wissen über Recht und Unrecht geht, darf jemals akzeptiert werden. Hier ist es ganz gleich, aus welch hoher Quelle die Belehrungen angeblich kommen! Nichts, was einen anderen auch nur entfernt schädigen könnte, was Besorgnis, Kummer oder Furcht in Menschen seiner Umgebung verursacht – ohne dass es ihnen gleichzeitig auch wohltätig ist – sollte ohne sorgfältigste Erwägung aller möglichen Folgen unternommen werden. Der Versuch, okkulte Kräfte auf Kosten von Nachteilen für andere zu entwickeln, führt zu einem falschen Ziel! Der ernsthafte geistige Sucher erwägt stets die Gefühle und Verständnisfähigkeit der Menschen um sich herum. Hier ist wieder das Unterscheidungsvermögen der notwendigste Faktor. Genau abzuschätzen, wo die Wichtigkeit der eigenen physischen Experimente endet und ihre schädliche Wirkung auf andere beginnen kann, ist eine der schwierigsten

Lektionen und nur durch öfteres Ausprobieren zu erlernen. Man wird viele Fehlschläge erdulden, den Preis dafür bezahlen und – neu anfangen müssen. Aber wenn der Betreffende von echter Liebe beseelt ist, wenn seine Intuition erwacht und er Erleuchtung durch die Gemeinschaft mit seinem »inneren Gott« findet, wird die Möglichkeit zum Irrtum geringer.

Der Esoteriker darf nie vergessen, dass sein Ziel darin besteht, uneigennützig für das Wohl der Menschheit zu arbeiten; und während er sich in einem physischen Körper befindet, soll diese Arbeit offenbar im Physischen, mitten unter seinen Mitmenschen, ausgeführt werden, was sehr oft übersehen wird. Jede Geisteshaltung, welche die Wichtigkeit der physischen Ebene ungebührlich herabsetzt, so dass deren Erscheinungsformen einen unwirklichen, scheinbar wertlosen Charakter erhalten, wird ganz sicher von einer zweifelhaften Quelle eingegeben. Keine Erfahrungen von inneren Ebenen, keine Berührung mit vergangenen Leben, kein Wandern in lichten Sphären, keine okkulten Fähigkeiten, keine inneren Visionen sind dem Menschen auch nur im geringsten von Nutzen, wenn sie ihn nicht zu einer mächtigeren Kraft für das GUTE machen, wenn sie ihm nicht helfen, weise mit den unzähligen Problemen seines eigenen Lebens und den Nöten anderer Menschen fertig zu werden, die ihn zunehmend aufsuchen. Alle Kenntnisse sind wertlos, wenn sie ihn nicht Gleichmut gegen Schicksalsschläge lehren, ihn über Missgeschicke erheben und jede Erfahrung in Wachstum, Reife und Kraft umwandeln. Es mag mehrere Inkarnationen benötigen, ehe der Strebende wirklich den Glanz des inneren LICHTES widerspiegeln kann, ehe seine Schulung in umfassenden Einflussbereichen praktische Erfolge zeigt. Aber im kleinen Kreis seines jetzigen Lebens sollten doch schon augenblicklich segensreiche Ergebnisse zu bemerken sein. Spirituelles Wachstum gewinnen zu wollen, aber dabei ein schlechter Mitbürger zu sein, ist unvereinbar.

Ich hatte oft Gelegenheit, die tiefe Wahrheit dieser Beobachtungen, welche mein »Lehrer« mir einprägte, bevor er mich verließ, selbst nachzuprüfen. Meine Bemühungen, die mir nötigen psychischen Fähigkeiten zu entwickeln, verursachten viele Schwierigkeiten und gesundheitliche Krisen. Denn *ein* Teil der Natur eines Menschen sollte nicht auf Kosten eines *anderen* Teiles stärker entfaltet werden; und solange er kein zuverlässiges Körperinstrument besitzt, wird er sich auf Schritt und Tritt behindert fühlen. Disharmonisch angeordnete und schwächliche Atome in einem Körper sind immer eine Quelle von direkter Gefahr, wenn außergewöhnliche Anspannungen eintreten – was auf dem geistigen Pfad jederzeit vorkommen kann. Darum war es für mein Werk wesentlich, vorher solche Mängel meines Körperzustandes nach bester Kraft zu beseitigen.

Mein »Lehrer« hatte einmal gesagt: »Denke daran, dass jede Bemühung Widerstand erzeugt, und dieser drückt sich im menschlichen Körper als Schmerz aus. Ein großer Teil aller Leiden kommt davon, dass die Leute sich dem Gesetz von Ursache und Wirkung entgegenstemmen und den unausweichlichen, selbst geschaffenen Ereignissen grollen. Die Ausbildung eines gut ausgeglichenen Gemütes und eine wirklich vernünftige Weltanschauung würde alles sehr mildern. Wenn es dem Menschen gelungen ist, alle disharmonischen Elemente aus seinen feinstofflichen Trägern zu schaffen, so dass die Atome aller Körper in Harmonie mit dem Göttlichen Willen schwingen, werden keine Erschütterungen auf der physischen und astralen Ebene mehr Reibung oder Aufruhr in ihm schaffen können. Dies ist das Geheimnis jenes vollkommenen Wohlbefindens, jenes tiefen Friedens und der übermenschlichen Stärke aller Adepten.

Um jedoch einen so wunderbaren Zustand zu erreichen, muss der Schüler gleich zu Anfang durch bewusste Willensakte die mangelhaften Bestandteile seiner Körper umzuwandeln versuchen. Dieser Prozess bringt immer heftige und schmerzvolle Phasen mit sich. Denn alles in der Vergangenheit erzeugte Übel wird dadurch aus dem Unterbewussten zur Oberfläche gebracht. Du fingst mit diesem Vorgang in Ägypten an, aber bis jetzt vollzog er sich gleichsam unbewusst. Du unternahmst diese Arbeit fast automatisch, ohne dass die Persönlichkeiten mit ihrem eigenen Willen stark daran beteiligt waren. Aber jetzt hast du eine Stufe erreicht, wo – unter direkter Führung des höheren Selbst – alle Körper bewusst daran teilnehmen müssen. Je klarer diese Führung wird, um so rascher und erfolgreicher werden diese Veränderungen sich auch in der physischen Hülle zeigen; aber für eine gewisse Zeit wirst du viel von deiner guten Gesundheit verlieren. Darum haben so viele Esoteriker kränkliche oder schwache Körper und sind so dem Spott der Materialisten ausgesetzt, die noch nicht angefangen haben, sich mit dem unangenehmen Niederschlag ihrer Vergangenheit auseinanderzusetzen, welcher sich immer in jenem großen Magazin des Unterbewusstseins anhäuft, um von den Menschen mit genügender Reife angepackt und verarbeitet zu werden.«

Meine Umwandlungsanstrengungen während jener Jahre hatten manche ungewohnten Krankheitsanfälle mit sich gebracht und – zusammen mit schlechtem finanziellem Karma – jene beabsichtigte geistige Arbeit ernstlich beeinträchtigt. Da ich mich außerdem, nachdem die intensive Schulung vorbei war, im Besitz von gewissen heilenden Fähigkeiten befand, wurde ich aufgerufen, sie selbstlos anzuwenden und konnte so andere karmische Schulden von »früher« abtragen.

Das Jahr, worüber ich jetzt berichten will, war in dieser Beziehung besonders arbeitsreich; und da ich noch nicht genügend bewandert war, richtig mit meinem eigenen Körper umzugehen, neigte dieser zuweilen dazu, unter der Anspannung zusammenzubrechen.

Damals besuchte mich jemand, mit dem ich durch starke Zuneigung aus vielen Leben verbunden war, mit dem Angebot, mich zur Erholung in die Berge mitzunehmen. Ich wusste gleich, dass mehr dahinter stand, als bloßer Urlaub. Geistig strebende Menschen bekommen selten schöne Ferien allein zum Vergnügen. Jeder solche Aufwand von Zeit und Energie wird stets von den »Lehrern« sorgfältig berechnet und für höhere Zwecke verwendet. Wir brauchten viel Zeit mit dem Bemühen, einen geeigneten Ferienort zu finden, und waren anscheinend von einer Gebirgsgegend zu anderen getrieben oder gelockt worden, bis wir endlich jenes Hochtal entdeckten, wo ich meine letzten beiden Wochen in Einsamkeit verbringen sollte. Hier beschloss ich, mir die Luft und den Sonnenschein der Höhen mit allen Sinnen nutzbar zu machen. Ich wollte versuchen, Stärke und Heilung aus der Erde und Frieden aus der Musik der Wasserläufe aufzunehmen. Ich wollte mich in dieser Abgeschiedenheit darauf konzentrieren, meine Empfänglichkeit für jene eigentümlichen Schwingungen zu verstärken, deren Berührung ich ja anstreben sollte.

Schon am Tag unserer Ankunft wurden meine Augen von einem bestimmten Berg angezogen, der zwischen zerstreuten Föhren oben in steiniger Einöde aufragte. Ich erfuhr, dass von seinem Gipfel aus einer der umfassendsten und wundervollsten Ausblicke über das ganze Land möglich sei. Aber es regnete erst einmal zehn Tage lang ununterbrochen; und bei solchem unbeständigen Wetter wäre es für jemanden, der sich von einer soeben überstandenen Krankheit erholen wollte, geradezu wahnsinnig gewesen, jene jetzt in Bachläufe verwandelten Wege hinaufklimmen zu wollen – zumal ja auch die Wolkenschleier jede Aussicht verhinderten. Auf alle Fälle war es eine ziemliche Geduldsprobe, in dieser Region von Nebeln und Wasserfluten zu verharren und die kostbaren Tage rasch dahingleiten zu sehen. Endlich, vier Tage vor meiner Abreise, wichen die Wolken zurück und enthüllten ein Panorama von Bergeshöhen, mit Neuschnee bestreut und in einer ätherischen Schönheit glänzend, welche ganz unbeschreiblich war. Wieder wandten meine Augen sich jenem Berg zu; und ein unwiderstehlicher Impuls drängte mich, einen Versuch zum Erreichen des Gipfels zu machen. Es war eine mühsame Kletterei. Die Abhänge, an denen noch das Wasser herablief, waren schlüpfrig und glatt wie Eis. Hier und da war der Weg ganz verschwunden. Es gab keinen Schatten, und die Hitze wurde bald sehr drückend. Natürlich würde das alles jemandem, der trainiert, physisch in Ordnung und richtig ausgerüstet war, wenig ausgemacht haben. Aber dieses Mal war ich sehr unzureichend vorbereitet. Ich war ja zu einer Nachkur in die Berge gekommen und nur für erholsame Spaziergänge auf mäßig steigenden Wegen eingerichtet. Deshalb mussten meine letzten Kraftreserven angespannt werden; und bald begann mein Körper so eindeutige Gefahrensignale auszusenden, dass ich mehrmals ernstlich erwog, die ganze Sache aufzugeben. Aber als dann jeder Schritt neue Herrlichkeiten enthüllte, als ein schimmernder Gipfel nach dem anderen ins Blickfeld rückte, wurde ich von jener göttlichen Begeisterung ergriffen, mit welchem die Devas der hohen Berge deren Verehrer inspirieren und sie gelegentlich zu herrlichen Leistungen befähigen, die weit über ihren normalen Fähigkeiten liegen.

Auch war mit der Zeit dieses Klimmen für mich eine Art von Symbol geworden. Ich war entschlossen, dass nichts – soweit es in meiner Macht lag – das Erreichen des Gipfels verhindern sollte. Aber als ich mich schon der Bergspitze näherte, verlor ich den Weg. Kurz zuvor hatte er sich schon in ein halbes Dutzend von schmalen Gleisspuren aufgelöst. Ich wählte eine davon, die mir so aussah, als ob sie zum Gipfel führte. Aber stattdessen brachte sie mich zu den abschüssigsten Stellen, setzte mich in einem engen, gefährlichen Bergwinkel ab und verschwand völlig.

Das Schlimme war, dass mein Körper nun schon fast gänzlich streikte; und so blieb ich stehen, um zu überlegen. Es gab keine Möglichkeit zum Hinsetzen, um ausruhen zu können; denn die Böschung war zu steil und von kleinen Bächen überlaufen. Ich hatte wahrhaft keine Wahl, als mich entweder weiter aufwärts zu quälen, in der Hoffnung auf eine Verbesserung, oder umzukehren und den Weg, auf dem ich gekommen war, zurückzurutschen! Darauf würde es gewiss hinauslaufen. In Wirklichkeit hatte ich mich jedoch schon gleich zum Weitergehen entschlossen. Es ging nur darum, genügend Stärke und Ruhe zu gewinnen, über diese sehr beschwerliche Stelle hinweg zu gelangen, ohne auszugleiten oder einen jener Fehltritte zu tun, denen ein überanstrengter Körper so leicht ausgesetzt ist. Ein Abgleiten hätte allerdings in diesen einsamen Bergen äußerst unangenehme Folgen gehabt. Man konnte dort stunden-, tagelang oder noch länger liegen, ehe jemand einen fand – aber es war ja sinnlos, solche Möglichkeiten zu erwägen. Das einzig Wichtige war jetzt, Atem zu schöpfen. Ich war ärgerlich, dass ich – mit so viel Bergsteigererfahrung – in eine solche Situation geraten konnte, aber dennoch wusste ich: Wenn mir die Wahl gegeben würde, hätte ich es trotz allem wieder getan, so stark war noch immer das innere Drängen, irgendwie den Gipfel zu erreichen. Es wäre mir schon hilfreich gewesen, wenn jemand mir vom nächsten Grat eine Hand hingehalten oder auch nur etwas zugerufen hätte, ob drüben das Gehen möglich sei und es sich lohnte, die Mühsal zu unternehmen.

Aber ich war allein, kein lebendes Wesen in Sicht, keine Bewegung außer dem weißen Sprühen eines Wasserfalles hinter dem Tal. Sonst nichts! Und plötzlich erlebte ich einen jener Augenblicke intensiver Erkenntnis, die den meisten von uns einmal im Leben zuteil werden, aber besonders denen, die sich in einer überraschenden Notlage allein der Natur gegenübersehen. Es ist ein Gefühl der Ohnmacht, ein Anerkennen der eigenen Beschränkungen in Gegenwart dieser ungeheuren Größe und Weite, dieser Gewalt, dieses unergründlichen Mysteriums. Wir verstehen dann den Begriff von der »Unerbittlichkeit der Natur«. Hier manifestiert sich das Leben in tausend Formen, doch jede ist so intensiv von ihren Tätigkeiten in Anspruch genommen, dass der Tod eines Menschen so bedeutungslos wie der einer Ameise erscheint. Berge und Bergketten können fallen, Feuer kann die Wälder wegfegen, jedoch die Naturprozesse gehen harmonisch und rhythmisch weiter: Vernichtung und Neuschöpfung, Leben und Tod. Die Veränderung einer einzelnen Form ist in dieser riesigen Formenmenge völlig belanglos.

Aber für mich war sie in höchstem Maß von Belang! Ich nahm nicht an dieser Gleichgültigkeit teil. Ich war ja ein Mensch! Seit Urbeginn war ich ja *meinen* Weg gegangen und war mein eigenes Gesetz! Ich war gewöhnt, mich für ein besonderes Geschöpf zu halten, hatte mich bewusst abseits gestellt und die Tatsache ignoriert, dass ich an denselben Elementen teilhatte wie die übrige Schöpfung und ihr dadurch unausweichlich nahe verwandt war! Und dieses heftige Gefühl der Isoliertheit in *dieser* Situation war das Ergebnis jener uralten Wahl, meine »Bestrafung« als Mensch, dass ich durch die Selbstvertreibung aus »Eden« mein Erbe verloren hatte und jenes getrennte Einzelwesen geworden war – mit all seinen Grundschwächen, dem Mangel an Macht, der Winzigkeit, all dem, was durch eine solche Abspaltung vom Ursprung des LEBENS erfolgen musste.

Doch wie konnte es *in Wirklichkeit* Einsamkeit, Isolierung für ein Wesen geben, das in seiner wahren Wesensessenz eins mit allem LEBEN war? Sie existierte ja überhaupt nicht! Der Mensch hatte nur aus seiner Täuschung heraus eine trennende Gedankenform von solcher Macht geschaffen, dass sie ihn äonenlang beherrschte und seinen geistigen Blick immer weiter verkehrten und verzerrte, bis er sie einmal, durch bewusste Anstrengung, sich mit allem Leben zu identifizieren, vernichtete. Die Naturwissenschaft zeigt bereits *einen* Weg; aber den für ihn wesentlichen, entscheidenden Weg muss er in sich selber finden. Hatte ich ihn hier nicht in einem Offenbarungsblitz aufgefangen? Alles um mich her war Stärke, Leben, Heilung und Macht! Könnte ich nur diese verschwenderischen Gaben, die unaufhörlich auf alle Wesen herabgeströmt werden, in meine eigenen Körper übertragen, könnte ich nur lernen, alle geheimnisvollen und verborgenen Gesetze der NATUR zu erfassen – dann wäre nichts unmöglich! Nur blinde Narren verirrten sich auf Bergkämmen, nur wegen meiner Unwissenheit war ich hilflos. Es gab ja keine Spaltung! Ich war der Berg! Ich war die Erde! Ich war die Sonne, die Wasserfluten und der Schnee! Ich war ein Teil jener Schöpferenergie, deren Erscheinungsformen all diese Dinge waren.

War ich nicht sogar schon mehr als sie? Lebte nicht schon in mir jener verborgene *Geist*, der – willensbegabt – an der Schöpfung mitarbeitet? Ja, sicherlich, denn ich als Mensch war mir dessen, was ich war und tat, *bewusst*! Ich allein hatte den freien Willen, ich allein konnte das Gute erwählen und das Böse vermeiden. In mir – dem Menschen – regten sich jene mächtigen Potenzen des ewigen *Geistes*, wodurch ich in Wahrheit ein Kind GOTTES werden konnte.

Wie oft war mir schon mitgeteilt worden, dass dies mein Ziel, meine Bestimmung sei. Ich hatte dem zugestimmt, aber nur als eine verstandesmäßige Annahme, ein »stellvertretender Glaube«. Jetzt plötzlich wusste ich es! Nicht, weil ein anderer es mir gesagt hatte, sondern weil meine Augen für jenen Sekundenbruchteil geöffnet wurden! Um vollendet zu werden, muss der Mensch sich gänzlich mit dem GESETZ DES LEBENS vereinigen und sich ihm bedingungslos hingeben. Dann gibt das GESETZ ihm wahrhaft sein Selbst zurück, aber in erhöhter und über alle Vorstellung verklärter Gestalt. Jetzt endlich verstand ich, was Paulus meinte, als er sagte, das Gesetz würde uns frei machen. Dieser Vorgang muss durch echtes Wissen und Verständnis zustande gebracht werden; aber ehe wir jenen erwachten Zustand erreicht haben, liegt uns nicht da noch ein anderer

Weg offen? Ja! Vereinigung durch Liebe, durch Verehrung – so stark, so intensiv, dass sie zu einem brennenden Glauben wird. War dies nicht der Glaube, der »Berge versetzen kann«? Nicht ein aus Furcht und Unwissenheit erzeugter Glaube, sondern der, welcher aus einer tiefen spirituellen Gewissheit erwächst, auch wenn er sich noch nicht in einer *solchen* Gewaltleistung ausdrücken kann!

Eine Woge von Entzücken, von unerschütterlicher Zuversicht durchflutete mich. Allein? Niemals wieder – nun, da ich mich als Teil alles LEBENS wusste! Was war also zu befürchten? Erwiesen sich meine eigenen Kräfte auch als begrenzt und schwach – waren die Kräfte jenes GROSSEN LEBENS nicht allmächtig? Könnte ich nur diese herrliche Erkenntnis festhalten – und ich fürchtete jetzt schon, dass ich nicht stark genug sei und sie wieder verblassen würde – dann musste sie mit der Zeit unverlierbar werden. Damals aber verblasste sie nicht!

Ich schaute zu den Bergen hinauf und wieder herab. Meine Situation hatte sich nicht verändert, aber jetzt erfüllte mich eine heitere, ruhige Klarheit, als ob ich den Geist jener schweigenden Höhen eingefangen und nun an ihrem unerschütterlichen Frieden teilhätte. Ich kann dieses erhabene Gefühl nicht präziser schildern als: Ich fühlte mich in Sicherheit – geborgen! Nichts Schädigendes konnte mir geschehen, seit ich mich in jener Offenbarungssekunde untrennbar von dem universalen GESETZ DER LIEBE wusste, welches alles Geschehen, alle Lebensformen in sich eingeschlossen hält.

Endlich raffte ich mich auf, ich konnte ja nicht den ganzen Tag dort stehen. Wenn ich – wie mir in jenem Moment so stark bewusst war – tatsächlich an dem universalen Bewusstsein teilhatte, konnte meine schlimme Lage nicht unbemerkt und meine Not nicht unbekannt geblieben sein. Dies war ja schließlich alles, was zählte; und damit fing ich an, vorsichtig meinen Weg über den schlüpfrigen Felsen zu ertasten. Solange ich den erforderlichen guten Willen festhielt und bei stärkster

Anstrengung dabei verharrte, den Gipfel zu erreichen, war in einem gewissen Sinn der Erfolg nicht *meine* Sache. Wenn es aus irgendeinem Grund beabsichtigt war, dass ich dorthin gelangte, es aber nicht allein vollbringen konnte, dann würde irgendwie Hilfe kommen, sei es auch nur durch ein Einströmen von psychischer Energie oder eine starke Suggestion, wohin ich meinen Schritt setzen und in welche Richtung ich mich wenden sollte. Eine solche Art von Hilfe hatte ich schon früher kennen gelernt. *Und sie kam wirklich*!

Dies liest sich hier wie ein nüchterner Tatsachenbericht, aber ich muss zugeben: Sie erschien mir für den Augenblick so unerwartet, so dramatisch, dass ich meinte, einen Sonnenstich oder eine neue psychische Möglichkeit zu haben, die mich täuschende Visionen wahrnehmen ließ. Denn auf dem Grat über meinem Kopf erschien wenige Augenblicke später die Gestalt eines jungen Hirten, der mit seinen weißen Kleidern und seinen bloßen Füßen seltsam an Griechenland erinnerte. Ich starrte ihn in höchstem Erstaunen an, aber seine Stimme stärkte und beruhigte mich völlig. Innerhalb von zwanzig Minuten befand ich mich durch seinen Rat sicher auf ebenem Boden und auf dem geraden Weg zum Gipfel.

Der Alltagsmensch würde vielleicht sagen »Zufall«! Doch dann muss der sprichwörtliche Arm des Zufalls sich unendlich weit erstrecken und stets treffsicher sein! Bei meiner Rückkehr sah ich den Jüngling unten in den Feldern bei einer Schnittergruppe wieder. War es nicht unfassbar, dass er in der riesenhaften Ausdehnung dieser einsamen Gebirgskette »zufällig« genau in jenem Moment, genau über jenen Grat gewandert war? Diese Leute sind jedoch der Natur näher als wir, geöffneter für die uns umgebenden unsichtbaren Wesen und daher empfänglicher für deren Eingebungen. Ich hatte bereits vorher gelernt, nicht an »Zufall« zu glauben; und dies hier war ein weiterer Beweis für die Existenz jener Einflüsse, jener Führer und Freunde, welche – im Einklang mit dem GESETZ auf den inneren Ebenen – so oft benutzt werden, um einen Notruf zu beantworten, wenn er von einer starken Glaubensschwingung getragen wird. Ich bin gewiss: Hätte ich mich nicht vertrauensvoll an DAS gewandt, welches unbegreiflich mächtiger ist als alles Erschaffene, dann wäre der Hirte wahrscheinlich auf einer anderen Fährte gewandert. Vielleicht wäre ich unverletzt davongekommen, aber sicher nicht zu meinem Ziel gelangt! Und nun lag ich entzückt auf der weichen Torfmatte und schaute mit weiten Augen über das Tal, zu jenen blendend leuchtenden Gletschern, denen die Quellen entsprangen, die uns immer sangen, aus denen die starken Lüfte strömten, die uns immer erfrischten. Die Regengüsse hatten alles, was unten von ihnen sichtbar war, so lange unserem Blick entzogen; denn nur *ein* Gletscher war vom Tal aus zu sehen, als ein kleines, gleißend weißes Dreieck zwischen den imponierenden Flanken der *nahen* Berge. Ich wusste vorher nicht, dass diese Gletschergiganten in solcher Nähe ruhten. Ich hatte unten keine Ahnung gehabt, dass wir von dieser unglaublichen Reinheit und Stärke umringt waren.

Ich hatte nicht gewusst ... Ich hatte auch jahrtausendelang nichts gewusst von jenen herrlichen MÄCHTIGEN WESEN, die, gleich diesen hohen Bergen, über der Menschheit wachen, in behütender und schweigender Tätigkeit – Führer und Lehrer, Adepten und andere, deren nur mit tiefster Ehrerbietung gedacht werden kann! Sie bilden eine ewige Quelle von Kraft und Inspiration und lassen Ihre nie versagende Liebe und Führung auf die Menschen niederströmen, die Sie nicht kennen und Sie auch nicht zu kennen anstreben. Ich wusste jedoch seit einiger Zeit von Ihnen; und wenn ich zukünftig in den dunklen Tälern wandern müsste, wenn die drohenden Gebilde der Erde sich rings um mich erhöben wie diese nahen Berge hier, die wegen ihrer Nähe so täuschend hoch erschienen, so würde ich doch immer wissen, WAS hinter ihnen steht. Ihre Klippen verdecken die Erscheinung der vier weißen Hüter; und ihre Schatten schließen die Talbewohner vom Sonnenlicht ab – ebenso wie in den spirituellen Bereichen! Vermöge dieses Wissens würde ich gewiss imstande sein, diese lebendige Energie reicher in mich aufzunehmen, mich daran zu entzücken und sie manchmal an ihrem eigenen Ort aufzusuchen. Sich eins mit dem LEBEN zu wissen, das war das Geheimnis, aber wie schwer schien es, dieses Wissen festzuhalten!

Man kann nicht immer auf den Höhen verweilen, auf jedem Fall nicht, ehe man die Stufe erreicht hat, wo Zeit und Raum durch einen Willensakt aufgehoben werden kann. Ich war noch weit entfernt von diesem ersehnten Zustand und würde auch bald zurückgehen müssen. War mir dieses Erleuchtungsblitzes wegen eingegeben worden, diesen Aufstieg zu wagen und durch ein offenbar geplantes Eingreifen von Gefahr und Misslingen befreit zu werden? Oder war es nur, um diese wunderbare Befriedigung aller Sinne zu erleben und meine Person mit einem sonst nie erfahrenen Glück und Frieden zu erfüllen? Konnte alles nur zu einem so persönlichen Zweck geschehen sein? Ich glaubte es nicht – es musste mehr dahinterstehen!

Es war jetzt sehr still. Kein Wind, kein Singen von Wasser war zu hören. Die Sonne brannte, doch war die Luft in dieser Höhe anregend herb und frisch. Sie durchdrang mich mit einer merkwürdigen mentalen Klarheit.

Ich versetzte mich in eine meditative Haltung und wartete. Die Stille wurde immer eindringlicher, meine Sensitivität nahm zu; und allmählich wurde mir bewusst, dass dieses ganze Hochtal von Leben überströmte, von den Naturgeistern bis zu jenen hohen Devas reichend, welche die Berge beseelten und über ihnen schwebten. Aber bald begann ich noch andere Engel wahrzunehmen – erhaben ferne, wunderbare Wesen, deren Auren einen solchen Schwingungsumfang hatten, dass sie nicht nur das Tal, sondern ungeheure Landstrecken mit ihren Ausstrahlungen überzogen. Diese aurischen Ströme glänzten in schimmernden Regenbogenfarben. Oft weiteten sie sich schier unbegrenzt aus, wie Wellen, wenn ein Stein in einen Teich fällt, um zuletzt mit den Auren anderer großer Deva-Geister zu verschmelzen und sich mit ihnen zu vermischen. Manchmal, wenn sie sich »besprachen«, liefen Zickzacklinien rück- und vorwärts in den Auren entlang; und manchmal loderte ein Deva in einer sonnenhaften Glorie auf, die glühte und sich ausdehnte, bis jede Gestalt aufgelöst war und jeder Naturgeist im Tal beim Empfang dieser herrlichen Schwingungen entzückt zitterte und bebte.

Das Wort »Länder-Devas« kam mir in den Sinn; und da sah ich, dass diese mächtigen Wesen tatsächlich auf eine eigentümliche Weise mit dem Land unter ihnen verknüpft sein mussten. Aber ich schaute auch, dass ihre aurischen Ströme – ungeachtet menschlicher Grenzen – noch weiter hinausfluteten, um sich mit denen ihrer Brüder zu vereinigen, welche die Hüter anderer, ihnen zugeordneter Länder waren.

Welch geheimnisvolles Verschmelzungswerk war hier im Gange! Auf der Erde war alles chaotisch. Dort ergoss sich stets eine trüb schmutzige Nebelwolke aus wirbelnden, widerstreitenden Schwingungen in die Luft und blieb dicht am Boden hängen. Es waren Gedankenformen von Hass und Eifersucht zwischen den Nationen, von Grenzen und Zolltarifen, von Militärmacht und Ränkespielen. Die Hauptursache von allem aber war die Furcht. Sie erschuf schlimme Strudel, die es denen, welche sich mitten darin befanden, unmöglich machte, das Ganze richtig zu beurteilen.

Aber hier – über den Ländern, in den höheren, allumfassenden Lufträumen – zogen grandiose Gestalten hoheitsvoll dahin; und mächtige Deva-Geister überblickten die Probleme und Verworrenheiten aus einem ganz anderen Blickwinkel. Hierher konnte nur das, was schön, idealistisch und edel war, hierher konnten nur aufbauende, aus Liebe erzeugte Gedankenformen gelangen. Dies war die wunderbare Region des Überbewusstseins der Menschen, von wo sie Inspiration und

Erleuchtung erflehten. Hier war alle schöpferische Energie aufgespeichert, und alle für das Allgemeinwohl arbeitenden Menschen wurden von hier aus angefeuert.

Aber bald erkannte ich, dass nicht nur die konstruktiven Anstrengungen der Menschen von den Führern der Rasse nutzbar gemacht werden. Zerstörerische Tätigkeiten wurden ebenfalls, soweit erlaubt, in Kanäle geleitet, die eine spätere Entwicklung gewährleisteten. Zunächst wurden sie zum Zerbrechen rückschrittlicher oder statischer Zustände benutzt, so dass dadurch schließlich der Weg für ein Einströmen von jener Energie, jenem Idealismus, jenem heroischen Glauben geöffnet wurde, die immer aus einem Zeitalter von Kampf und scheinbarem Versagen hervorbrechen. Der freie Wille des Menschen blieb immer unangetastet, aber ich sah jetzt deutlich, wie der größere GÖTTLICHE WILLE »alle Dinge zum Besten wandelt«. Das GANZE würde zu guter Letzt nicht durch Torheit und Blindheit der Teile leiden!

Schließlich nahm ich wahr, dass Jemand nahte! Schon stand er mir zur Seite, seine Schwingung hüllte mich wieder in Frieden und Seligkeit ein. Hier, in dieser Stille, sprach seine Stimme wiederum zu meinem Herzen. »Nichts geht verloren«, sagte er, »nichts wird verschwendet. Oft wird gefragt, warum alle Wesen leiden und kämpfen müssen, warum so viele scheinbar verkommen und in Finsternis fallen. Aber da *nur* durch ein vollständiges menschliches Bewusstsein das GOTTES-Bewusstsein erlangt werden kann, folgt daraus: Nur jene Seelen, die durch jede Erfahrung – schrecklich und schön, zerstörerisch und schöpferisch, physisch und spirituell – geschritten sind und somit unzählige Aspekte der ewigen Lebenskraft in sich gesammelt haben, sind des Verständnisses für die Kämpfe aller anderen Wesen fähig und können ihnen wahrhaft aufwärts helfen.

Du wurdest heute, wie nie zuvor, zum Erleben von der allem

zugrunde liegenden EINHEIT gebracht. Du hast das Werk der mächtigen Länder-Devas wahrgenommen, die immer danach streben, Frieden, Harmonie und Liebe in der Menschheit zu verbreiten und die trennenden Schranken zu vernichten, welche die Völker schon so lange aus Stolz und Furcht zwischen sich aufrichten.

Die Welt geht gegenwärtig nur scheinbar durch eine schreckliche Periode von chaotischen und offensichtlich ziellosen Spannungszuständen. In Wirklichkeit trachten die Nationen danach, ihr Karma abzuarbeiten, einen tieferen Sinn für Perspektiven und Zusammenhänge sowie mehr Verständnis für die unbedingte Notwendigkeit zur Zusammenarbeit zu entwickeln. Nationen folgen den gleichen Entwicklungsprinzipien wie Einzelwesen. Sie haben ihre Kindheit wie die Menschen, ihr leidenschaftlich romantisches Jünglingsalter, ihre Reife, ihr Alter und ihren Tod. Manchmal gibt es, wie im Leben der Einzelmenschen, Anarchie, Zügellosigkeit und Niederlagen. Manchmal setzt sich eine anscheinend rückschrittliche Bewegung durch. Manchmal sucht der Eigenwille auf Kosten des GESETZES zu herrschen; und dann äußert sich die Reaktion aus früheren moralischen Vergehen in tyrannischem Bekehrungsfanatismus. Alles natürliche Wachstum ist langsam; und wenn ein zu heftiges Tempo erzwungen wird – indem das Pendel zu einem entgegengesetzten Extrem hinüberschwingt – entsteht ein zerstörendes Element daraus. Aber die allgemeine Tendenz in der Menschheit ist bereits auf Harmonie und Bruderschaft gerichtet. Studiere die Weltgeschichte mit wachem Sinn, dann wirst du die Behauptungen derer widerlegen können, welche sagen, der Mensch habe keine Fortschritte gemacht! Er durchlebt natürlich noch sehr viele Rückfälle, weil er die Überbleibsel der grundsätzlich überwundenen Stufen noch in sich trägt. Je mächtiger er aber in den Naturwissenschaften wird, um so furchtbarer sind die Folgen solcher Rückfälle. Aber auch durch diese lernt er – national wie individuell. Suche durch Meditation das Gesetz der Entsprechungen zu entdecken, das sich überall in dem gewaltigen PLAN offenbart, zu dem du gehörst; und mache dir klar, dass alle Wesen – vom Atom bis zum Planetarischen Erzengel – durch die gleichen zyklischen Bewegungen aufwärts schreiten, jenem erhabenen Zustand entgegen, über den sogar wir nur wenige Aussagen machen können.«

Er verstummte. Ich blickte weit über die Berge hinaus und erfasste in einem hellwachen Augenblick die widerstreitenden Rhythmen all der unzähligen Wesen. Wie nahe erschienen mir diese Länder mit ihren Problemen, Hoffnungen, Träumen und blinden Impulsen! Ja, sie glichen tatsächlich den Menschen – auch sie hatten ihr Unterbewusstsein, angefüllt mit uralten Tabus und primitiven Trieben. Auch sie hatten ihren überbewussten Geist – den regierenden Erzengel, der sein irdisches Werkzeug zu führen, erziehen und überwachen versuchte. Weit darüber jedoch gewahrte ich schimmerhaft etwas noch Gewaltigeres – eine noch unfassbar mächtigere Weisheit, gewiss den Planetarischen Logos, welcher all dieses in sich einschloss. Und ER – war ER nicht auch ein Teil eines noch größeren WESENS. Und so fort und fort … mein Geist taumelte. Darüber nachzugrübeln, war wirklich sinnlos. Es musste mir genügen, das wenige, was mir gezeigt worden war, richtig zu begreifen und anzuwenden. Ich sollte ja versuchen, die naheliegenden Probleme zu lösen und auch, wie mein »Lehrer« einmal sagte, meine kleine Rolle zu spielen in dem Bestreben gewisser Menschengruppen, etwas Harmonie in diese zerrissene, marsische Zeitperiode zu bringen.

Sein Denken antwortete dem meinen. »Ja«, sagte er, »es sind praktische Idealisten, die wir brauchen – nicht solche, die sich nur in den faszinierenden Labyrinthen kosmischer Offenbarungen und Berechnungen ergehen möchten, obwohl es natürlich dem geistig Arbeitenden hilft, wenn er erfasst, welche Mächte hinter ihm stehen. Aber wir brauchen Menschen, welche den unschätzbaren Weisheitsfundus, den wir der Menschheit bereits gaben, richtig würdigen und ihn nach den Erfordernissen des gegenwärtigen Zeitalters neu interpretieren. Die Welt erlebt jetzt jene vorübergehende Ratlosigkeit, die einer Geschichtsperiode, in der mit solcher Geschwindigkeit neue Werte gesucht und alte abgeworfen werden, stets zu Eigen ist. Und der große Ruf ergeht daher nach neuer Erkenntnis, neuer Führung, neuen Lösungen für jene ewigen Probleme, die in dieser oder jener Verkleidung immer aufs Neue der Menschheit entgegentreten. Manche meinen, es müsse nach 1875 noch eine weitere Ausströmung von esoterischer Weisheit erfolgen, manche erwarten die Ankunft eines neuen Messias, andere wenden sich zwecks Aufklärung zu den Religionen früherer Zeitalter zurück. Aber merkwürdig dabei ist, dass die meisten Menschen noch immer jene wunderbare Offenbarung fast unbeachtet lassen, die speziell dafür gesendet wurde, der Jetztzeit zu dienen. Erst wenige haben erkannt, dass die breite Masse noch kaum begonnen hat, sich die vor 2000 Jahren gegebene Liebesbotschaft zu Eigen zu machen. Noch weniger hat sie Versuche gemacht, wirklich praktische Schlussfolgerungen aus jenen heiligen Lehren zu ziehen. Warum also sollte noch eine neue Religionslehre erscheinen? Wenn die Welt in der echten Bedeutung des Wortes *christlich* geworden wäre, wenn viele Menschen in den christlichen Ländern sich also in ihrem persönlichen Leben so verhielten, wie Christus es so eindringlich lehrte, würde es dann all die »modernen Probleme« geben? Würde die Welt sich in all den überall aufsteigenden Schwierigkeiten befinden? Diese Zivilisation, auf die viele so stolz sind, ist in Wirklichkeit so primitiv, dass ihr in späteren Inkarnationen ebenso entsetzt darauf schauen werdet wie jetzt auf gewisse Eingeborenenstämme. Sie ist das direkte Ergebnis der menschlichen Unfähigkeit, die in Christi Lehren enthaltenen göttlichen Verheißungen zu würdigen; denn die der Menschheit gegebenen religiösen Lehren werden stets den jeweiligen Notwendigkeiten der Epoche angepasst. Im Verlauf der Evolution wiederholt und ergänzt jeder große Religionsgründer die vorhergegangenen Lehren, wobei er Interpretationsfehler, die sich einschlichen und die Wahrheit entstellten, zu berichtigen sucht. Auch das Christentum litt schwer unter solchen Irrtümern, es wurde von Menschen, die es für ihre eigenen Zwecke verdrehen wollten, verfälscht und sein Sinn entstellt. Das geschah meist auf Konzilien, durch kirchliche Würdenträger, die für ihr Prestige fürchteten, sowie durch andere bigotte Fanatiker vieler Arten. Aber die göttliche Wahrheit kann nicht vernichtet werden, sie wird am Ende siegen! Die ursprüngliche Lehre Christi war eine Synthese aller vorhergegangenen. Sie war der Scheitelpunkt eines Dreiecks der Weisheit und wurde für einen Moment gleichsam wie eine gleißend flammende, gewaltige Speerspitze herabgesandt, um die Düsternis der Welt zu durchdringen. Christus erklärte das vollkommene, ewige GESETZ – nicht allein für dieses Zeitalter und diese Menschheit, sondern für allezeit: ›Liebe GOTT, und liebe deinen Nächsten wie dich selbst!‹ Und ›Mit welcherlei Maß ihr messet, wird euch gemessen werden.‹ Hier ist in zwei flammenden Sätzen das GESETZ erfüllt. Wenn jeder Ritus, jede Religion ausgelöscht würde und nur diese beiden Sätze verblieben – so könnte es genügen. Dem Menschen, der dieses GESETZ ohne trübende Abweichungen befolgte, würden unvermeidlich alle anderen Dinge – alles Wissen, alle Weisheit, alle Schönheit und alle Seligkeit – zufallen.

Ihr meint jetzt, es sei unmöglich, dieses GESETZ zu leben, eine Zivilisation auf ihm aufzubauen? Ich sage dir, es ist *nicht* unmöglich! Die Menschheit wird durch eine Überzahl von bitteren Erfahrungen eines Tages zu der Gewissheit kommen, dass ein Leben, wie Christus es lehrte, die einzige Methode ist, durch welche echtes Glück und echter Frieden für alle gewonnen werden kann. Die Menschen reden vom ›Tausendjährigen Reich‹ – sie erkennen aber nicht, dass Christus ihnen bereits den Schlüssel zu einem solchen Zeitalter der Vollendung gab. Es wird jetzt keine neue *rein religiöse* Offenbarung geben. Der

Mensch sollte nicht mit dem Suchen nach neuen Offenbarungen seine Zeit verschwenden und nicht ein neues Zeitalter sehnlich erwarten, das sich ohne sein Zutun auf die Erde herabsenkt! Göttliche Gaben werden nicht in geschlossene Hände geworfen! Das neue Zeitalter muss sich aus den umgewandelten Herzen der Menschen herausbilden. Das ›Zweite Kommen‹ wird das Kommen des Christus-*Geistes* sein, wenn er sich in vielen Menschen durch ihr starkes Bemühen und tiefes Streben manifestieren kann. Doch ehe das möglich ist, müssen die Menschen sich vollkommenere, reinere Körper erschaffen; denn wenn ein Gefäß Sprünge hat, wie soll es dann den wahren »Wein des Lebens« in sich bewahren?

Aber die Menschen ziehen es noch vor, nach außen, statt Erleuchtung suchend nach innen zu schauen – es ist ja so viel leichter. Doch es *muss* begriffen werden, wenn die Menschheit vor neuen Katastrophen gerettet werden soll. Die Massen fühlen zwar dumpf ihre verzweifelte Lage und ihre erdrückende Furcht; aber sie sind nicht imstande, die Wahrheit aus dem Abgrund des Irrtums heraufzuholen. Darum sind Führer notwendig, Diener der Wahrheit, Liebende der Menschheit! Allerdings müssen es Männer und Frauen sein, die in Technik und Wortschatz der modernen Ausdrucksmethoden bewandert sind. Jene unter ihnen, die zudem Führerqualitäten besitzen, werden in unserer Zeit sehr sorgfältig von den vormaligen Menschheitsführern beobachtet, welche jetzt bereits dem Zyklus der Geburten und Tode entwachsen sind und auf den spirituellen Höhen leben. Sie schauen auf die Verwirrungen der Völker. Sie sehen den ganzen göttlichen Plan mit all seinen Zielen und Richtungen – ebenso wie du, von dieser Berghöhe hinunterblickend, beobachten kannst, in welche Richtung die Hunderte von kleinen Wegen führen – während die gerade darauf Wandernden nur die direkt vor ihnen liegenden Schwierigkeiten sehen können.

Unsere Arbeit befasst sich also hauptsächlich mit dieser Gesamtentwicklung. Aber wir können nicht direkt mit den

Menschen der breiten Masse Fühlung aufnehmen, da sie vom Staub ihrer törichten Alltagskämpfe geblendet sind, zu viele Vorurteile haben und zu sehr betäubt und irregeführt von ihrem Streit und Hader leben, um unsere Ideen unmittelbar empfangen zu können. Darum ist es unser Bestreben, indirekt zu wirken – durch jene Männer und Frauen, die bereit sind, unsere Instrumente zu werden, alles zu opfern und sich so zu schulen, dass sie fähig werden, das Wissen von den ewigen GESETZEN mit den weltlicheren Tätigkeiten zu koordinieren, denen ihre Brüder – oft so blind – nachgehen.

Um dieses Werk zu fördern, sollen – kurz nacheinander – gewisse spirituellen Wirkungszentren an verschiedenen Plätzen gegründet werden. Es gibt – über die ganze Welt verstreut – hochmagnetisierte, auf spezifische Schwingungsverhältnisse abgestimmte Orte, die zu bestimmten Epochen in der Menschheitsentwicklung gehören. An diesen Stellen ist geistige Kraft gespeichert, und große Devas sind zu ihrer Bewahrung eingesetzt. Sie gewähren nur denen Zugang, die bewusst im Physischen oder auch lediglich in ihren höheren Körpern wissen, was dort zu geschehen hat. Im rechten Moment, wenn die Zeit reif ist, werden Geistesschüler zu diesen Plätzen gesandt, um diese Kraft zu aktivieren und in Anspruch zu nehmen; und ihre Lehrer werden sie unterweisen, wie diese Kraft zu verwenden ist. Dann werden auch Gruppen gebildet und Zentren für Meditation errichtet, wo diese Schüler in engem Kontakt mit ihren inneren Gruppen und Führern arbeiten können – ungestört von dem äußeren Treiben der Welt. Über die ganze Erde verbreitet, werden diese Schülergruppen die Glieder einer mystischen Kette bilden, welche schließlich einmal die Menschheit mit ihren spirituellen Führern vereinigen und sie einem neuen Zeitalter des Friedens und einer höheren geistigen Entwicklung entgegenführen soll.

Viele werden schon jetzt geschult, in solche Gruppen einzutreten, aber wenigen wird es gelingen, sich wirklich zu einer solch großen Gelegenheit aufzuschwingen, wenn sie nicht mit ganzer Willenskraft diesem Ziel zustreben; denn es werden ganz spezielle Qualifikationen gefordert. Manche Bewegungen sind in der Vergangenheit durch den Mangel an *selbstlosem* Dienst und durch die Neigung, persönliche Belange zu betonen, verdorben worden – was auf Führer wie Anhänger zutrifft. Dies hat zu Eifersucht, Stolz, Geltungssucht und all den anderen niederen Gefühlsäußerungen des persönlichen Ichs geführt und schließlich diese Anstrengungen gewisser Adepten, der Menschheit zu dienen, stark beeinträchtigt. Darum wird in *diesem* Fall ganz besondere Sorgfalt angewendet, um nur solche Kandidaten auszuwählen, die sich als über solchen Schwächen stehend erwiesen haben. Unbedingte Treue, richtige Einschätzung der Lebenswerte, geistige Unschuld und seelisches Gleichgewicht – gepaart mit einem Helferwillen, so glühend und zielgerichtet, dass er jede Gedankenspur an persönliche Anerkennung ausbrennt – sind die Vorbedingungen für dieses Werk.

Der Bedarf an *solchen* Arbeitern ist groß und die Arbeit dringlicher, als du vermutest. Es ist zur Heilung der Menschheit unerlässlich, dass alle Schranken des Trennungswahns zwischen Nation und Nation, zwischen Mensch und Mensch, niedergebrochen werden – und zwar bald!

Dies kann nur durch erleuchtete Menschen geschehen. Es spielt keine Rolle, welchen Glauben oder welche Rasse sie haben, welche Tätigkeit sie bevorzugen oder mit welchem Namen sie ihr Ziel bezeichnen. Musiker, Ärzte, Wissenschaftler, Dichter, Künstler, Sozialarbeiter, Idealisten, geistige Träumer, die ihre Träume zu Wirklichkeiten machen wollen – sie alle sind unsere Mitarbeiter, unsere Instrumente, *wenn sie selbstlos sind.* Wir wenden uns dringend an alle, welche die Menschheit lieben und begierig sind, an diesem großen Werk der Vorbereitung und Erneuerung teilzunehmen, in dieser Zeit eine neue, überragende Anstrengung zu machen! Dann werden sie wahrhaft tauglich werden, die Taufe des neuen Zeitalters zu empfangen.

Wir sagen zu diesen Menschen: Sprecht Frieden, denkt Frieden, arbeitet unaufhörlich für den Frieden! Wenn auch eure Einflusssphäre begrenzt erscheint, verzweifelt nicht deswegen! Fangt sofort an, euren Einfluss in euren unmittelbaren Kreisen auszuüben! Und in dem Maß, wie eure Kraft für das GUTE wächst, werden die Kreise um euch her sich ausweiten. Übt euch in Erkenntnisfähigkeit, in selbstständiger Beurteilung und in Selbstbeherrschung! Ohne sie ist kein Fortschreiten möglich. Denkt nur rechte Gedanken, lehnt es ab, euch in den Strudel von Furcht, Hass und Gier, der um euch herum tost, hineinziehen zu lassen! Versucht jeden euch begegnenden Menschen mit Harmonie zu erfüllen! Schürt niemals die Funken von Argwohn und Eifersucht! Hütet sorgfältigst eure Zunge und lasst eure Gedanken immer positiv, hilfreich und von Liebe getragen sein! Weigert euch, übler Nachrede zuzuhören oder sie gar zu wiederholen!! Seid immer eingedenk, wie mächtig die Kraft des gesprochenen Wortes ist! Klatschverbreiter stehen dem »Linken Pfad« gefährlich nahe und werden von den finsteren Mächten öfter missbraucht, als sie ahnen.

Vermeidet deshalb auch das Wiederholen von sinnlosen Gerüchten sowie das Gerede über nationale Zwistigkeiten und über etwa bevorstehende Kriege! *Wir* tun alles, was in unserer Macht steht, um einen neuen Weltenbrand abzuwenden; und ihr könnt uns entweder in diesem Werk Beistand leisten oder die Kräfte des Bösen unterstützen, die durch das Verbreiten von Kriegsgedanken Giftkeime ausstreuen, welche dann leicht als Kriege aufgehen! Lernt, das Wahre vom Falschen zu trennen! Seid rasch im Erkennen von Gefahren, aber sprecht nicht davon, wenn es nicht notwendig ist, damit die Unwissenden und Furchtsamen nicht eure Funken zur Flamme entfachen! Seid vorsichtig in der Beurteilung aller Menschen und anderer Nationen, die – wenn auch auf verschiedenen Wegen – doch das gleiche Ziel suchen! Denkt stets daran: Ihr seid ja nur zeitweilig mit einer bestimmten Nation verbunden. Jene fremden Eigenschaften, Fehler und Laster, die ihr jetzt verdammt, waren in früheren Verkörperungen die euren; und ihr könnt euch gerade durch diese Verdammung künftig leicht *wieder* an sie fesseln. Das Leben einer Nation ist der aktive Ausdruck einer besonderen Denkrichtung, und diese Gedankenströme sind das Resultat von unzähligen Ursachen, die sich in bestimmten Wirkungen auslösen müssen. Eine Nation empfängt – wie ein Einzelmensch – die gleiche Beurteilung, die sie selbst anderen zumisst; und wenn ein Volk in den Wehen einer inneren Wiedergeburt steckt, wenn es die Qualen karmischer Vergeltung erleidet oder aus Mangel an klarer Sicht neue Ursachen schafft, für die es mit Blut und Tränen zahlen muss, so sollten andere Völker mitleidige, helfende Hände ausstrecken, sie sollten stärken und lieben – nicht verachten und ganz verdammen. Dies scheint vielleicht zu viel von der heutigen Menschheit verlangt. Aber jeder Einzelne, der mit reiner Liebe in seinem Herzen denkt, spricht und handelt, beschleunigt das Wachsen des gewaltigen Baumes der internationalen Einheit. Denn die Tagträume des Idealisten von heute bilden die ›Öffentliche Meinung‹ der Massen von morgen. Geht also vorwärts! Denkt daran, dass menschliches Streben keine Grenze kennt außer der Grenze der eigenen Anstrengung! Im genauen Verhältnis zu dieser Anstrengung wird stets die Hilfe stehen, welche aus der unerschöpflichen Quelle von Macht und Liebe herabströmt. Jeden Menschen erwartet unbeschränkte Vollendung, Befreiung, Stärke und Seligkeit! Der Schlüssel zu jenem Tor, das vom Tod zum Leben führt, liegt in euren eigenen Händen. Wir fordern euch auf, ihn jetzt schon zu gebrauchen, damit andere, in eure Fußstapfen tretend, leichter dort eintreten können.

Fürchtet nichts! Es gibt keine Macht im Kosmos, keine noch so zerstörende und bösartige Kraft, die den Menschen verwunden könnte, der sich durch eine feste Entscheidung ganz mit dem göttlichen Willen vereinigt. Gebt euch keinen trüben Zweifeln hin! Es ist unwichtig, wie schwach ihr zu sein scheint oder wie dunkel eure Vergangenheit gewesen ist. Wenn das Verlangen zum Dienen wahrhaft in euch brennt, wird es von denen, die größer als ihr seid, bewacht und geleitet werden; und man wird euch jede Gelegenheit zu rascherer Entwicklung gewähren. Es gibt keinen Menschen auf Erden – wie erniedrigt er auch scheinen mag und wie wenig Verheißungsvolles auch jetzt an ihm zu sehen ist – der nicht, sobald er es will, das Tor zur Befreiung erklimmen kann, der nicht dem ›Rad der Wiedergeburt‹ entrinnen und zuletzt aufrecht in den Reihen jener stehen kann, die durch ganz ähnliche Leiden geschritten sind und doch endlich die Freiheit gewonnen haben.

Sie sind eure Brüder, ihr ringt nicht allein! Euch zur Seite gehen immer diese, welche sich geopfert haben, um jenen göttlichen Funken in euch glühend zu erhalten; und die ihn mit dem starken Atem der Liebe unaufhörlich anfachen werden, bis er endlich zur Flamme aufbricht und in der ALL-EINEN FLAMME untertaucht, mit der SIE – die Adepten, Erlöser, Chohans und die ganze glorreiche Gemeinschaft der Befreiten – schon für immer vereinigt sind.

Erst dann, du göttlicher Wanderer, wenn du als ein befreiter und vollendeter Mensch – wie ein Gottesbote – aus der Erdenbahn hinausschreitest zu gewaltigeren Regionen von kosmischer Tätigkeit, wird dir das Wissen von deiner *wahren* Bestimmung enthüllt! In jener Stunde wird dir die gesamte Vergangenheit wie eine rasch vorübergezogene finstere Nacht erscheinen; und die Zukunft wird sich als eine unendliche, unvorstellbare Herrlichkeit vor deinen Augen erheben. Ein Gestirn nach dem anderen, ein Weltensystem nach dem anderen, ein Schöpfungstag nach dem anderen wird sich vor deinem staunenden Blick auftun – während du immer weiter auf deinem Höhenweg wanderst und immer tiefer in DAS eingehst, WAS jenseits von Denkkraft und Imagination liegt, was jedoch für alle Ewigkeit du selbst bist – dein wahres Sein und dein ZIEL.«

Ein „Meister der Weisheit“ erklärt die verborgenen Gesetze der Heilung und Reinkarnation!

Es gibt kein vergleichbares Werk, in dem die Grundgesetze von Krankheit und Gesundheit in so beeindruckender, klarer und überzeugender Art und Weise erklärt worden sind wie in dieser von einem „Meister der Weisheit“ inspirierten Abhandlung.
In schlichten Worten und Beispielen zeigt der große Lehrer die tieferen Hintergründe von Erkrankungen und Leiden auf und weist Wege zu ihrer inneren und äußeren Heilung. Dabei sind besonders seine Ausführungen über die geistigen Grundgesetze beeindruckend, die beim Heilen zu beachten sind. Er widerlegt dabei mit unmissverständlichen Argumenten, dass der Satz „Wer heilt hat Recht“ keinesfalls immer wahr ist. Vielmehr gilt es zu beachten, dass „Leid leitet“ und daher eine innere Sinnhaftigkeit besitzt. Wird also nur ein Symptom auf einer äußeren, körperlichen Ebene beseitigt, ist die Lektion nicht gelernt worden und wird sich durch neue Erkrankungen manifestieren.
Wer hingegen die tiefe geistige Wahrheit des Pfades der Heilung begreift, besitzt den Schlüssel zu wirklicher Gesundheit und vollkommener Erkenntnis.
Ein unverzichtbares Buch für jeden, der im heilerischen Bereich arbeitet oder die göttlichen Heilungsgesetze erkennen möchte!

H. K. CHALLONER
Der Pfad der
HEILUNG
Die verborgenen Gesetze von Gesundheit und Krankheit,
erklärt von einem Meister der Weisheit
EDITION
ADAYR

Annie Besant
Der Pfad zum Tempel
der Weisheit

Geb., 200 Seiten, ISBN 3-89427-238-4

Annie Besant beschreibt in ihrer kraftvollen und bildreichen Sprache die Stationen des inneren Weges, welchen die geistig strebende Seele durchlaufen muss, ehe sie am Portal zum „Tempel der Weisheit" anklopfen darf. Sie durchschreitet die Stufen der Läuterung, der Gedankenbeherrschung und der Charakterbildung, bis sie nach einer gleichsam alchemistischen Verwandlung reif geworden ist, um in die zeitlosen göttlichen Geheimnisse eingeweiht zu werden.

Annie Besant
Die Lehre des Herzens

Geb., 160 Seiten,
ISBN 3-89427-227-9

Ist der geistige Sucher viele Jahre oder Jahrzehnte den Pfad des Studiums oder den Weg der Erkenntnisgewinnung gegangen, ist der Augenblick gekommen, dieses kleine Buch über „Die Lehre des Herzens" zur Hand zu nehmen. Es wird ihm ein unvergleichlicher Ratgeber auf dem Pfad ins Licht sein. Ein Schlüssel, um die Pforte des Herzens zu öffnen, durch die allein der Weg ins LICHT führt.
Ein Meisterwerk der esoterischen Literatur, das allerdings nur mit dem Herzen wirklich verstanden werden kann!

Perlen der Weisheit

Krishnamurti
Zu Füßen des Meisters
Geb., 144 Seiten,
ISBN 3-89427-258-9

Dieses Buch entstammt der ersten Begegnung des jungen Krishnamurti mit den „Meistern der Weisheit".
In einfachen Worten erklären ihm diese großen Menschheitslehrer die geistigen Gesetzmäßigkeiten.
Lehren, die in ihrer schlichten Schönheit und tiefen Wahrheit Millionen von Menschen berühren sollten.
Der größte Klassiker des modernen spirituellen Schrifttums, der in seiner zeitlosen Weisheit immer wieder Inspiration und Ermutigung schenkt.
Ein einzigartiges geistiges Juwel!

Mabel Collins
Licht auf den Pfad
Geb., 186 Seiten,
ISBN 3-89427-206-6

Dieser Klassiker der theosophischen Literatur zählt mit zum Wertvollsten, was das spirituelle Schrifttum der letzten einhundertfünfzig Jahre hervorgebracht hat.
Seine Entstehung verdankt es einem jener großen „Meister", die hinter dem Schleier der Zeit über der Entwicklung der Menschheit wachen.
Eines der ganz besonderen Juwele der esoterischen Tradition, das unverkennbar von der Inspiration der „Meister der Weisheit" geprägt ist!